U0109291

古典文獻研究輯刊

二一編

潘美月・杜潔祥 主編

第 1 冊

《二一編》總目

編 輯 部 編

《詩經》研究史探微

付 星 星 著

國家圖書館出版品預行編目資料

《詩經》研究史探微／付星星 著 -- 初版 -- 新北市：花木蘭文
化出版社，2015〔民104〕

目 2+228 面；19×26 公分

（古典文獻研究輯刊 二一編；第 1 冊）

ISBN 978-986-404-339-2（精裝）

1. 詩經 2. 研究考訂

011.08   104014535

ISBN- 978-986-404-339-2

古典文獻研究輯刊
二一編 第 一 冊   ISBN：978-986-404-339-2

《詩經》研究史探微

作　　　者	付星星
主　　編	潘美月　杜潔祥
總 編 輯	杜潔祥
副總編輯	楊嘉樂
編　　輯	許郁翎
企劃出版	北京大學文化資源研究中心
出　　版	花木蘭文化出版社
社　　長	高小娟
聯絡地址	235 新北市中和區中安街七二號十三樓
	電話：02-2923-1455／傳眞：02-2923-1452
網　　址	http://www.huamulan.tw 信箱 hml 810518@gmail.com
印　　刷	普羅文化出版廣告事業
初　　版	2015 年 9 月
全書字數	198520 字
定　　價	二一編 16 冊（精裝）新台幣 30,000 元

版權所有・請勿翻印

《二一編》總目

編輯部　編

《古典文獻研究輯刊》二一編　書目

《二一編》各書作者簡介·提要·目次

第一冊　《詩經》研究史探微

作者簡介

付星星，1984 年生於貴州遵義。2012 年畢業於南京大學，獲文學博士學位。2011 年 10 月至 2012 年 10 月，獲中國國家留學基金委資助，留學韓國高麗大學。現為貴州大學人文學院校聘副教授。研究方向為跨文化傳播、東亞《詩經》學。

提　要

本書是筆者近年來研治《詩經》學的論文彙編，這些論文從歷史進程方面，涵蓋秦漢《詩經》學研究、清代《詩經》學研究；從地域分佈方面，籠括中國《詩經》學、朝鮮半島《詩經》學。論文主要分為三章：第一章秦漢詩經學研究史論稿，主要運用文獻鉤稽的方法，收集文獻資料十條，證明《詩序》非子夏一人所作，亦非成書於一時，其定稿應晚於《史記》。第二章清代詩經學研究史論稿，重點論述姚際恆《詩經》學對漢、宋、明三代《詩經》學的承繼與批判，闡釋其疑古的研究態度，論述《詩經通論》文學化的研究特質。第三章朝鮮半島詩經學史論稿，論述了朴世堂、李瀷在實學思潮影響下，《詩經》學研究逐漸擺脫《詩集傳》的籠罩，體現出經世致用的實學特徵。本章還呈現了正祖君臣經筵講《詩》的具體形態，揭示出這一歷史時期朝鮮官方主流意識形態影響下的《詩經》研究特色，該特色即正祖有意識地矯正

朱熹《詩經》學研究理學化傾向導致的空疏之弊，著力接續並開掘漢代《詩經》學的詩教傳統，縮合《詩經》研究的學術化與實用性，使《詩經》研究爲治國理政提供學術支持。

目　次

第二冊　漢魏六朝人物別傳研究

作者簡介

　　陳慶，男，漢族，1977 年 4 月生，四川自貢人，現任四川黨建期刊集團辦公室副主任。2004 年 7 月至 2007 年 12 月在四川大學文學與新聞學院中國

古典文獻學專業攻讀博士研究生課程，師從羅國威教授研究漢魏六朝文學文獻，獲博士學位。公開發表有《謝莊年譜》《謝莊詩文新探》《葉、沈二家〈劉孝標《世說注》引書目錄〉補正》《小議漢魏六朝人物別傳》《注釋家的別傳觀》等專業論文。

提　要

　　漢魏六朝是文學著述空前繁榮的時期，現存的史料不僅數量龐大，而且種類繁多。從學術研究的角度來說，古代史學家一般著重於對正史史料的研究，近現代學者則更多地將視角投向正史外的史料，採取比較研究的方法，努力尋求史學與其他學科的交叉點。近年來，對史部雜傳類作品的研究成為熱點，許多學者在討論雜傳與文學，尤其是雜傳與小說的關係方面，取得了豐碩的成果。從目前的狀況來看，學者們研究的雜傳作品，大都在古代目錄學著作中有著錄，而對一些不在著錄之列的散佚作品，涉及的就相對少得多。如在該期史料中，常見的以「某某別傳」命名的各種單篇人物傳記，由於散佚嚴重，又不在目錄書著錄之內，往往不被學者所重視。然而經過仔細清理後可以發現，以單篇形式流傳的漢魏六朝人物傳記，無論其篇名稱「傳」「別傳」「記」等，其中有很大一部分具有相同特徵，可以成為雜傳類下面一個獨立類型，也具有相當的研究價值。

　　「別傳」一詞的大量使用，始見於南朝宋裴松之《三國志注》中。作為一種最初為將某些單篇傳記與正史傳記及其他雜史、類傳相區別的注釋學用詞，其使用範圍僅限於某些特殊場合，本身並不具有特定的目錄學涵義。裴氏所引的人物別傳，只有少數被目錄學著作所著錄，並被歸入史部雜傳類。自裴松之、劉孝標等注釋家之後，「別傳」一詞仍然被許多學者、書籍編纂者和小說家所使用，但其內涵與裴氏所用均有差異，有的甚至相去甚遠。有鑒於此，後世學者大多不把「別傳」作為一個具有固定概念的名詞看待。

　　縱觀整個漢魏六朝，留存的單篇人物傳記數量十分龐大，現代學者將這些以單篇形式留存的傳記稱為「散傳」。事實上，屬於「散傳」這一概念下的人物傳記，在細部特徵上，還有值得進行認真清理和重新分類的必要。「散傳」中很大一部分傳記，是可以以「別傳」為名，歸為一種獨立的傳記種類的。本書即通過對漢魏六朝時期單篇人物傳記的搜輯整理，提出「別傳類」傳記的概念，並在此基礎上進行綜合研究。

目　次

第三冊　陳壽《益部耆舊傳》輯錄與研究

作者簡介

　　陳陽，女，四川大學中文系基地班本科、四川大學中文系古典文學文獻專業研究生畢業，獲文學碩士學位，曾在四川省郵政局、最高人民檢察院影視中心以及清華大學就職，現居住於北京。

提　要

　　《益部耆舊傳》是魏晉時期著名史學家陳壽的作品，這部成於晉初的地方人物志，記錄了由漢及魏益部地區的大量「士女」事蹟，承載了陳壽「以示來世之好事」的願望，也展現了他內心深處的理想世界，成為陳壽入仕晉

朝的立身之作，在當時廣爲流傳。可惜這部著作今已亡佚，目前可見的本子，主要是《說郛》「宛委山堂本」中的一段輯本以及 1915 年四川存古書局刊刻的《益部耆舊傳》輯本（以下簡稱「存古本」）。一直以來，人們對陳壽的研究，都聚焦在號稱「前四史」的三國志上，鮮有學者關注陳壽的其他作品，這在魏晉南北朝研究日益深入的今天，不能不說是一種遺憾。

本書即是基於這一背景寫成的，共分輯錄和研究兩部分。輯錄部分是在「存古本」的基礎上重新輯錄、標點、整理而成的，分爲《益部耆舊傳輯錄》、《益部耆舊雜記輯錄》以及《存古本未輯錄部分》三個部分，共計比「存古本」多輯出 23 人、29 事，並對存古本所輯錄的 71 人事蹟重新進行了整理合併，將分散在不同篇頁的同一人故事重新整合，將故事所見的多個出處分列於篇末，以供研究者參考。

在此基礎上，還對現有輯錄所得進行了研究，介紹和闡釋了《益部耆舊傳》的一些基本問題，分析了輯錄所得的主要內容及思想特色，並從互補和互證兩個角度，對《益部耆舊傳》與同時期主要史書《華陽國志》、《後漢書》之間的聯繫進行了梳理。此外，還介紹了目前可見的「宛委山堂本」《說郛》輯本和「存古本」的基本情況，並簡要介紹了本次輯佚工作的特色以及輯佚過程中發現的問題。

通過輯錄和研究《益部耆舊傳》，我們可以更好地理解魏晉時代的巴蜀地區以及當時的「士女英彥」，更準確地感知當時的風土人情，也能更好地去研究陳壽本身的政治思想和史學思想。此外，由於《益部耆舊傳》在當時影響深遠，相當一部分內容已經滲透到同時期的史書中，深入地研究《益部耆舊傳》，亦可推進同時期其他相關史書的研究，應當引起我們的重視。

目　次

第三冊　《新疆回部紀略》校注

作者簡介

　　〔清〕慕璋著，甘肅鎮原人，清朝舉人，曾任西寧縣教諭。光緒九年，在清政府擬在新疆建省之際，受命考察新疆，經採摘正史並調閱地方檔案纂成此書。

　　李江傑校注，1974 年生，河北省石家莊市元氏縣人，南京大學文學博士，副教授，碩士生導師，現任石河子大學重點文科基地新疆非物質文化遺產研究中心副主任，主要從事古代文學與文獻研究、非物質文化遺產傳承與保護研究。現主持國家哲社藝術學課題一項，教育部青年課題一項，參與國家哲社課題一項、省級課題兩項，發表相關專業學術論文近二十篇。

提　要

　　《新疆回部紀略》成書於清代光緒年間，記錄新疆回部歷史、地理、人文風俗以及宗教信仰等新疆民族與歷史，所記新疆回部情形頗詳，可謂內容宏富，規模空前，實乃煌煌大作。

　　此書問世之前，雖不乏官方以及前哲時賢對新疆歷史、地理以及人文信息的記載，然對新疆回部關注不夠，更缺乏對其給予系統的記述和研究。清政府在天山南、北軍務始定之後，為加強西北邊境管轄，擬設立新疆行省。有鑒於此，清政府為實現對新疆回部的更好管理，於設立新疆行省之前，委派大吏檄霽堂（慕璋）馳赴新疆，調查回部情形，以作設縣之計。光緒九年，慕璋受命考察新疆回部情形，為追蹤溯源遂採摘正史，並調閱地方檔案文獻，考察詳覈，遂纂成此書。

　　本書原稿存陝西總督，底稿為慕璋之子少堂（慕壽祺）收藏，後捐贈甘肅省圖書館。全書十二卷、卷首總論，一至九卷記新疆回部沿革、疆域、山川、建置、官制、營伍、糧餉、錢法、軍臺及回務等，末三卷為霍集斯列傳、土爾扈特傳及特產等。全書內容豐富，記事簡賅，為研究新疆民族與歷史之重要參考文獻。

目　次

第四冊　《文選》陸善經注研究

作者簡介

尹曙光，忽忽年逾不惑，惑者益夥。自四川岳池負笈武漢，工科四年轉而好書。再三考研，入四川大學羅國威先生門下，研習古典文獻。爲生計故，做夜班編輯至今。間復歸先生，取博士虛名。徘徊學術，心嚮往之，終淺嘗輒止而不能至，更遑論窺堂奧悟妙諦。

浮游《選》學，琳琅眩目。根柢無壞，欲借奇談怪論新闢境界，得當頭棒喝，遂潛心陸善經注。逐字辨析，追本溯源，勘比校正。值網絡遍佈時代，享數字影像佳惠。蝸居陋室以成《〈文選〉陸善經注研究》。不敏之人唯餘一誠，稍補往佚足矣。

提　要

隨《文選集注》而重現的陸善經注，是李善、五臣之外一大較爲完備的《文選》注釋。本文根據《唐鈔文選集注彙存》，輯錄、梳理出其中所有的陸善經注，在箋證陸注的基礎上，詳盡分析注釋文本，與其他注家進行比較，並研究了陸注的引書情況，對其所用《文選》版本也作了初步探究。是迄今爲止對陸善經注最爲完整的整理和研究。

現輯錄出陸善經注 1167 條，19159 字。從作品解題、語詞訓釋、釋句、引典、注明典制、講解文法、辨誤、注音等方面分析、歸納出陸注的一些典型特徵和闡釋方式。通過現存陸善經注與李善注、《文選鈔》、五臣注、《文選》舊注的對比，發現陸注並非如有的早期研究者所說「實未見佳處」。而是與其他注家各有勝負之處。總體而言，陸注大致平衡在學術研究和普及閱讀之間，不及李善注精深，但也不在五臣之下。

綜合陸善經散見於各種書目及相關文獻中的零星資料，以及其所引的 92 種書籍，探討了陸善經的學術背景和其注書時的學術風氣。

在《文選集注》眾本中，陸善經本與五家本最爲相近，相同之處頗多。現存的朝鮮五臣本與陸本亦極爲相似。一些陸本獨有之處，在胡刻本、叢刊本中也有所見。說明後世的刻本不僅吸收了本系統的優點，也直接或間接地採納了陸本的精華。

目　次

第五冊　元代文選學研究

作者簡介

羅琴，四川樂山夾江人。1987 年 9 月生。2006 年至 2010 年就讀於四川大學文學與新聞學院漢語言文學基地班。2010 年至 2013 年就讀於北京師範大學古籍與傳統文化研究院中國古典文獻學專業。2013 年至今，就讀於復旦大學古籍整理研究所中國古典文獻學專業。曾發表論文《兩漢巴蜀文學系年要錄》、《〈文選·二京賦〉薛綜注眞僞辨》、《陳仁子〈文選補遺〉初探》、《〈全宋文〉補〈宋朝方志考〉例證》等。

提　要

本書系統研究了元代文選學的發展情況。

第一章以專人專書的形式研究了方回的《文選顏鮑謝詩評》和《虛谷評五謝詩》版本，探討二者關係，認爲二書同出一源，只是輯錄者根據個人的需求各有刪削，並用不同方式加以編排，總結二書的特色與價值。第二章研究陳仁子及其《文選補遺》，介紹了陳仁子的家世生平和著述，《文選補遺》的七種版本情況，論述了歷代對此書的評價，總結了《文選補遺》的六個特點、自亂體例的八大表現，認爲陳仁子對此書用力不勤。第三章研究劉履及其《風雅翼》。考證劉履的家世和生平、交遊，詳細研究劉履《風雅翼》從明到清的十五種版本，介紹了歷代對《風雅翼》的評價，最後總結了本書三大特徵。第四章研究《文選》在元代的刊刻。包括陳仁子刻茶陵本《文選》和池州路張伯顏刻李善注《文選》。第五章筆者根據以上研究，對元代文選學做

了再評議。分別從元代文選學之刊刻成就、注釋得失、開評點一派、興廣續之風、重理學特徵幾方面加以總結評價。最後附錄分三部分。一是《虛谷評五謝詩》僅有文字。二是收錄了《文選顏鮑謝詩評》、《文選補遺》、《風雅翼》三種書的幾十篇序跋原文。三是收錄了各書幾十張清晰書影。

　　本書特點有三：一是文獻收集全而新，如用尚不爲人關注的海內孤本《虛谷評五謝詩》，又如大量收集原書序跋、書影。二是注重版本考訂，特別是對《風雅翼》一書的版本經眼、考訂，可謂詳盡。三是以客觀態度研究對象，不刻意拔高，如通篇對元代選學之評價。

目　次

第六冊　唐宋名家唱和彙編：元白唱和集／劉白唱和集

作者簡介

　　江澄格，一九三二年生於四川，一九四九年隨政府遷臺灣。曾畢業於中國文化學院暨韓國成均館大學文學碩士。歷任駐韓大使館參事處一等祕書、駐韓國代表部新聞組長。在台北老人社會大學及新北市崇光社區大學開課講授「古典文學的諧趣藝術」，現任四川大學客座教授，並在溫哥華嶺南長者學院講授「漢字的奇情妙趣」著有《奇文妙字說不完》、《歷史小說巨擘高陽》、《古詩的軼聞傳奇》、《高陽評傳》等書，先後曾應邀在台灣師範大學、上海復旦大學、同濟大學、天津南開大學、卑詩大學亞研圖書館發表演講。長時

從事於漢字組織結構與排列組合的研究，從古籍文獻中證明漢字是全世界唯一僅有、獨一無二、使用人口最多、分布地域最廣、創作年代最久、現在仍通用、流行最古老的表義文字。對字型的發展作過深入細密的爬梳，由幹而枝的索求，有推廣實用的發現，也有獨特的創見，主張「沿形識音衍義」。可以說是循新的蹊徑，發展中文漢字教育的新方向。

提　要

在古典藝文之中，唐詩之所以「一枝獨秀」，乃是由於自唐高祖李淵登基以來，勵行一連串的政治革新。除「租調庸」等法之外，另在朝廷甄優選才授職任官的政策方面，作了大幅度的調整，有了不同於前的改變，就是將過去漢代例行的「九品中正」但憑「薦舉」授職任官的陳例，改變成為「擇其所長」，而用「科舉」。這一改革非但創建了符合公平正義的精神與適應朝政所需的科目，據以評鑑出真才實學的人才，再授官任職，明訂了一個客觀的標準。

更重要的是為官府選吏任官訂立下一個必須共同遵守的規約，並且為讀書人開拓出一條出路，給知識份子指示出一個未來的方向：「學而優則仕」。同時也為後世豎立了一個人生的指標，讓學子、文士、社群有了一個共同的目標，一致的觀點。「萬般皆下品，唯有讀書高」。

元稹與白居易出生於不同的年代。白生於唐代宗大曆七年歲在壬子（西元 772）正月廿日。元生於大曆十四年歲在己未（西元 779）。先後成名於不同的時代。元稹十五歲貞元九年明經及第，白居易貞元十六年進士及第，卻同官於一個外敵環視，而又內爭不已的朝代。貞元十八年歲次壬午吏部侍郎鄭珣瑜主試書判拔萃科，元稹、白居易、崔玄亮等人均及第。元白訂交約始於此。社會一般文士相交往還非獨看重於「禮尚往來」回贈返饋物資語言方面的禮俗，尤重不時主動發起賀節慶壽、祝婚問安、遷官晉爵的文字慶賀。文字信息的互通，彼此之間的書信往還，暢達了兩者多地的相思，也舒暢了多人牽掛的情懷。

唱和的詩歌，是深情呼喚所得到的回響，是痛苦呻吟所獲致的心靈撫慰，是詩人心中的內心世界，騷人墨客的夢囈耳語，其間料有不足為外人道的私密隱情，亦如元稹在〈夢遊春〉題序所言「不可使不知吾者知，知吾者亦不可使不知。樂天知吾也，吾不敢不使吾子知之。」

第七冊 《宋詩別裁集》研究

作者簡介

　　高磊（1976～），男，安徽亳州人，文學博士，寧波工程學院人文學院副教授，主要從事明清詩文和文獻學研究，主持完成省市級課題 4 項，參與完成國家社科基金項目 1 項，在《山西大學學報》、《山西師大學報》、《甘肅社會科學》、《湖北大學學報》、《蘇州大學學報》、《中南大學學報》、《內蒙古大學學報》等雜誌發表學術論文 20 餘篇。

提　要

　　本書爲學界第一部《宋詩別裁集》研究專著。著者廣泛查閱了清人別集、總集、筆記、方志、年譜、史傳、詩話、文論等文獻，採用文獻與批評相結合的研究方法，著力解決選家的家世生平、交遊治學、詩學思想以及選本的選錄標準、版本源流、文獻來源、編輯疏誤等問題。全書共分六章：第一章考述了三位編者的家世生平以及主編姚培謙的交遊狀況，修正了目前學界所存在的一些錯誤表述，冀願知人論世。第二章論述了姚培謙弘揚詩教、提倡性情的詩學思想，其思想實則受到了清前中期詩學思潮的深刻影響。第三章以具體選錄情況爲依據，歸納出《宋詩別裁集》推重理學、唐宋兼採的選錄標準，並揭櫫其與乾隆詩壇風氣之間的關係。第四章依刊刻年代先後爲序，梳理了《宋詩別裁集》的版本流衍情況，主體爲著者寓目的十二種《宋詩別裁集》。第五章以選錄範圍、編排順序、作品刪改、詩學思想、交遊藏書等爲考察標準，探討了《宋詩別裁集》在編選過程中對《宋詩抄初集》、《宋百家詩存》、《宋詩紀事》、《唐宋八家詩抄》等總集的取資借鑒情況。第六章分類辨析了《宋詩別裁集》在編輯上所存在的刪減題序、刪改題注、刪減詩注、題注誤入詩題、刪改詩題、竄改詩中文字、誤署作者、二詩誤作一詩等疏誤，以便於對該書的科學利用。

目　次

第八冊　宋代題畫詩集與畫譜研究

作者簡介

　　傅怡靜，1981 年生，安徽涇縣人。北京師範大學文學博士，中央美術學院博士後，現任中央美術學院人事處副處長。主要致力於中國古代詩畫關係及近現代美術研究，主持國家社會科學基金藝術學項目《留學生與中國近現代美術》（項目編號：08CF74，結項證書號：2013009），曾獲中國博士後基金面上資助。在《美術研究》、《美術觀察》、《中國文化研究》、《社會科學論壇》、《民族文學研究》、《中國書畫》、《杜甫研究學刊》等刊物上發表論文 20 餘篇。

提　要

　　中國詩歌與繪畫之間的融合是中華民族所特有的，這種關係自漢魏萌芽始，至唐宋而確立、成熟，元明清則再發展。其過程包孕著辯證的藝術互動與深厚的文化底蘊，呈現出龐大而無體系、綿延卻不緊湊、存在又難具象的特殊形態。這一方面是因詩歌與繪畫不同的藝術領域及發展軌道造成的，各行己路，融合便一直處於無規則、不平衡的發展狀態；另一方面則是由詩畫間相互作用的力度及深度決定的。不同藝術種類的互滲是有難度的，需要打破藝術自身的很多限制，所以融合過程必然是緩慢的、潛移默化的。詩畫關

係的發展軌跡常常隱藏在文化現象的背後，不易捕捉。

　　本書圍繞唐宋詩畫關係這一中心論點，以宋代出現的中國第一部題畫詩總集和別集、第一部官方畫譜和私刻畫譜為主要研究對象。因為從宋代結集的題畫詩集與畫譜中最能準確捕捉唐宋時期詩畫關係的發展形態。而研究宋後題畫詩集與畫譜的編纂與流傳情況，將有助於梳理流傳脈絡，從中把握詩畫關係的延續，得知唐宋詩畫融合的接受情況。故分上下編，分別以題畫詩集和畫譜為研究中心。上編重點分析宋代題畫詩總集《聲畫集》和別集《題畫集》，且對宋後題畫詩集的編纂情況略作闡述。下編著力研究宋代官刻畫譜《宣和畫譜》和私刻畫譜《梅花喜神譜》，並對明清詩（詞）畫譜的編刻情況及選詩（詞）原因稍作論析。

　　要之，本書立足於宋代題畫詩集和畫譜全方位、多層面的綜合研究，試圖把握各本體現出的詩畫關係，從而肯定唐宋兩朝在詩畫關係史上的重要地位。並從宋後題畫詩集和畫譜的編纂情況中窺知宋後詩畫關係發展狀況，瞭解唐宋詩畫關係在後世的接受程度，追尋詩畫關係的發展軌跡，再度肯定其重要意義。

目　次

第九冊　宋元以來詞集叢刻研究

作者簡介

　　孫赫男，女，黑龍江哈爾濱人，1972 年生。吉林大學歷史學博士，中國社會科學院博士後，現爲吉林大學古籍研究所教授，博士生導師，主要從事文獻學研究。近年來在《北京大學學報》等刊物發表學術論文數十篇，出版學術專著 1 種。主持完成教育部人文社會科學研究項目 1 項、高校古委會項目 1 項、吉林省社科基金項目 1 項、吉林大學人文社科項目 2 項。

提　要

　　本書以宋元以來詞集叢刻作爲研究對象，分上下兩編，上編著重於文獻清理，主要分兩章，考述宋元以來以迄民國時期詞集叢書的編刻情況。首章考述宋元明時期的詞集叢刻，次章爲清代、民國的主要詞集作敘錄。本書的下編則著重於對宋元以來歷代詞集叢刻的理論探討，分爲三個部分加以研察。第一部分，詞集叢刻的發端與宋元明時期的詞壇生態。以對宋元明時期詞集叢刻的鉤沉與全面觀照爲線索，並結合宋元時期詞的傳播與詞學思潮的演變等問題，展現宋元明時期詞壇生態狀況，對宋元明時期詞壇衍生遞變的規律作以深入解剖。第二部分，詞集叢刻與清代詞學流派之遞嬗。清代詞集叢刻還與清人詞學觀念以及清代詞派之消長有著非常直接的關係，有些詞集叢刻甚至直接可以視爲是某一詞派開宗立派的大纛，爲詞派的形成起到了導夫先路的作用，如龔翔麟所刻《浙西六家詞》之於浙西詞派之形成、王昶的《琴畫樓詞鈔》與浙派中期、吳中詞派的詞集編刻與吳中詞派的形成以及《同聲集》與常州詞派等。本章重點對此數家詞集叢刻與詞派之關係作了深入的探討。第三部分，主要探討清代詞集叢刻的文獻學意義。以清代的詞集叢刻爲觀照點，分爲兩個階段，即清代中前期和晚清，分別探討其時詞集叢刻的類型及其在詞學文獻學上的價值與貢獻。

目　次

第十冊　清末民初嶺南詩歌總集研究

作者簡介

　　黎聰，男，1981 年 10 月生於廣東省化州市。2013 年 7 月畢業於華南師範大學文學院，獲文學博士學位。現爲廣東警官學院公共課教研部教師，主要從事中國近代文學以及嶺南文化、文學的研究。先後發表《近代南海伍氏家世事與家族精神傳承述略》、《晚清民國嶺南傳統學術之薪傳者──試述溫廷敬先生的學術歷程及其貢獻》等論文多篇。

提　要

　　本書側重從嶺南詩歌總集與嶺南詩歌史、嶺南地域文化等要素的關係入手，選取伍崇曜、譚瑩輯《楚庭耆舊遺詩》、溫廷敬輯《潮州詩萃》、胡曦輯《梅水彙靈集》等三部分屬於廣府、客家和福老三大民系，且在清末民初顏

具影響力的三部詩歌總集作爲主要觀照對象。一方面，詳細考察其編輯者的
生平行，詩學淵源以及在目錄學、文獻學領域的貢獻；另一方面，從對三部
詩歌總集的編纂體例（編排形式、選詩標準、附件）以及詩歌總集中所收錄
的詩人與具體作品的考察，闡明其總集的構成要素、編輯體例的傳承與創新
性，選輯詩人的地域分佈性以及選源豐富性等特點，勾勒出它們的基本概貌。
並進而理清《楚庭耆舊遺詩》與嶺南詩歌總集編纂的興起、《潮州詩萃》與「韓
江文化」的定型、《梅水彙靈集》與客家文學意識的成熟等一系列以嶺南詩歌
總集與嶺南詩歌史、嶺南文化史的互動關係爲中心所進行的專題考察。

　　同時，這批嶺南詩歌總集的編纂問世，不但強化了詩歌總集中固有的嶺
南山川風物書寫，而且也深刻地體現出了嶺南詩歌總集對阮元及「學海堂」
樸學之風的傳承，藏書刻書與儒、商文化合作的興起，以及嶺南族群研究意
識的覺醒。這對整個嶺南文化的近代化進程都具有深遠的歷史影響。

目　次

第十一冊　《薛道衡集》校注

作者簡介

　　袁敏，女，四川宜賓人。文學博士。畢業於北京師範大學中國古典文獻學專業。現任教於重慶大學人文社會科學高等研究院。主要從事魏晉南北朝文學與文獻研究。曾榮獲教育部全國高校古籍整理研究工作委員會頒發的第十一屆「中國古文獻學獎」博士組三等獎。編著有《圖說莊子》（北京聯合出版公司 2012 年版），參編《全魏晉賦校注》（吉林文史出版社 2008 年版）。

提　要

　　薛道衡（540～609），字玄卿，河東汾陰（今山西萬榮）人。歷仕北齊、北周、隋。頗得隋文帝器重，久當樞要，位望清顯，所與交結，皆海內名賢。然古稀之年於司隸大夫任上為煬帝縊殺，天下冤之。詩文兼擅，《隋書》稱其為「一代文宗」。

　　《隋書‧經籍志》著錄「《薛道衡集》三十卷」已於宋代亡佚，陳振孫《直齋書錄解題》著錄之一卷本乃重輯本。薛道衡詩文，明清諸家如馮惟訥、張燮、葉紹泰、張溥、嚴可均等人皆有輯錄；近代以來丁福保、逯欽立、韓理洲亦有遞補。前人草創之功雖鉅，然其輯校仍未精審。

　　本書是目前輯錄薛道衡作品最完整，收集相關史料最全面的整理本。第一部分前言，論述薛道衡之生平交遊、思想及其詩文藝術特色；考述《薛道衡集》的著錄、版本、流傳情況。第二部分從唐宋類書、史籍、總集、碑誌、出土文獻中重新輯錄薛道衡詩文，遴選最具代表性的《薛道衡集》參校，詳加注釋，並對詩文之繫年、主旨、語辭、典故作簡明扼要之考辨。第三部分

附錄，包括薛道衡集外別著、佚詩、傳記、遺事、年譜、題詞、彙評。

　　本書一大特色是充分利用回傳的域外漢籍及新近出土文獻。《隋文帝大赦詔二首》、《隋文帝拜東岳大赦詔》、《後周大將軍楊紹碑》、《大將軍趙芬碑》、《隋故使持節上儀同三司泉州刺史劉君（弘）墓誌》等，均係首次收入《薛道衡集》。

目　次

第十二冊　《唐國史補》校箋

作者簡介

　　常鵬，祖籍江蘇南京，1972 年 7 月出生於九江。1998 年畢業於中國科技大學研究生院獲英語語言學碩士學位，2009 年畢業於廈門大學人文學院獲史學博士學位。2009 年 9 月至次年 9 月，美國范德寶大學（Vanderbilt Univeristy）歷史系訪問學者。現爲廈門大學外文學院副教授，主要興趣與研究方向爲中西文化比較及應用語言學。

提　要

　　《唐國史補》三卷，唐尚書左司郎中李肇撰，書中皆載開元至長慶間事，分爲上中下三卷。上卷、中卷各一百三條，下卷一百二條，每條以五字標作題目。李肇於自序中謂：「言報應、敘鬼神、夢卜、近帷箔，則去之，紀事實、探物理、辨疑惑、示勸戒、采風俗、助談笑，則書之。」今讀其本，雖仍不

免有曲筆、怪異荒誕之說，然排比貫串，洪悉具，梗柟杞梓，萃於鄧林，披沙簡金，時有可采，可以羽翼經史，益治道，故終不能以其一眚而掩其大德，不以一二瑕疵累其全帙也。

本文爲《唐國史補》作校箋，以明崇禎毛晉所刻汲古閣《津逮秘書》本爲底本，校以文淵閣四庫本，清嘉慶張海鵬所刻《學津討源》本，並參考其他如《說郛》、《太平廣記》、《唐語林》等類書，逐條逐字對其進行校對與箋注。論文分緒論、正文兩部分。緒論則又分爲三，其一，作者生平；其二，版本考略；其三略論其書於學界之影響。正文容爲校箋，其校之部分，對其書中魯魚亥豕、舛訛脫漏之處予以訂正修補；其箋注部分則對其書各條所及關鍵人名、地名、事件、服飾、器物、典章制度等，或據史乘典籍，或據出土文物，或據古墓壁畫，或據論文文獻，予以解釋箋注，以述其本事，考其掌故，辨其源流。

第十三冊　清代語文教育文獻研究

作者簡介

韓建立，吉林省吉林市人，吉林大學古籍所博士。目前執教于吉林大學文學院，語文課程與教學論專業碩士生導師。講授中國語文教育史、唐宋詩詞欣賞等課程。主要研究方向爲古代文學與文獻、語文課程與教學。

提　要

本書是關於清代語文教育文獻綜合研究的專著。語文教育文獻包括蒙學教材、文選讀本、語文教育論著。對語文教育文獻採用比較狹義的定義，即從現代語文教育的角度，將主要關涉語文教育的文獻，確定爲語文教育文獻，而不包括較爲綜合的、並不以語文教育爲主的文獻。共論及清代語文教學文獻八種，即《古文觀止》《唐詩三百首》《笠翁對韻》《文字蒙求》《古文辭類纂》《古文筆法百篇》《家塾教學法》《教童子法》。對每部語文教育文獻的編纂與教學功用、讀寫方法、現代價值等方面，做了詳細闡述。

目　次

第十四冊　嶽麓秦簡《爲吏治官及黔首》研究

作者簡介

　　于洪濤，男，1987 年生，漢族，遼寧省丹東市人。2010 年考入吉林大學古籍研究所，中國古代史專業，先秦史方向，攻讀碩士研究生。2013 年獲得碩士學位，同年考入吉林大學古籍所，中國古代史專業，先秦史方向，攻讀博士學位，目前爲在校博士研究生。

在學期間發表學術論文：

1、于洪濤：《近三年嶽麓書院藏秦簡研究綜述》，《魯東大學學報（哲學社會科學版）》2011 年第 6 期。

2、于洪濤：《試析睡虎地秦簡中的「稟衣」制度》，《古代文明》2012 年第 3 期（爲 CSSCI 擴展版）。

3、于洪濤：《秦簡牘「質日」考釋三則》，《魯東大學學報（哲學社會科學版）》2013 年第 4 期。

4、于洪濤：《里耶簡「御史問直絡程書」的傳遞過程》，《長江文明》（第十三輯），2013.09。

5、于洪濤：《嶽麓簡〈爲獄等狀四種〉所見逃亡犯罪研究》，《出土文獻與法律史研究》（第三輯），上海人民出版社 2014 年版。

在學期間參加學術交流活動：

1、2012 年 8 月參加北京大學中國古文獻研究中心主辦的「中國古文獻學

新動向研究生暑期學校」，學習期滿並成績合格，獲得結業證書。

2、2012 年 11 月參加由武漢大學簡帛研究中心、北京大學出土文獻研究
所主辦的「中國簡帛學國際論壇 2012 秦簡牘研究」學術研討會。

3、2012 年 12 月參加由華東政法大學法律古籍整理研究所主辦的「出土
文獻與法律史研討會」，並作題爲「試析里耶秦簡御史問直絡程書」
的專題發言。

發表文章的學術影響：

網路文章《嶽麓簡〈爲吏治官及黔首〉札記二則》（簡帛網 2011 年 5
月 24 日）一文，被北京大學朱鳳瀚教授《北大藏秦簡〈從政之經〉述要》
（《文物》2012 年 6 期），武漢大學陳偉教授《嶽麓書院秦簡「質日」初
步研究》（日文本《中國出土資料研究》第 16 號），華東師範大學馬芳、
張再興教授《「小男女渡量」考釋》（《廣西社會科學》2012 年 1 期）等文
引用。

提　要

嶽麓秦簡《爲吏治官及黔首》是一篇用於官吏教育的宦學教材，從形式
上來看與睡虎地秦簡《爲吏之道》相類似。在文獻用途上，兼具字書與道德
教本，兩個方面，是秦代成爲官吏之人，必須閱讀的入門材料。本文以《嶽
麓書院藏秦簡（壹）》所公佈的簡文爲研究基礎，結合前人的研究成果，針對
《爲吏治官及黔首》的命名、形制、結構、性質以及其內容所反映的秦代制
度、官吏治理思想等方面進行探討。

在前言部分，筆者主要對目前公佈的材料及研究成果進行梳理和總結。
由於嶽麓秦簡《爲吏治官及黔首》公佈的時間較短，關於其中所反映的秦代
制度、治官思想等內容的研究空間還很大。因此，筆者針對這一現象，系統
性地展開論述，正文主要分爲三個部分：

一是，主要對《爲吏治官及黔首》的基本情況進行論述，內容涉及來源、
命名、形制、內容結構以及文獻性質等內容。由於《爲吏治官及黔首》簡的
保存狀況較差，並且抄寫形式特殊。因此，在簡文編聯上，整理者給出的有
些順序仍然存在問題。筆者針對其簡文內容，重新的編排了簡序，並將其內
容分爲四類。這也是本章著重論述的部分。

二是，主要針對《爲吏治官及黔首》內容中所涉及的秦代制度進行論述。
由於簡的內容零散，筆者只是有針對性的選取了與農業管理制度、倉庫管理

制度、戶籍管理制度等三個方面進行研究。

　　三是，主要針對《爲吏治官及黔首》這一道德教本中所涉及的治官思想展開論述。筆者將文本中所包含的官吏評價準則一一列出，並與睡虎地秦簡《爲吏之道》相互比較，同時也對《爲吏治官及黔首》中所要求的官吏道德品質，列舉三點進行論述。

目　次

第十五、十六冊　環渤海地區媽祖史料輯解

作者簡介

　　方廣嶺，男，生於 1963 年 12 月，河北省冀州人。1986 年獲得吉林大學歷史學學士學位，1989 年獲得南開大學歷史研究所歷史學碩士學位，2010 年獲得南開大學歷史學院歷史學博士學位，現為天津圖書館副研究館員。長期從事地方志史和媽祖信仰等領域的文獻研究與整理工作，迄今已經獨立主持

完成一項天津市市級社會科學文化藝術課題項目——《環渤海地區媽祖史料輯解》，參與主持完成多項國家級和市級重點社科項目。獨立撰寫完成《清代直隸方志研究》（2014 年臺灣花木蘭文化出版社出版），參與撰寫論著多部，並在各類學術期刊上獨立撰寫、發表論文五十餘篇，其中部分獲得國家級和市級獎勵。

提　要

　　媽祖信仰起源於宋代，宋代以降在東南沿海地區受到廣泛傳播，歷經數百年，影響不斷擴大，並逐漸受到歷代朝廷的重視，被尊爲上庇國家社稷、下護黎民百姓的神衹。其影響範圍也由我國東南沿海地區分別向南北傳播，其中南路傳至廣州、香港、臺灣一帶，而北路則傳至煙臺、天津、營口等環渤海沿岸地區，逐漸與當地民間信仰習俗融合，形成了獨具中國北方特色的環渤海媽祖信仰文化圈。

　　自北宋開始，隨著南北海陸貿易交流的不斷發展，媽祖信仰開始在位於渤海海峽的廟島一帶紮根。以後歷經元、明、清各朝，媽祖信仰在環渤海地區的傳播進一步深化，使這裏成爲中國北方媽祖信仰傳播最爲廣泛的地區，也使天津作爲中國北方媽祖文化中心的地位不斷得到鞏固。因此本書所收集的媽祖史料種類和數量上，也相應地以天津爲最多，兼及京、冀、魯、遼。時限上自宋、元，歷經明、清，下迄民國時期，既具有廣泛的代表性，基本涵蓋環渤海一帶古代、近代和現代各地社會的發展歷程，同時兼顧史料種類的完整性，力爭能夠將各類史料充分展示給讀者。本書對所涉獵的每種史料進行必要的注解、校正，並針對以往媽祖史料整理和研究工作中存在的數量少、種類單一現象，不僅通過增加史料的數量和種類，而且對其中的重要問題提供多條史料的論證，進行深入的比較和分析，進一步揭示史料的內涵，展現史料的價值，做到可讀性和學術性兼備，填補目前中國媽祖文獻整理和研究工作中的一項空白。

目　次

上　冊

《詩經》研究史探微

付星星　著

作者簡介

付星星，1984 年生於貴州遵義。2012 年畢業於南京大學，獲文學博士學位。2011 年 10 月至 2012 年 10 月，獲中國國家留學基金委資助，留學韓國高麗大學。現爲貴州大學人文學院校聘副教授。研究方向爲跨文化傳播、東亞《詩經》學。

提　要

　　本書是筆者近年來研治《詩經》學的論文彙編，這些論文從歷史進程方面，涵蓋秦漢《詩經》學研究、清代《詩經》學研究；從地域分佈方面，籠括中國《詩經》學、朝鮮半島《詩經》學。論文主要分爲三章：第一章秦漢詩經學研究史論稿，主要運用文獻鉤稽的方法，收集文獻資料十條，證明《詩序》非子夏一人所作，亦非成書於一時，其定稿應晚於《史記》。第二章清代詩經學研究史論稿，重點論述姚際恆《詩經》學對漢、宋、明三代《詩經》學的承繼與批判，闡釋其疑古的研究態度，論述《詩經通論》文學化的研究特質。第三章朝鮮半島詩經學史論稿，論述了朴世堂、李瀷在實學思潮影響下，《詩經》學研究逐漸擺脫《詩集傳》的籠罩，體現出經世致用的實學特徵。本章還呈現了正祖君臣經筵講《詩》的具體形態，揭示出這一歷史時期朝鮮官方主流意識形態影響下的《詩經》研究特色，該特色即正祖有意識地矯正朱熹《詩經》學研究理學化傾向導致的空疏之弊，著力接續並開掘漢代《詩經》學的詩教傳統，綰合《詩經》研究的學術化與實用性，使《詩經》研究爲治國理政提供學術支持。

本書為國家社科基金項目

「朝鮮半島《詩經》學史研究」（14BZW025）

貴州大學人文社會科學一般項目「姚際恒《詩經通論》研究」
（GDY2014008）
科研成果

目

次

第一章　秦漢詩經學研究史論稿

第一節　《子夏序》爲虛託之十證

　　《子夏序》是《詩經》研究中一個頗爲重要的問題，自西漢以來，長期爭論不休，迄今亦無定論。經過研究，筆者認爲《子夏序》並不存在，《子夏序》乃是《毛詩》學派爲了擴大自己的影響而虛構出來的。茲分作十點逐層論證如下。

一、子夏不可能作《子夏序》的兩點理由

　　子夏不可能作《子夏序》的兩點理由。其一，子夏因早年失明，不可能寫出知識面甚廣的《子夏序》。子夏生於公元前 507 年，何以確知爲此年，因《史記・仲尼弟子列傳》明確指出子夏「少孔子四十四歲」。孔子生於公元前 551 年，減去 44 年，便是公元前 507 年。司馬遷又說：「孔子既沒，子夏居西河教授，爲魏文侯師，其子死，哭之失明。」〔註1〕

　　孔子卒於公元前 479 年，可知孔子死時，子夏才 28 歲。以常情推理，子夏居西河教授之時，正是其娶妻生子之時，而其子早死，痛哭失明，說明子夏三十出頭就雙目失明。作爲孔子高足之一的子夏不可能求學時背著孔子撰寫《子夏序》。他居西河教授不久，即發生其子夭折而導致痛哭失明的事件，估計此事的發生也只是「居西河教授」兩三年之內的事，撰寫《子夏序》必須涉及大量的文獻數據，而 311 篇的詩歌序言，亦非短期內所能完成，至於雙

〔註 1〕司馬遷《史記》，中華書局，1959 年版，第 2202 頁。

目失明後的子夏，已失去了撰寫《子夏序》的基本條件。子夏的時代，書寫條件異常艱難，對失明者而言，確實難以完成。

其二，春秋時期，人們關注《詩》的重點涉及兩個方面。一是把《詩》看作是義理的府庫。如公元前 633 年，晉國的大臣趙衰說：「《詩》、《書》義之府也。」〔註2〕[2](p.445)即關注詩句中富有義理的詩句。另一點是重視外交場合中的斷章取義，賦詩言志。重視《詩》詩句因事、因人、因地的靈活應用，而不重視對詩歌題旨的固定見解。春秋時期人們只稱《詩》或「詩三百」，還沒有《詩經》的稱呼，也沒有像兩漢時期那樣要求寫出經學化的《詩序》。《論語》中記載孔子與弟子們討論《詩》只有兩則。一則是孔子與子貢論詩，一則是孔子與子夏論詩。論詩的方式重在啓發，舉一反三。子貢領悟到道德要靠切磋琢磨，才能達到自覺的高度；子夏領悟到仁與禮相比，仁是基礎，禮後於仁。孔子認為子貢、子夏能在啓發後有所領悟而進入到可以言《詩》的境界了。從《論語》中可以看出孔門論詩重在義理的探討和賦詩言志，即孔子所說的「不學《詩》，無以言」。而不是看重三百篇詩的講解。所以春秋時期的子夏不可能超越時代的要求，撰寫出經學化的《子夏序》。

二、魏文侯對《齊風・東方未明》、《王風・黍離》二詩的理解與《毛詩序》相異，可證《子夏序》爲虛託

子夏親授魏文侯，魏文侯對《詩經》的《東方未明》與《黍離》詩旨的理解與《毛詩序》不同，可證《毛詩序》與子夏不相干。

《史記・仲尼弟子列傳》載子夏「爲魏文侯師」〔註3〕。《史記・魏世家》又載：「文侯受子夏經藝。」〔註4〕魏文侯言《詩》，應源自子夏。試看《東方未明》的例證，劉向《說苑・奉使篇》載：「魏文侯於是遣張倉唐賜太子衣一襲，敕以雞鳴時至。太子發篋視衣，盡顛倒。太子曰：『《詩》云：『東方未明，顛倒衣裳。顛之倒之，自公召之。』』遂西至謁，文侯大喜。」〔註5〕這是魏文侯通過「顛倒衣裳」的特殊賞賜，藉以觀察太子對《東方未明》一詩的領悟能力。太子領悟到「顛之倒之，自公召之」的詩意，立即早駕至謁，故文

〔註2〕楊伯峻《春秋左傳祝》，中華書局，1981 年版，第 445 頁。
〔註3〕司馬遷《史記》，第 2203 頁。
〔註4〕司馬遷《史記》，第 1839 頁。
〔註5〕王先謙《詩三家義集疏》，中華書局，1987 年版，第 382 頁。

侯大喜。《荀子‧大略篇》也說：「諸侯召其臣，臣不俟駕，顛倒衣裳而走，禮也。《詩》曰：『顛之倒之，自公召之。』」〔註6〕[3](p.382)可見對《東方未明》的理解，子夏、魏文侯與荀卿的理解是一致的。又西漢學者焦延壽之《焦氏易林‧同人》云：「衣裳顛倒，爲王來呼。」〔註7〕[3](p.382)王先謙確認焦氏爲《齊詩》學者，故魯詩、齊詩對此詩的理解是一致的。又《後漢書‧班彪列傳》載，班固奏記頌東平王倉曰：「竊見慕府新開，廣延群俊，四方之士，顛倒衣裳。」注曰：「《詩》曰『東方未明，顛倒衣裳』。言士爭歸之匆遽也。」〔註8〕班固之父世習《齊詩》，而班固又曾說：「魯最爲近之。」〔註9〕可見《魯詩》、《齊詩》與荀卿、魏文侯對《東方未明》詩旨的理解是一致的，對此詩的理解當淵源於子夏。但《毛詩序》卻說：「《東方未明》，刺無節也。朝廷興居無節，號令不時，挈壺氏不能掌其職也。」〔註10〕此序之意，顯然與荀卿、魏文侯不同，魏文侯是子夏的直接傳人，可證《毛詩序》對《東方未明》的理解與子夏的傳授不相干，因此可以斷定，至少《毛詩‧東方未明‧序》非子夏所作。

　　又《王風‧黍離》一詩。《韓詩》曰：「昔伊吉甫信後妻之讒而殺孝子伯奇，其弟伯封求而不得，作《黍離》之詩。」〔註11〕《毛詩序》曰：「《黍離》，閔宗周也。周大夫行役至於宗周，過故宗廟宮室，盡爲禾黍。閔周室之顛覆，彷徨不忍去，而作是詩也。」〔註12〕《韓詩》確認《黍離》的題旨是敍寫父子之情，《毛詩序》認爲《黍離》是寫故國之思。這兩種說法，哪種接近子夏的觀點呢？

　　劉向《說苑‧奉使篇》載：「魏文侯封太子擊於中山，三年使不往來。趙倉唐爲太子奉使於文侯，文侯曰：『子之君何業？』倉唐曰：『業詩文。』侯曰：『於詩何好？』倉唐曰：『好《晨風》與《黍離》。』文侯讀《黍離》曰：『彼黍離離』云云。文侯曰：『子之君怨乎？』倉唐曰：『不敢，時思耳。』」〔註13〕王先謙《詩三家義集疏》云：「《韓詩外傳》亦引此，以父子之

〔註 6〕王先謙《詩三家義集疏》，第 382 頁。

〔註 7〕王先謙《詩三家義集疏》，第 382 頁。

〔註 8〕范曄《後漢書》，中華書局，1965 年版，第 1331 頁。

〔註 9〕班固《漢書》，中華書局，1962 年版，第 1708 頁。

〔註 10〕孔穎達《毛詩正義》，北京大學出版社，1999 年版，第 394 頁。

〔註 11〕王先謙《詩三家義集疏》，中華書局，1987 年版，第 315 頁。

〔註 12〕孔穎達《毛詩正義》，北京大學出版社，2000 年版，第 297 頁。

〔註 13〕王先謙《詩三家義集疏》，中華書局，1987 年版，第 317 頁。

間其事相類故也。」〔註14〕可見魏文侯稱引《黍離》，以父子之情相類為意，並無故國之思之意。故《序》所言《黍離》「閔宗周」之詩旨，亦與子夏所授不相干。

就《東方未明》與《黍離》二詩而言，《毛詩序》所言實與子夏無涉。窺其一斑，可知全貌，《子夏序》乃子虛烏有之事。

三、《毛詩序》解《詩》多從《左傳》，可證《子夏序》為虛託

《毛詩序》多從《左傳》，這已是古今學者的定論，無須贅說，略舉數例如下：

> 《鄭風・將仲子・序》：「《將仲子》，刺莊公也。不勝其母，以害其弟。弟叔失道而公弗制，祭仲諫而公弗聽，小不忍以致大亂焉。」

> 《鄭風・叔于田・序》：「《叔于田》，刺莊公也。叔處于京，繕甲治兵，以出于田，國人說而歸之。」

> 《鄭風・大叔于田・序》：「《大叔于田》，刺莊公也。叔多才而好勇，不義而得眾也。」

> 《鄭風・遵大路・序》：「《遵大路》，思君子也。莊公失道，君子去之，國人思望焉。」

以上四首詩本來與《左傳》隱公元年（公元722）所載的「鄭伯克段於鄢」的事迹不相干，但《毛詩序》卻硬是附會《左傳》，生拉活扯地套在一起了。子夏是孔子的高足，他對《詩經》的領悟力，曾得到孔子的讚賞。以子夏之才，不可能寫出如此生硬的《詩序》，此是其一。其二，《左傳》記事已涉及三家分晉之事，說明《左傳》的編寫者已進入戰國時期，而子夏是春秋時衛人，他不可能見到晚出的《左傳》，他又怎麼能比附《左傳》而作《詩序》？

四、《毛詩序》釋《詩》多從《禮記》，可證《子夏序》為虛託

《毛詩序》與《禮記》有密切的關係。證據之一是《詩大序》曰：「情動於中而形於言，言之不足，故嗟歎之，嗟歎之不足，故永歌之，永歌之不足，不知手之舞之、足之蹈之也。情發於聲，聲成文謂之音。治世之音，安以樂，其政和。亂世之音，怨以怒，其政乖。亡國之音，哀以思，其民困。」

〔註14〕王先謙《詩三家義集疏》，中華書局，1987年版，第317頁。

〔註 15〕引文中加點部分與《禮記・樂記》全同。最早指出這一點的是宋代學者鄭樵。

證據之二是，《周頌・潛》之《毛詩序》曰：「《潛》，季冬薦魚，春獻鮪也。」清代《毛詩》學者陳奐認爲此序本之《禮記・月令》，這個說法是有一定道理的。因爲什麼樣的季節，祭祀什麼樣的魚，這屬於禮制的規定。清人姚際恒《詩經通論》爲此而感慨說：「《潛》詩則全襲《月令》，故知其爲漢人。」〔註 16〕姚際恒意謂《毛詩》自認爲《詩序》爲子夏所作，但《詩序》所用的材料卻是漢人所作的《月令》，豈非自相矛盾！

縱觀上述二證，《詩大序》、《周頌・潛》之《毛詩序》之言，均取自《禮記》之《樂記》與《月令》。

眾所周知，《禮記》乃是漢宣帝的博士所編纂的，故《禮記》的廣泛流傳是在宣帝之世。以上二證，足以說明《毛詩》學派這些觀點的產生，不能早於宣帝之世。這是推證之一。

推證之二：西漢漢宣帝時代是漢代「有諸內必形於外」詩歌理論盛行的時期，這是一個時代所形成的思潮，而並非是一些學者個人的興之所至。西漢著名辭賦家王褒是漢宣帝時期的諫議大夫，其《四子講德論》說：「《傳》曰：『詩人感而後思，思而後積，積而後滿，滿而後作，言之不足，故嗟歎之，嗟歎之不足，故詠歌之，詠歌之不足，不知手之舞之足之蹈之也。』」唐人李善注認爲王褒所引的是《樂動聲儀》〔註 17〕，文頗類似《禮記・樂記》。著名學者劉向也是宣帝時的諫議大夫，其《說苑・雜言》曰：「有諸內必形於外。」〔註 18〕《說苑・貴德篇》又說：「夫詩，思然後積，積然後滿，滿然後發。」〔註 19〕與王褒之言如同一轍，由此可以推證，《詩大序》之推崇「情發於中而形於言」的結論，也絕不是春秋末期之子夏所言，而是漢宣帝時期一種共同的思潮影響的結果。

五、《毛詩序》解《詩》多從《史記》，可證《子夏序》爲虛託

《毛詩序》在經學化過程中，看重以史解經，不僅大量比附《左傳》，而

〔註 15〕孔穎達《毛詩正義》，第 7～9 頁。

〔註 16〕姚際恒《詩經通論》，中華書局，1958 年版，第 2 頁。

〔註 17〕李善注《文選》，上海古籍，1986 年版，第 2251 頁。

〔註 18〕劉向《說苑》，《四部備要》本，中華書局，1989 年版，第 112 頁。

〔註 19〕劉向《說苑》，《四部備要》本，第 29 頁。

且進一步藉重《史記》的材料並加以融合貫通、詳加發揮。古代學者早已指明這種以史解經的特點，略舉其要：

清代著名學者魏源在其《詩古微》中明確指出：「《續序》（指衛宏的《毛詩序》）不過因《史記》有《衛》、《鄭》、《齊》、《晉》、《秦》、《陳》、《曹》世家、故各傳以惡諡。」這是從正面說的。接著魏源又從反面指明了另一種情況：「至魏、檜之無《世家》者，則但仍《毛》以爲刺其君、其大夫。以此之蹈虛，則知前之失實。」〔註20〕這種反證之說，最早源於宋人鄭樵，其《詩辨妄》說：「諸《風》皆有指言當代之某君者，惟《魏》、《檜》二風無一篇指言某君者，以此二國《史記》世家、年表、書傳不見有所說，故二風無指言也。」〔註21〕

精通史學的《詩經》名家崔述在《讀風偶識》中，對此又進一步追究說：「況檜亡於魯惠之世，魏亡於魯閔之世，且在齊哀陳幽之後二百餘年，何以遠者知之歷歷，而近者皆不知之乎？……此二國者，《春秋》、《史記》之所不載，故無從憑空而撰爲其君耳。」〔註22〕

崔述指出的知遠而不知近的違背常識的怪異情況，進一步證實了《毛詩序》比附《史記》的事實。

現略舉三例《毛詩序》比附《史記》以史解經的鐵證：

證據之一：《唐風·鴇羽·序》云：「昭公之後，大亂五世，君子下從征役，不得養其父母，而作是詩也。」崔述曰：「唐則十二篇，而直指者九。」〔註23〕按《唐風》十二篇，前面出現的是僖公、昭公，後面出現的是武公、獻公，加上大亂五世的五君，即孝侯、鄂侯、哀侯、小子侯與緡侯，正好是九君。《左傳》記載不全，只有前四君而不載緡侯。唯一記載完整的是《晉世家》。有些學者依據《左傳》的記載，認爲「昭公之後，大亂五世」，是包括昭公在內的。這是看重《左傳》而忘了《史記》。所以《毛詩序》的「大亂五世」，是參照《史記》的鐵證。

證據之二：《鄘風·柏舟》之《毛詩序》：「共姜自誓也。衛世子共伯蚤死，其妻守義，父母欲奪而嫁之，誓而勿許，故作是詩以絕之。」據《史記·衛

〔註20〕魏源《詩古微·上編之二》，嶽麓書社，1989年版，第205頁。

〔註21〕周孚《蠹齋鉛刀編·非詩辨妄》，文淵閣四庫全書1154冊，商務印書館，1986年版，第685頁。

〔註22〕崔述《讀風偶識》，臺灣學海出版社，1992年版，第19頁。

〔註23〕崔述《讀風偶識》，第19頁。

世家》載：「四十二年，釐侯卒，太子共伯餘立爲君。共伯弟和有寵於釐侯，多予之賂；和以其賂賂士，以襲攻共伯於墓上，共伯入釐侯羨自殺。」〔註24〕和襲殺共伯餘事，就在共伯爲君的當年。故《毛詩序》稱「蚤死」，根據《史記・衛世家》記載而來。此是《毛詩序》採用《史記》的鐵證。

　　證據之三：《詩大序》提出了變風、變雅，所謂的正風、正雅、變風、變雅，關鍵是治世還是亂世。按照《毛詩序》作者的設想，十五國風只有《二南》是正風，其它的十三國風都是變風，因此《毛詩序》的設計者要把這種變風的時代，安置到厲王昏亂的時代，或是厲王死後周、召共和的時期。但《左傳》是斷代史，不可能記載更早的事，所以《毛詩序》的作者，只能比附《史記》的《十二諸侯年表》，作爲編寫各國風詩中早期詩歌的君王。

　　　　《齊風・雞鳴》之《毛詩序》：「思賢妃也。哀公荒淫怠慢，故陳賢妃貞女夙夜警戒相成之道焉。」

　　　　《唐風・蟋蟀》之《毛詩序》：「刺晉僖公也。儉不中禮，故作是詩以閔之，欲其及時以禮自虞樂也。」

　　　　《秦風・車鄰》之《毛詩序》：「美秦仲也。秦仲始大，有車馬禮樂侍御之好焉。」

　　　　《陳風・宛丘》之《毛詩序》：「刺幽公也。淫荒昏亂，游蕩無度焉。」

　　　　《邶風・柏舟》之《毛詩序》：「言仁而不遇也。衛頃公之時，仁人不遇，小人在側。」

據《史記・十二諸侯年表》，五國風詩起首之詩的五位君王──齊哀公、晉僖公、秦仲、陳幽公、衛頃公均是周、召共和之年前後在位的。可見，《毛詩序》對這些諸侯王的排序依據，都是源自《史記》的《十二諸侯年表》和相應的《世家》。這種有意識地安排，說明《毛詩序》作者是頗費心機的。特別是《唐風》與《邶風》部份，有意避開了周、召共和之年的齊武公與衛僖侯，而選擇其先輩齊哀公與衛頃公。從經學化的角度來看，確實是比較恰當的選擇。從《毛詩序》解《詩》多處依據《史記》，可證《子夏序》爲虛託。

〔註24〕司馬遷《史記》，第1591頁。

六、《毛詩序》釋《無衣》，依從西漢的觀點，可證《子夏序》爲虛託

《秦風·無衣》本是秦國慷慨激昂的軍歌。《左傳》言申包胥哭秦庭，秦王爲之賦《無衣》，以示同仇敵愾，慷慨出兵，以解楚難。《毛傳》曰：「上與百姓同欲，則百姓樂致其死。」〔註25〕正確指出了《無衣》一詩的本義。但《毛詩序》卻背離《左傳》與《毛傳》，認爲《無衣》是刺戰之作。《毛詩序》的這種觀點是事出有因的。

漢王朝是靠推翻暴秦而建立的王朝，所以漢代的歷代君王與學者都一致指責秦朝的覆滅是歷史的必然。漢文帝時代的賈誼，在其著名的《過秦論》中，一針見血地指出秦朝覆滅的原因是「仁義不施而攻守之勢異也」。司馬遷以其史學家的眼光，採納並宣揚賈誼的這一觀點。所以在《秦始皇本紀》中，司馬遷節錄賈誼《過秦論》的核心部分，作爲秦王朝覆滅的歷史原因的總結。司馬遷說道：「秦王……禁文書而酷刑法，先詐力而後仁義，以暴虐爲天下始。夫併兼者高詐力，安定者貴順權，此言取與守不同術也。秦離戰國而王天下，其道不易，其政不改，是其所以取之守之者異也。孤獨而有之，故其亡可立而待。」〔註26〕司馬遷的這段話是對賈誼「仁義不施而攻守之勢異也」的詮釋。司馬遷非常讚賞賈誼的《過秦論》，並高度讚揚說：「善哉乎賈生推言之也！」〔註27〕

從賈誼的《過秦論》到司馬遷對賈誼的高度讚揚，可見對秦人重武力而輕仁義的指責，是那個特定時代留下的深刻烙印。《無衣》之《毛詩序》曰：「刺用兵也。秦人刺其君好攻戰，亟用兵，而不與民同欲焉。」由此而可以斷定，《毛詩序》對《無衣》的詮釋是西漢前期賈誼到司馬遷一脈相承的觀點。故《毛詩序》棄《左傳》而從之。

七、《毛詩序》與《毛傳》的內容矛盾，可證《子夏序》爲虛託

《毛詩》學派內部，《毛傳》與《毛詩序》時有對立衝突不可調和的意見，略舉《國風》數例如下：

1、《靜女》，《毛詩序》：「刺時也。衛君無道，夫人無德。」《毛傳》卻說：

〔註25〕孔穎達《毛詩正義》，第504頁。
〔註26〕司馬遷《史記》，第28頁。
〔註27〕司馬遷《史記》，中華書局，1959年版，第276頁。

「既有靜德，又有美色……可以配人君也。」

2、《東方之日》，《毛詩序》：「刺衰也。君臣失道，男女淫奔，不能以禮化也。」《毛傳》：「日出東方，無不鑒照，喻君德明盛，無不察理。此明德之君，能以禮化民，民皆依禮嫁娶。」

3、《盧令》，《毛詩序》：「刺荒也。襄公好田獵畢弋而不修民事，百姓苦之，故陳古以風焉。」《毛傳》：「令令，纓環聲。言人君能有美德，盡其仁愛，百姓欣而奉之，愛而樂之。順時遊田，與百姓共其樂，同其獲，故百姓聞而說之，其聲令令然。」

4、《綢繆》，《毛詩序》：「刺晉亂也。國亂則婚姻不得其時焉。」《毛傳》：「男女待禮而成，若薪芻待人事而後束也。三星在天，可以嫁娶矣。」

5、《無衣》，《毛詩序》：「刺用兵也。秦人刺其君好攻戰，亟用兵，而不與同欲焉。」《毛傳》：「上與百姓同欲，則百姓樂致其死。」

不僅《風》詩部分詩旨見解不一，《小雅》之詩，《序》、《傳》亦有意見相反者。

如《小雅・小弁》，《毛詩序》確認是「太子之傅作」。而《毛傳》卻引戰國時期高子之說，屬「小人之詩」。《小雅・魚藻》，《毛詩序》：「言萬物失其性。」《毛傳》卻說：「魚以依蒲藻爲得其性。」

按：這種《序》、《傳》相違的現象，在《毛詩》學派內部時有發生，可能有二、三十例之多。大體而言，《毛傳》吸取三家詩或雜說較多。如《靜女》吸取齊詩說，《小弁》吸取孟子所引的高子說。這說明《毛詩序》與《毛傳》的作者不是同一個人。《毛詩》學派內部至少有兩種主張，《毛傳》派主張更多的吸取三家詩中某些更合理的意見，而《毛詩序》派則更傾向於標新立異。

《序》、《傳》兩種不同的傾向，引起了古今詩經學者的關注。姚際恒《詩經通論・詩經論旨》說：「《毛傳》不釋《序》，且其言亦不知有《序》者。」〔註28〕今人胡念貽評論說：「《序》文和《傳》……有的不相應；不相應之處，正是陸續增修時留下的漏洞。」〔註29〕

〔註28〕姚際恒《詩經通論》，第 2 頁。
〔註29〕胡念貽：《論漢代和宋代詩經研究及其在清代的繼承和發展》，《文學評論》1981 年第 6 期。

事實上，《毛詩序》與《毛傳》作者之間的衝突，正證明了他們都沒有見過《子夏序》。

八、鄭玄駁《毛詩序》對四詩的詮釋，證《子夏序》爲虛託

基本信奉《毛詩》的鄭玄，在《小雅·十月之交》等四首詩的時代問題上有爭論，《毛詩序》以爲是刺幽王之作，鄭玄則認爲是刺厲王之作。如果有《子夏序》，則以《子夏序》爲準就是了。鄭玄與部分《毛詩序》之爭，說明鄭玄自己也沒有見過《子夏序》，鄭玄批駁部分《毛詩序》，說明他也不信《毛詩序》都有依據。

九、漢代劉歆、班固，唐代韓愈與宋代歐陽修確認《子夏序》非子夏所作

《漢書·楚元王傳》載劉歆言：「至孝武皇帝，……當此之時，一人不能獨盡其經，或爲《雅》，或爲《頌》，相合而成。」〔註30〕劉歆是楚元王劉交的五世孫。劉交少時，曾與申公等人向荀子弟子浮丘伯學《詩》，申公是《魯詩》的創立者，所以劉交的後裔世傳《魯詩》。據劉歆所言，武帝時一人尚不能獨盡其經，可見文帝時申公創立的《魯詩》，並不完整。同樣，景帝時的《齊》、《韓》、《毛》所授的《詩經》也是不完整的，四家詩「相合而成」的《詩經》學說，至少是漢武帝以後才逐漸形成的。相合而成的《詩經》學說，嚴格地說，還只是一個「毛胚」，只有經過不斷修改、不斷調整過的經學化的《詩經》學，才是比較完整的四家詩學說，昭帝時代的《魯詩》學者王式以三百五篇爲諫，才有可能是比較成熟的《魯詩》學派。另外，劉歆的「武帝時尙一人不能獨盡其經」的提法，說明當時還沒有誰見過《子夏序》之類的古本，如果有《子夏序》之類的古本，一人獨盡其經又有何難，劉歆是著名學者劉向之子，又是著名的目錄學家，博覽群籍，後來又背離《魯詩》而轉向《毛詩》，故其「一人不能獨盡其經」的論斷，當然也包括《毛詩》在內。

到了東漢前期，著名的《齊詩》學派傳人班固，在《漢書·藝文志》中也宣稱：「漢興，魯申公爲《詩》訓詁，而齊轅固、燕韓生皆爲之傳，或取《春秋》，採雜說，咸非本義，與不得已，《魯》最爲近之。……又有毛公之學，

〔註30〕班固《漢書》，第 1969 頁。

自謂子夏所傳，而河間獻王好之，未得立。」〔註31〕用「咸非本義」四字來評議三家詩，說明三家詩都是取《春秋》、採雜說的「合成」之作，附會之說多。說《毛詩》「自謂子夏所傳」，「自謂」二字，不屑之意顯然。但至東漢末年，鄭玄卻提出《子夏序》，認爲《毛詩序》是子夏、毛公合寫之說，言之無據，當可斷定。

司馬遷的《史記》，隻字未提《毛詩》，亦未提及《子夏序》。西漢後期的劉歆認爲漢武帝時西漢所有的詩派，未有兼通全《詩》者。所謂兼通全詩的《子夏序》自然是子虛烏有之事，可見司馬遷所生活的西漢時期，《子夏序》並不存在。東漢前期的班固對《毛詩序》子夏所作的傳說不屑一顧。范曄的《後漢書》確認《毛詩序》爲衛宏所作。東漢晚期鄭玄始創《子夏序》之說，三國之王肅及《隋書‧經籍志》等又呼應鄭玄之說。

唐代著名學者韓愈確認《子夏序》非子夏所作，其《詩之序義》云：「子夏不序《詩》有三焉：知不及，一也。暴楊中冓之私，《春秋》所不道，二也。諸侯猶世，不敢以云，三也。又曰漢之學者欲顯其傳，因藉之子夏。」〔註32〕這裡韓愈先指明子夏不可能作《詩序》的理由有三點。一是，知識面不足，不可能作《詩序》。二是，《詩經》中《國風》之《詩序》涉及內室中之男女私情，按孔子作《春秋》之法，不宜暴露顯揚。所以子夏不能違背《春秋》體例作《詩序》。三是，諸侯豪門還頗有勢力，子夏還不敢明言。這三點講得有一定的道理。

所以韓愈的結論是，子夏不可能作《詩序》。所謂《子夏序》只是漢代詩經學者借子夏之名當招牌而已。

韓愈此說，對宋人疑古學者產生了很大的影響。北宋前期的著名學者歐陽修以部分《毛詩序》編寫的水平不足，確定《毛詩序》非子夏所作。其在《詩本義》中說道：「毛、鄭之說皆云：文王自岐都豐建號稱王，行化於六州之內，此皆欲尊文王而反累之爾，就如其說，則紂猶在上，文王之化止能自被其所治。然於《芣苢序》則曰：『天下和平，婦人樂有子。』於《麟趾序》則曰：『《關雎》化行天下，無犯非禮者。』於《騶虞序》則曰：『天下純被文王之化。』……據《野有死麕序》則又云：『天下大亂，強暴相陵，遂成淫

〔註31〕班固《漢書》，中華書局，1962 年版，第 1708 頁。

〔註32〕朱彝尊《經義考》，《四部備要》本，中華書局，1989 年版，第 537～538 頁。

風。』」〔註33〕

　　按：「天下」是總稱，《周南》、《召南》只是文王所化之地，不能稱作「天下」。殷紂當時雖然還是天子，但文王所化之地，已非殷紂所能控制，因此也不能說稱「天下大亂」。《毛詩序》用辭不能掌握分寸，所以歐陽修指責《毛詩序》「其前後自相牴牾，無所適從」〔註34〕。這種前後不一，自相牴牾的措辭，不可能出自孔子高足子夏之手。此是其一。其二《二南》之中，無思犯禮者，被文王之化者，大都是女性。而《行露》與《野有死麕》中的強暴者都是男子，所以歐陽修又提出尖銳的責問，何以被文王之化者只是女子而不是男子呢？以子夏之聰明才智，也不可能寫出這等序言。

十、韓愈、歐陽修之後的詩經學者的觀點，證《子夏序》為虛託

　　蘇轍《詩集傳》：「今《毛詩》之《序》，何其詳之甚也。……詩之亡者，經師不得見矣。雖欲詳之而無由，其存者將以解之，故從而附益之以自信其說。是以其言時有反覆煩重，類非一人之詞者，凡此皆毛氏之學而衛宏之所集錄也。」〔註35〕

　　葉夢得、程大昌、鄭樵亦一致支持此說。朱熹《詩序辨說》曰：「《詩序》之作說者不同，或以為孔子，或以為子夏，或以為國史，皆無明文可考。唯《後漢書・儒林傳》以為衛宏作《毛詩序》，今傳於世，則《序》乃宏作明矣！」〔註36〕

　　姚際恒《詩經通論・詩經論旨》說：「大抵《序》之首一語為衛宏講師傳授，即謝曼卿之屬，而其下則宏所自為也。」〔註37〕魏源《詩古微》之見則略有不同，他說：「然則今《序》首句與笙詩一例者，毛公師授之義；其下推衍附益者，衛宏所作之序明矣。」〔註38〕

　　崔述《讀風偶識》云：「《詩序》乃後漢衛宏所作，……何者？《史記》

〔註33〕歐陽修《詩本義》，文淵閣四庫全書70冊，臺灣商務印書館，1986年版，第192頁。

〔註34〕歐陽修《詩本義》，第192頁。

〔註35〕蘇轍《詩集傳》，文淵閣四庫全書70冊，臺灣商務印書館，1986年版，第315頁。

〔註36〕朱熹《詩序辨說》，文淵閣四庫全書69冊，臺灣商務印書館，1986年版，第3頁。

〔註37〕姚際恒《詩經通論》，第3頁。

〔註38〕魏源《詩古微・上編之二》，第63頁。

作時，《毛詩》未出。《漢書》始稱《毛詩》，然無作序之文。惟《後漢書・儒林傳》稱『謝曼卿善毛詩乃爲其訓。宏從曼卿受學因作《毛詩序》，善得風雅之旨，於今傳於世也。』則《序》爲衛宏所作顯然無疑。」〔註39〕

　　宋代疑古派領袖人物朱熹，清代富有疑古精神的姚際恒、魏源、崔述以及 20 世紀 30 年代疑古派代表人物顧頡剛先生，都對衛宏作《毛詩序》作了肯定。這一現象的產生，說明古今詩經專家，都一致認可《毛詩》學派的產生、發展、壯大是有一個過程的，而不可能在西漢前期一開始就有一個相當成熟的經學化的古本──《子夏序》。故《子夏序》乃是《毛詩》學派之虛託。

（本文與張啓成教授合著，發表於《詩經研究叢刊》2011 年總第 19 輯）

第二節　《毛詩》晚出四證

　　《毛詩》晚出，這已是詩經史上不爭的事實。但《毛詩序》、《毛傳》晚出於何時？晚出的原因何在？證據是否確鑿？這些問題均未得到深入的研究。爲此，本文擬對《毛詩序》、《毛傳》與《禮記》、《史記》與三家詩的關係，對《毛詩》學派的發展流程作較爲全面的考察。

　　《毛詩》學派由三部分組成，即《毛詩》的詩經底本，《毛詩序》與《毛傳》，本文主要研究的是《毛詩序》與《毛傳》可能形成於何時及其相關證據。

一

　　《毛詩序》、《毛傳》，均與《禮記》有密切的關係。證據之一是《詩大序》曰：

　　　　情動於中，而形於言。言之不足，故嗟歎之。嗟歎之不足，故永歌之，永歌之不足，不知手之舞之，足之蹈之也。情發於聲，聲成文謂之音。治世之音，安以樂，其政和。亂世之音，怨以怒，其政乖。亡國之音，哀以思，其民困。

引文中打上重點號的與《禮記・樂記》全同。最早指出著一點的是宋代學者鄭樵。此是證據之一。

　　證據之二是，《大雅・泂酌》：「豈弟君子，民之父母。」《毛傳》：「樂以

強教之，易以說安之。民皆有父之尊，有母之親。」此《毛傳》乃節取《禮記·表記》之文：「凱以強教之，弟以說安之，……使民有父之尊，有母之親。」以「樂」、「易」釋「愷」、「弟」（《毛詩》作「豈弟」），節取的痕迹明顯。

證據之三是。《周頌·潛》之《毛序》曰：「《潛》，季冬薦魚，春獻鮪也。」清代《毛詩》學者陳奐，認爲此序本之《禮記·月令》。這個說法是有一定道理的。因爲什麼樣的季節，祭祀什麼樣的魚，這屬於禮制的規定。清人姚際恒《詩經通論》爲此而感慨說：「《月令》明爲漢人所作，奈何我西河（指子夏）。」姚氏意謂《毛詩》自認爲《詩序》爲子夏所作，但《詩序》所用的材料卻是漢人所作的《月令》，豈非自相矛盾！

縱觀上述三證，《詩大序》，《大雅·泂酌》之《毛傳》，《周頌·潛》之《小序》之言，均取自《禮記》之《樂記》、《表記》與《月令》，引證《禮記》的次數，可謂一而再，再而三。但眾所周知，《禮記》又稱《小戴禮》，乃是漢宣帝的博士所編纂的。故《禮記》的廣泛流傳是在宣帝之世。以上三證，足以說明：《毛詩》學派的這些觀點的產生，不能早於宣帝之世。這是推證之一。

推證之二是：西漢漢宣帝時代，是漢代「有諸內必形於外」詩歌理論盛行的時期，這是一個時代形成的思潮，並非是一些學者個人的興之所至。王褒是西漢有名的辭賦家，他是漢宣帝時期的諫大夫，其《四子講德記》說：「《傳》曰：詩人感而後思，思而後積，積而後滿，滿而後作。言之不足故嗟歎之；嗟歎之不足，故詠歌之，詠歌之不足，不知手之舞之，足之蹈之也。」唐人李善注，認爲王褒所引的是《樂動聲儀》，文頗類似《禮記·樂記》。著名學者劉向，也是宣帝時的諫議大夫，其《說苑·雜言》曰：「有諸內必形於外。」《說苑·貫通篇》又說：「夫詩，思而後積，積而後滿，滿而後發。」與王褒之言，如同一轍，由此可以推證，《詩大序》之推崇「情發於中而形於言」的詩論，也絕不是春秋末期子夏之所言，而是漢宣帝時期一種共同的思潮影響的結果。這是推證之二。

二

《毛詩序》又與司馬遷的《史記》有密切的關係。東漢末年的鄭玄作《詩譜》就頗藉重於《史記》的「年表」。唐人孔穎達對此也有所察覺，所

以《孔疏》說：「凡編詩以君世為次，……君有數篇者，大率以事之先後為次。」

　　清代著名三家詩學者魏源在《詩古微》中明確指出：「《續序》（指東漢衛宏的《毛詩序》）不過因《史記》有《衛》《鄭》《齊》《晉》《秦》《陳》《曹》世家，故各擇惡諡附會之。」這是從正面證明，《毛詩》對各風詩君世的安排，實際上也是對《史記》各世家的附會。接著魏源又從反面指明了另一種情況：「之於《魏》、《檜》之無世家者，則但仍《毛序》為刺其君，其大夫，而不能鑿以何人矣。」這反證之說，最早源於宋人鄭樵，其《詩辨妄》說：「諸《風》皆有指言當代之某君者，惟《魏》、《檜》二風無一篇指言某君者，以此二國《史記》世家、年表、節傳不見有所說，故二風無指言也。若《序》是春秋前人作，豈能無所一言？」

　　又精通史學的詩經名家崔述，在《讀風偶識》中又對此作了詳盡的統計，明確指出：

> 世儒皆謂《詩序》近古，其說必有所傳，十二國風中稱為美某公刺某公者，必某公之事無疑也。雖然余嘗細核之，直指為某王者五。鄭則二十一篇，而直指者十有一；齊則十一篇，而直指者六；唐則十二篇，而直指者九；陳則十篇，而直指者七；乃至秦止十篇，而得九；曹止四篇，而得三。惟其事與君無涉則耳。苟事涉其君，不舉其說，則稱其名與字，徒稱其君者，百不得三四焉，可謂言之鑿鑿也已而。獨《魏風》七篇，《檜風》四篇，則無一篇直指為某君者。言及其君，但云：「其君儉以能勤，」「君不能用道，」「憂其君，」「刺其君，」「疾其君而已，」未嘗一舉其諡若字，此何以說焉，既果有其傳，何以此二國獨不知其為某公，況檜亡於魯惠之世，魏亡於魯閔之世，且在齊哀、陳幽之後二百餘年，何者遠者知之歷歷，而近者皆不知之乎？蓋周、齊、秦、晉、鄭、衛、陳、曹之君之諡，皆載之於《春秋傳》及《史記》世家、年表，故得以采而附會之。此二國者，《春秋》、《史記》之所不載，故無從憑空而撰為其君耳。然則，彼八國者，亦非果有所傳，而但就詩詞揣度言之，……彰彰明矣。

崔述指出：「遠者知之歷歷，而近者皆不之知乎？」的違背常識怪異的情況。進一步證實了《毛詩序》附會《史記》的事實。而司馬遷的《史記》，宣帝之

時始流傳於世。

在魏源、鄭樵、崔述論述的基礎上，我們擬進一步，以《唐風》的《詩序》爲例。證實《詩序》源自《史記》：

1、《毛序》：「《蟋蟀》，刺晉僖公也，儉不中禮，故作是詩以閔之。」

2、《毛序》：「《山有樞》，刺晉昭公也。不能修道，以正其國，……政荒民散，將以危亡，四鄰謀取其國家而不知，國人作詩以刺之也。」

3、《毛序》：「《揚之水》，刺晉昭公也。昭公分國以封沃，沃盛強，昭公微弱，國人將叛而歸沃焉。」

4、《毛序》：「《椒聊》，刺晉昭也。君子見沃之盛強，能修其政，知其蕃衍盛大，子孫將有晉國矣。」

5、《毛序》：「《綢繆》，刺晉亂也。國亂，則婚姻不得其時焉。」

6、《毛序》：「《杕杜》，刺時也。君不能親及宗族，骨肉離散，獨君而無兄弟，晉爲沃所併爾。」

7、《毛序》：「《羔裘》，刺時也。晉人刺其在位，不恤其民也。」

8、《毛序》：「《鴇羽》，刺時也。昭公之後，大亂五世。」

9、《毛序》：「《無衣》，美晉武公也。武公始並晉國，其大夫爲之請命乎天子之使，而作是詩也。」

10、《毛序》：「《有杕之杜》，刺晉武公也。武公寡特，兼其宗族，而不求賢以自輔也。」

11、《毛序》：「《葛生》，刺晉獻公也。好攻戰，則國人多喪矣。」

12、《毛序》：「《采苓》，刺晉獻公也。獻公好聽讒焉。」

按：《毛序》之說，各位晉侯先後出現的時間與《史記·晉世家》完全一致，這是《毛序》比附《晉世家》的證據之一。

證據之二是：《唐風·蟋蟀》之《毛序》曰：「儉不中禮，故作是詩以閔之。」《史記·晉世家》曰：「成侯曾孫喜侯……儉不中禮，國人閔之。」「儉不中禮」，「閔之」六字全同。可謂鐵證。

證據之三是：《唐風·椒聊》之《毛序》曰：「君子見沃之盛強，能修其政。」《晉世家》曰：「桓叔……好德，晉國之眾皆附焉。君子曰……」《左傳》也有類似記載，但《左傳》指明「君子」爲「師服」，且對桓叔沒有政治評價。

《晉世家》稱師服爲「君子」，且有「好德」等政治評價。《毛序》亦稱

師服爲「君子」，也有「能修其政」的政治評價。可見《椒聊》之《毛序》是據《晉世家》而寫成的，與《左傳》無涉。

證據之四是：《唐風・鴇羽》之《毛序》曰：「昭公之後，大亂五世。」崔述曰：「唐則十二篇，而直指者九。」何以有九君呢？前有僖侯（即僖公）、昭公，後有武公、獻公，中有「大亂五世」之君，即孝侯、鄂侯、哀侯、小子侯與緡侯。三者相加，正好九君。但《左傳》記載不全，只有前四君，而不載緡侯，唯一記載完整的是《晉世家》。所以《毛序》所說的「大亂五世」，是源於《史記》的鐵證。

證據之五是：《唐風・無衣》之《毛序》曰：「美晉武公也。武公始並晉國。」《晉世家》曰：「曲沃武公伐晉侯緡，滅之。」此條《毛序》亦源自《史記》無疑。證據在精而不在多，有此五證，足矣。

《史記》自宣帝之世，始傳於世。而《毛序》解《詩經》之各國風詩，又必須藉重《史記》之世家、年表。因而《毛詩序》的完成，必在漢宣帝之後，而不可能在宣帝《史記》之前。

三

《毛詩序》在分析《大雅》和《周頌》詩旨時，明顯同於《魯詩》，二者在主要詩篇詩旨分析方面的相似之處，詳見下表：

篇　　目	《魯詩》	《毛詩序》
《大雅・緜》	蔡邕《琴操》篇云：「岐山操者，周太王之所作也。太王居豳，狄人攻之，仁思惻隱，不忍流血，選練珍寶犬馬皮幣束帛與之。狄侵不止，問其所欲，得土地也。太王曰：『土地者，所以養萬民也，吾將委國而去矣，而三子亦何患無君！』遂杖策而出，逾乎梁而邑乎岐山。自傷德劣，不能化夷狄，爲之所侵，喟然歎息，援琴而鼓之云：『戎狄侵兮土地移，遷邦邑兮適於岐，蒸民不憂兮誰者知，嗟嗟奈何予命遭斯。』」	文王之興，本由太王也。
《大雅・生民》	《史記・周本紀》載：「周后稷，名弃。其母有邰氏女，曰姜原。姜原爲帝嚳元妃。姜原出野，見巨人跡，心忻然說，欲踐之，踐之而身動如孕者。居期而生子，以爲不祥，棄之隘巷，馬牛過者皆辟不踐；徙置之林中，適會山林多人，遷之；而棄渠中冰上，飛鳥以其翼覆薦之。姜原以爲神，遂收養長之。初欲棄之，因名曰棄。棄爲兒時，屹如巨人之志。其遊戲，好種樹麻、菽，麻、菽美。及爲成人，遂好耕農，相地之宜，宜穀者稼穡焉，民皆法則之。帝堯聞之，舉棄爲農師，天下得其利，有	尊祖也。后稷生於姜嫄，文武之功起於后稷，故推以配天焉。

	功。……封棄於邰，號曰后稷，別姓姬氏。」	
《大雅·桑柔》	王符《潛夫論》載：「昔周厲王好專利，芮良夫諫而不入，退賦《桑柔》之詩以諷，言是大風也，必將有遂；是貪人也，必將敗其類。王又不悟。故遂留於彘。」	芮伯刺厲王也。
《周頌·維天之命》	蔡邕《獨斷》云：「告太平於文王之所歌也。」	太平告文王也。
《周頌·昊天有成命》	蔡邕《獨斷》云：「郊祀天地之所歌也。」	郊祀天地也。
《周頌·我將》	蔡邕《獨斷》云：「祀文王於明堂之所歌也。」	祀文王於明堂也。
《周頌·時邁》	蔡邕《獨斷》云：「巡狩告祭柴望之所歌也。」	巡狩告祭柴望也。

　　通過分析可以看出，在對《大雅》的闡釋方面，《文王》、《緜》、《生民》、《行葦》、《公牛》、《板》、《抑》、《桑柔》八篇，《毛詩序》的解讀明顯同於《魯詩》。此外，在《大雅》中《毛序》除了明顯同於魯詩的八篇雅詩外，還有十七篇詩，即：《旱麓》、《思齊》、《皇矣》、《靈臺》、《下武》、《文王有聲》、《既醉》、《鳧鷖》、《民勞》、《蕩》、《崧高》、《烝民》、《韓奕》、《江漢》、《常武》、《瞻卬》、《召旻》，《毛詩序》的闡釋與三家詩並無明顯相異之處。對於《大雅》31篇詩旨的分析，《毛詩序》同三家詩的相同率竟高達81%。可見《毛詩序》對詩旨的分析以及對詩本事的敘述，明顯地受到魯詩的影響，是在魯詩基礎上作出的新的闡釋。

　　在《周頌》31篇中，《毛詩序》的解讀幾乎全部同於《魯詩》，甚至在遣詞造句方面都相去不遠。《魯頌》四篇，除了《駉》，其餘三篇，《毛序》的分析，也均於三家無異。

　　因此，不難發現，《毛詩序》對《詩經》的解讀，是在三家詩基礎上作出的更為凝練精當的闡釋，是在承襲三家詩已有的成果基礎上對詩旨作出的新闡釋，是對三家詩的承襲和突破。這絕非是偶然的現象，其間必有許多值得探討的原因，試分析如下：

　　首先，《魯詩》早出，在政治和學術上都有非常崇高的地位，《毛詩》不可能對其價值視而不見。

　　《魯詩》是三家詩中最早出現的《詩》派，兩漢文獻對此言之甚詳。班固《漢書·藝文志》云：「漢興，魯申公為《詩》訓詁，而齊轅固、燕韓生皆為之傳。」不僅如此，在兩漢學壇，《魯詩》學派一直處於重要地位。《史記·

儒林列傳》：「弟子為博士者十餘人：孔安國至臨淮太守，周霸至膠西內史，夏寬至城陽內史，碭魯賜至東海太守，蘭陵繆生至長沙內史，徐偃為膠西中尉，鄒人闕門慶忌為膠東內史。其治官民皆有廉節，稱其好學。學官弟子行雖不備，而至於大夫、郎中、掌故以百數。言詩雖殊多本於申公。」從魯申公起，魯詩的政治影響就開始逐漸壯大。

東漢建初四年（79），諸儒會於白虎觀，講議五經同異，當時與會諸儒，如魯恭，魏應皆習魯詩，故《白虎通》引詩皆係《魯》說。在熹平四年（175），蔡邕等用隸書寫成中國歷史上第一次碑刻石經——熹平石經。熹平石經的出現與兩漢經學的發展有密切的關係，《後漢書・蔡邕列傳》說在熹平四年，漢靈帝使蔡邕正定六經文字，「邕乃自書於碑，使工鐫刻於太學門外，於是後儒晚學，咸取正焉。」《隋書・經籍志一》著錄甚詳：「後漢鐫刻七經，著於石碑，皆蔡邕所書。計《周易》一卷、《尚書》六卷、《魯詩》六卷、《儀禮》九卷、《春秋》一卷、《公羊傳》九卷、《論語》一卷。」

熹平石經是在東漢經學傳播過程中，經無定本，說無定論，字無定體，眾說紛紜的情況下產生的，是統治者對學術文化的一次規範。這正如章學誠在《文史通義》中所言：「文章典籍有其統宗，而學術人心得所規範」。對於《詩經》版本的選取，熹平石經刻的是魯詩，也就是說官方認定並確立了《魯詩》的經典性地位。後出的《毛詩序》對於這樣一個官方確立的經典文本是不可能不受到其影響的。這是從政治地位方面分析《魯詩》對《毛詩序》所產生的影響。另外，《魯詩》在《詩經》學史上也有著重要的價值，《漢書・藝文志》認為對於分析詩旨而言，「魯最為近之。」即《魯詩》在學術上是最具有價值的，是最接近詩本旨的，其學術價值也必然為《毛詩序》提供了可供承襲的基礎。

其次，《毛詩序》晚出，在本文第二部分已有詳細的論證，其晚出於《魯詩》是可以肯定的。

《毛詩序》並非一人一時之所作的，它的成書是一個逐步積累完善的過程，西漢偏晚的徐敖、陳俠、東漢時期的謝曼卿、衛宏都對《毛詩序》做過補充和完善，因此在《大雅》、《周頌》詩旨的分析上，晚出的《毛詩序》是因襲了早出的《魯詩》。

《毛詩序》在《大雅》和《周頌》詩旨的分析上，字句簡潔精練，很顯然是對《魯詩》說的提煉概括，這種取向同樣不是偶然的。王莽政權要求經

學研究須文辭精簡，這是對西漢經學末流所形成的繁瑣考證之風的反撥，這種尚簡的學術風尚必然影響到《毛詩》語言風格。此外，《毛詩》的訓詁，即《毛傳》，基本上也是根據《魯詩》的訓詁而來的，游國恩主編的《中國文學史》認爲《毛傳》在訓詁上多同《爾雅》。而《爾雅》是西漢前期形成的，它的主要材料都是取材於《魯詩》的，因此《毛詩》的訓詁也顯然是導源於《魯詩》的。

再次，《毛詩序》在《大雅》和《頌》詩的解讀上，附會《魯詩》之說，而放棄自己的看法，這也是值得注意的一點。先秦時期《雅》、《頌》是最重要的詩體，《荀子·樂論》中兩次提到「雅頌之聲」，《左傳》襄公 29 年記載吳公子季札觀樂的材料，其中也有對雅頌的讚美。由於《魯詩》在學術上「最爲近之」，在政治上一直處於重要地位，因此《毛詩》的撰者在最重要的詩體上同《魯詩》保持一致，這是爲壯大和推衍《毛詩》而作出的必然性選擇。

四

《毛詩》學派的產生、發展、壯大、成熟，與三家詩學派一樣，有一個正常發展的過程。我們現在看到的《毛詩序》、《毛傳》那是東漢晚年的鄭玄整理出來的。已經是成熟時期《毛詩》學派而非是西漢前期毛公時期的原始面貌。

根據《漢書·儒林傳》，班固所載的只有一個毛公，並沒有大小毛公之分，而且西漢 200 年間，只有四代傳人，即：

毛公……貫長卿──解延年──徐敖──陳俠

對比三家詩的傳人，則有六位到八位之多，這證明了兩點，其一，是《毛詩》學派晚出，毛公只是景帝是時人，且《毛詩》在西漢時期，未被列爲學官，只能在民間流傳，得不到官方的支持，影響甚微。其二，《毛詩》學派的傳授系統不完整，似有中斷的明顯痕迹。《毛詩》的記載，始於《漢書》，《史記》中從未提到《毛詩》，所以崔述斷言：「《史記》作時，《毛詩》未出。」《史記》完成於公元前 91 年，距武帝去世僅四年。終武帝之世，尚無《毛詩》流傳的蛛絲馬迹可尋。貫長卿及其父貫公，善治《左氏春秋》，此是崔述所言。據此貫長卿可能對《毛詩》進一步比附《左傳》起了一定的推動作用。

解延年情況不明，徐敖是一個比較重要的人物，班固說他由此授《毛詩》

者，皆以徐敖爲準，可見徐敖對《毛詩》的發展與規範都有相當的影響，陳俠是王莽時講《詩經》的學者。王莽倡導復古，故劉歆鼓吹要把《毛詩》列爲學官。故徐敖、陳俠時期，也是《毛詩》學派有所發展的重要時期。

　　《毛詩》學派的壯大時期，是東漢的謝曼卿，衛宏時期。范曄《後漢書・儒林傳》明確指出：「衛宏，字敬仲，東海人也。……初，九江謝曼卿善《毛詩》，乃爲其訓。宏從曼卿受學，因作《毛詩序》，善得《風》、《雅》之旨，於今傳於世也。」

　　《隋書・經籍志》曰：「先儒相承謂《毛詩序》子夏所創，毛公及衛敬仲又加潤益。」

　　蘇轍《詩集傳》：「今《毛詩》之《序》，何其詳之甚也。詩之亡者，經師不得見矣。雖欲詳之而無由，其存者將以解之，故從而附益之以自信其說。其言時有反覆煩重，類非一人之辭，凡此毛氏之學而衛宏集錄之。」

　　葉夢得、程大昌、鄭樵亦一致支持此說。朱熹《詩序辨說》曰：「《詩序》之作說者不同，或以爲孔子，或以爲子夏，或以爲國史，皆無明文可考。唯《後漢書・儒林傳》以爲衛宏作《毛詩序》，今傳於世，則《序》乃宏作明矣！」

　　姚際恒《詩經通論》說：「大抵《序》一語爲衛宏講師傳授，即謝曼卿之屬，而其下則宏所自爲也。」魏源《詩古微》之見則略有不同，他說：「《序》首句，……毛公師授之義，其下推衍附益者，衛宏所之序明矣。」

　　崔述《讀風偶識》說：「《詩序》乃後漢衛宏所作，……何者？《史記》作時，《毛詩》未出。《漢書》始稱《毛詩》，但無作序之文。《後漢書・儒林傳》稱『謝曼卿善《毛詩》，乃爲其訓。宏從曼卿受學，因作《毛詩序》，善得《風》、《雅》之旨，於今傳於世也。』則《序》爲衛宏所作顯然無疑。」

　　宋代疑古派領袖人物朱熹，清代富有疑古精神的姚際恒、魏源、崔述以及 20 世紀 30 年代疑古派代表人物顧頡剛先生，都對衛宏作《毛詩序》如此肯定。這一現象的產生，說明古今詩經專家，都一致認可，《毛詩》學派的產生、發展、壯大是有一個過程的，而後漢的謝曼卿，特別是衛宏是《毛詩》學派發展過程中一個頗爲關鍵的人物。謝曼卿爲其訓，謝氏對《毛詩》的訓詁走向完備起了推動作用。衛宏對《毛詩序》的系統化細密化起了相當大的作用，故這一時期，是《毛詩》學派的壯大時期。

　　衛宏之後，《毛詩》學派的影響逐漸有所擴大，有所加深，有一批經學大

師如鄭眾、賈逵、馬融都一致推崇《毛詩》，特別是對馬融有一句關鍵性的評價，即「他使古文經學達到較爲成熟的地步。」《毛詩》屬古文經學，所以《毛詩》學派經過鄭眾、賈逵、馬融等宣揚、傳授《毛詩》，使《毛詩》逐步走向成熟。而最使《毛詩》走向成熟、完備的是鄭玄，他是東漢晚期著名的經學大師，他精通三家詩，又得到了馬融《毛詩》的傳授，且博學多才，《毛詩》的底本、《毛詩序》、《毛傳》三者合一的本子，就是他編定的。蘇轍《詩集傳》感歎《毛詩》的「詳甚」，說明《毛詩》學派從產生、發展、壯大並已經進入成熟的地步。

這個成熟性，不僅表現在《毛詩》向《左傳》、《國語》、《史記》的靠攏，使《詩經》與歷史緊密的結合起來，而且大量吸收了西漢時期的文化典籍。《毛詩》的成熟性還表現在他充分吸收了三家詩的營養，《毛詩》學派懂得有所得必有所失，所以在《頌》詩方面，不與《魯詩》爭鋒，在《大雅》的詩旨方面不與三家詩爭鋒，《毛詩》學派的精力主要放在《國風》與《小雅》方面，有意識地標新立異。《後漢書》評論衛宏「善得《風》、《雅》之旨。」說明范曄已明確看到了《毛詩序》的特點所在。

這是《毛詩》學派傳人，不斷努力，不斷附益，不斷修正的結果，《毛詩》學派的代表人物是毛公、徐敖、謝曼卿、衛宏、鄭眾、賈逵、馬融與鄭玄，是這些代表人物，使《毛詩》完成了產生、發展、壯大與成熟的全流程。

但在這裡需要重點補充的一點是，在西漢時期，《毛詩》與《魯》、《齊》、《韓》三家詩的發展過程一樣，也有其曲折複雜的一面。劉向也是《魯詩》學者，但他的兒子劉歆則成爲毛詩的推崇者。班彪是齊詩學者，但他的兒子班固卻對三家詩作了無情的批判，在三家詩中，他有所肯定的是魯詩而不是齊詩。早期的魯詩學派認爲《小雅·鹿鳴》是刺詩，但魯詩學派的重要傳人，劉向與高誘卻認爲《小雅·鹿鳴》是頌類之詩。到東漢偏晚的蔡邕，在《琴操》上，又再次確認《小雅·鹿鳴》爲刺詩。

《詩經》研究史表明，三家詩的內部與三家詩之間，《毛詩》內部與《毛詩》之間，在整個西漢時期，既有激烈的碰撞，也有不斷地吸收與融合。

《毛詩》學派也不例外。過去不少學者認爲《毛詩序》與《毛傳》都是西漢前期的毛公所作。實際不然，在對《詩經》一些詩旨的理解方面，有不少是針鋒相對、完全對立的。略舉《國風》數例。

1、《靜女》，《詩序》：「刺時也。衛君無道，夫人無德。」《毛傳》卻說：

「既有靜德，又有美色……可以配人君。」

2、《東方之日》，《毛序》：「刺衰也。君臣無道，男女淫奔，不能以禮化也。」《毛傳》：「日出東方，人君明盛，……姝者，初婚之貌。」

3、《盧令》，《毛序》：「刺荒也。襄公好田獵、畢弋，而不修民事，百姓苦之，故陳以風（諷）也。」《毛傳》：「令令，纓環聲，言人君能有美德，盡其仁愛，百姓欣而奉之，愛而樂之，順時遊田，與百姓共其樂，同其獲，故百姓聞而說（悅）之。」

4、《綢繆》，《毛序》：「刺晉亂也。國亂則婚姻不得其時焉。」《毛傳》：「男女待禮而成……三星在天，可以嫁娶。」

5、《無衣》，《毛序》：「刺用兵也。秦人刺其用兵而不與民同焉。」《毛傳》：「上與百姓同欲，則百姓樂致其死。」

不僅《風》詩部分詩旨見解不一，《小雅》之詩，《序》、《傳》亦有意見相反者。

如《小雅・小弁》，《毛序》確認是「太子之傅作」。而《毛傳》卻引戰國時期高子之說，屬「小人之詩」。《小雅・魚藻》，《毛序》：「言萬物失其性。」《毛傳》卻說：「魚以依蒲藻爲得其性。」

按：這種《序》、《傳》相違的現象，在《毛詩》學派內部時有發生，可能有二、三十例之多。大體而言，《毛傳》吸取三家詩或雜說較多。如《靜女》吸取齊詩說，《小弁》吸取孟子所引的高子說。這說明《毛序》與《毛傳》的作者不是同一個人。《毛詩》學派內部至少有兩種主張，《毛傳》派主張更多的吸取三家詩中某些更合理的意見。而《毛序》派則更傾向於標新立異。

《序》、《傳》兩種不同的傾向，引起了古今詩經學者的關注。

姚際恒《詩經通論》說：「《毛傳》不釋《序》，且其言亦不知有《序》者。」今人胡念貽評論說：「《序》文和《傳》……有的不相應；不相應之處，正是陸續增修時留下的漏洞。」（1981 年第 6 期《文學評論》《論漢代和宋代詩經研究及其在清代的繼承和發展》）。

總之，兩漢時期，任何詩經學派的發展，都經歷過一個迂迴曲折的發展過程，三家詩是如此，《毛詩》學派也是如此。

但《毛詩》學派的發展過程，與三家詩的發展過程有明顯的不同，三家詩發展的鼎盛時期是西漢，東漢時期的前期與中期，三家詩仍在發展、完

善，但已不如西漢時人才輩出的盛況。而《毛詩》學派則不同，在西漢的前期，中期影響甚微，且到西漢晚期，依賴王莽復古的政治影響，影響才有所擴大有所加深。這一時期《毛詩》的傳人是一個比較重要的人物，另一個重要人物就是劉歆，他不僅撰文主張把《毛詩》列為學官，而且轉變其父劉向尊奉《魯詩》的傳統，而熱衷於《毛詩》的流傳。劉歆之地位所以不同凡響，由於他是西漢著名學者劉向的兒子，其五世祖又是西漢前期名重一世的楚元王劉交，他博學好古，對今古經學頗有研究，而且劉歆本人也是西漢一流的著名學者，他是我國歷史上有名的目錄學家。依他的顯赫的家世，他對《毛詩》、三家詩的源流應該有相當深入的瞭解，東漢著名學者賈逵，是衛宏同門的毛詩傳人賈徽之子，賈逵不僅盡得其父學業，亦繼承了劉歆的《毛詩》學。所以康有為《新學偽經考》云：「《大序》及《小序》初句為劉歆所偽。」此說無據，但確鑿證明了劉歆是《毛詩》學派發展過程中一舉足輕重的人物。《毛詩》在西漢晚期地位的提高，影響的擴大，實質上他比徐敖起了更大的作用。因為他的學術地位、政治地位與綜合的影響力，遠遠超過了徐敖。

漢宣帝之世，已為《毛詩》學派的崛起、發展準備了相當充分的客觀條件，包括《史記》的公佈與流傳，戴聖《禮記》的編撰與流傳，情發於中而形於外詩論潮流的形成，與嗣後古文經學地位的上昇，這是《毛詩》學派發展的良好時機，但《毛詩》並沒有得到突破性的進展，至今沒有文獻資料證明這一點。《毛詩》學派壯大與成熟的時機是東漢，到了東漢晚期，即成為《詩經》學派的主流。所以《毛詩》學派的鼎盛時期是東漢，特別是東漢的中晚期。這就是《毛詩》晚出的證據。

最後，以三段引文結束此文：

宋人曹粹中《放齋詩說·三十卷》說：「《毛詩》初行之時，猶未有序也。毛公既託之於子夏，其後門人互相傳授，各記其師說，至衛宏而遂著之，後人又復增加，殆非成一人之手，則或以為子夏，或為毛公，或以為衛宏，其勢然也。」

今人胡念貽說：「那些『毛詩家』為了求得勝過三家，他們把一部《毛詩》及其《序》，盡力加工，不斷地吸收學術成果，而加以改善，今天我們還可以在《毛詩》的《序》和《傳》中看到這種痕跡，……因此有卜商（即子夏）、毛公合作和毛公、衛宏合作一類說法。其實

合作者不是卜商、毛公，而是漢代的『毛詩家』。其中可能有毛公，有衛宏，還有其他什麼人。」

洪湛侯《詩經學史》說：「還有一些學者認爲《詩序》爲漢代的毛詩家所作，其中可能包括毛公，毛公弟子，也可能包括衛宏，但卻不能相信出於衛宏一人之手。他們都認爲《詩序》的形成，必定有一個較長的過程，當代學者這一認識，可能比以前各家之說，更爲接近歷史的眞實。」

以上三位古今學者，其共同點，就是把《毛詩》學派的發展過程，看作是一完整的流程。筆者只是把這個流程具體化了，分作產生、發展、壯大、成熟四個階段，而且具體指出了這些「毛詩家」是誰。並把《毛詩》學派發展的時間，定在漢宣帝之後的時期：《毛詩》學派的壯大、成熟的時期應是東漢。

本文只是爲研究《毛詩》學派提供一個新的起點，而無意爲《毛詩》學派的研究劃上一個句號，敬請學術界的同仁批評指正！（本文與張啓成教授合著，發表於《貴州文史叢刊》2008 年第 1 期）

第二章 清代詩經學研究史論稿

第一節 姚際恒《詩經通論》研究——姚際恒的生平、學術與《詩經通論》之成書

一、姚際恒的生平與學術

姚際恒，字立方，號首源，仁和諸生。祖籍安徽新安（今休寧）人，後遷居浙江仁和（今杭州）。

關於姚際恒的生年，清張穆《閻潛丘先生年譜》康熙三十二年癸酉條曰：「癸酉冬，薄遊西泠，聞休寧姚際恒字立方，閉戶著書，攻《偽古文》。蕭山毛大可告余『此子之廖倩也，日望子來，不可不見之。』介以交余，少余十一歲。出示其書，凡十卷，亦有失有得，失與梅氏、郝氏同，得則多超人意見外，喜而手自繕寫，散各條下」〔註1〕。可知姚際恒少閻若璩十一歲，閻若璩生於明崇禎九年（1636），可推知姚際恒生於清順治四年（1647）。

現存文獻不足以確切考證出姚際恒卒年，江慶柏《清代人物生卒年表》等關於姚氏卒年，均是懸疑未決。姚之騧《好古堂書目序》署曰：「康熙乙未夏杪」，文中又云：「（姚際恒）一生坎壈兀兀」〔註2〕，應該是姚際恒死後，其侄兒姚之騧對其一生總體的評價，那麼姚際恒卒年應該不晚於康熙五十四年乙未（1715）。但陳祖武《姚際恒與〈儀禮通論〉》將姚氏卒年徑直定於康

〔註1〕 （清）張穆《閻潛丘先生年譜》，清道光二十七年壽陽祁氏刻本。
〔註2〕 （清）姚際恒《好古堂書目》卷首，民國十七年（1928）中社影印本。

熙五十四年（1715），顯然十分武斷〔註3〕。

姚際恒一生坎坷多艱，但勤於讀書，力學不輟。早年工於辭章，中年以後折節治經，歷時十四載撰就名著《九經通論》，對清代學術影響甚巨。他大膽疑古，學問路徑與閻若璩、顏元等有相近之處，又能不落前人蹊徑，敢於創獲，取得了很高的學術成就，下文分條縷述之。

（一）學問淵博　幼工辭章

姚際恒勤於讀書，長於記誦，腹笥厚富。姚之騆《好古堂書目序》曰：「先生束髮受書，已能沉酣故籍，乃一生坎壈兀兀，窮年惟日手一編枯坐。先世既有藏書，乃搜之書肆，布巾箱充棟，久之而插架者與腹笥俱富矣」〔註4〕。又陶元藻《全浙詩話》卷四十三引毛奇齡《西河詩話》曰：「亡兄大千為仁和廣文，嘗曰：『仁和只一學者，猶是新安人。』謂姚際恒也。予嘗作《何氏存心堂藏書序》以示兄，兄曰：『何氏藏書有幾，不過如姚立方腹篋已耳』」〔註5〕。此處讚揚姚際恒學問淵博的乃是毛奇齡的兄長毛萬齡。毛萬齡，字大千。民國時，金天翮撰《皖志列傳稿》亦引此條，詞句略有出入，但誤以毛際可為毛萬齡，紕繆極甚，其詞曰：「姚際恒，字立方，一字首源，歙縣人也。僑居杭州，為諸生。少讀書，廣涉百家，山陰何氏多藏書，西河作序以張之，遂安毛際可嘲之曰：『積書何氏，不及姚君腹笥。』於是學者競相傳述，咸願識際恒」〔註6〕。毛際可（1633～1708），字會侯，號鶴舫，浙江遂安人。與毛萬齡顯然不是一人。其實《清國史·儒林傳》也有同樣的錯誤，陳祖武在《姚際恒與〈儀禮通論〉》一文中已經指出〔註7〕。

姚際恒早年專注於辭章之學，治經乃是五十歲以後才開始。姚際恒沒有文學專集傳世，現存詩文很少，根據前人著作可以輯出四首詩歌。

陶元藻《全浙詩話》卷四十三曰引毛奇齡《西河詩話》曰：「兄（毛萬齡）死，余述兄語示立方，立方即贈余長律二十韻，中有云：『城隈山鳥白，亭下水花紅。李固追隨日，侯芭涕淚中。深懷因令弟，縈慕等蒙童。』其情詞篤實，始知亡兄非輕許人者。仁和學宮在城西之隈宮，右有荷池，池上有亭，

〔註3〕陳祖武《清儒學術拾零》，湖南人民出版社，2002年版，第106頁。

〔註4〕（清）姚際恒《好古堂書目》卷首。

〔註5〕（清）陶元藻《全浙詩話》卷四十三，清嘉慶元年怡雲閣刻本。

〔註6〕江慶柏主編《清代地方人物傳記叢刊》第七冊，金天翮撰《皖志列傳稿》卷二，廣陵書社，2007年版。

〔註7〕陳祖武《清儒學術拾零》，第107～108頁。

名琢玉亭，爲坐客談燕之所，城隈二句以此。」可以看出，姚際恒與毛氏兄弟有很深的交往，毛萬齡生前盛讚姚際恒學問，姚氏該首悼亡友之詩也表達了對毛萬齡的深深懷念。

另外三首詩見於阮元編《兩浙輶軒錄補遺》，該書卷三引潘學敏語曰：「際恒家建海峰閣，西窗面湖，簷際懸舊窯霽紅椀，夕陽映像，滿室皆作霞光。有《西窗絕句》云：『高閣虛明木榻施，晝間兀坐每移時。湖山一角當窗面，煙樹殘霞晚更宜』」〔註8〕。絕句詠歡家居景色，清新淡雅，有唐人七絕韻致。

該書收錄姚氏另一首絕句爲：「《家藏東坡笠屐圖貌似毛西河戲贈一絕》：笠屐圖中貌逼眞，千秋遺墨早傳神。前生曾向眉山過，莫認西河是後身」〔註9〕。因毛奇齡酷似戴笠著屐之蘇東坡，而有此遊戲之筆，絕句玲瓏輕快，頗能傳毛奇齡之神，也反映了姚際恒和毛奇齡之間親密的關係。

另外一篇是古風《宣和寶硯歌》，全詩如下：「紫潭千尺深，泉落如飛雪。百夫挽綆下，篝火出淵穴。此物由來帝座傍，楓宸翰墨染龍香。昔日良材取非易，天府第一逾琳琅。漢庭玉硯不可見，右軍風字徒追羨。故瓦浪名銅雀臺，遺磚侈說未央殿。唐代澄泥不任磨，那知良璞生斧柯。鳳味鸜精積垂露，金聲玉質含蒼波。當時妙選良工琢，絕去雕鏤崇古樸。雙龍蜿蜒守天潢，海濤屈注銀河落。道君藝事絕代工，萬機之暇繪草蟲。宮娃襯手星初潤，御筆濡毫霧乍融。移時縮身入五國，天上奇珍散南北。不知此硯落何方，墨花黯黯無顏色。毳帳穹廬久苦羈，舊時環寶豈堪思。吁嗟人事有榮悴，此硯巋然無恙時。遷流更閱幾時主，馬肝蠅翼光逾古。轉入商山吳氏家，購之不啻南金估。襲藏再世亂離遭，珠玉千囊盡棄拋。獨攜此硯繫衣底，經句走向空山逃。咄哉吳侯誰能爾，寶過頭目與腦髓。若非呵護等鬼神，兵戈所過瓦礫耳。嗣君手持歸予齋，爲言得所不沉埋。予藏七硯亦殊絕，終讓此石無與儕。朝朝元雲出瑤島，夜夜蒼龍舞天藻。今爲好古堂中珍，昔屬宣和殿上寶。茅齋光怪起氤氳，願託堅貞砥礪勤。他山可攻匪玩物，千秋萬歲壽斯文」〔註10〕。全詩四百餘言，以奧折蒼樸之筆細述宣和寶硯的曲折遭際，高貴價值。該詩特異之處還在加入了許多考證，使得詩歌富含知識趣味，有一種濃厚的知性

〔註8〕　（清）阮元編《兩浙輶軒錄補遺》卷三，清嘉慶刻本。
〔註9〕　（清）阮元編《兩浙輶軒錄補遺》卷三。
〔註10〕　（清）阮元編《兩浙輶軒錄補遺》卷三。

－29－

之美。這是姚際恒工於書畫、古玩鑒賞的學者修爲在詩中形象化流露，據此可以看出姚際恒的詩歌不同於雕風鏤月的普通之作，而是以深厚學養作爲根基，是典型的學人之詩。可惜的是，姚際恒的詩作亡佚太多，但從以上所存的四首詩中也可窺知姚際恒不俗的文學修爲〔註11〕。

姚際恒的詩歌有學理作爲支撐，同樣這種不凡的文學修爲也體現在他之後的經史考證之作中，使得原本枯燥的考證帶有更多文學興味，這一點在《詩經通論》中有較好的反映。他敏銳的文學眼光使他能發現許多經師儒生所不能發現的文學性，從文學角度審視《詩經》也是姚際恒優於常人之處。

（二）遍治九經　大膽疑古

早年的姚際恒以學問淵博獲得時人的推揚，辭章之學是他前半生主要的致力之處。中年以後，學術興趣發生了大的轉移，開始將精力專注於治經，取得了很大成就。五十歲是姚際恒從文學轉向經學的關鍵，歷經十四年，六十四歲的姚際恒終於完成了學術巨著《九經通論》、《庸言錄》等學術巨著的撰述。《（民國）杭州府志》姚際恒本傳曰：

> 姚際恒，字立方，仁和人，諸生。少折節讀書，泛濫百氏，既而盡棄詞章之學，專事於經。年五十曰：「向平婚嫁畢而遊五嶽，予婚嫁畢而注《九經》。」遂屏絕人事，閱十四年而書成，名曰《九經通論》。時山陽閻若璩力辨晚出古文之僞，際恒持論多不謀而合，若璩撰《古文尚書疏證》，屢引其說以自堅。而蕭山毛奇齡篤信《古文》，作《冤詞》，與若璩詰難。奇齡故善際恒，以際恒之同於若璩也，則又數與爭論。際恒守所見，迄不爲下……際恒又著《庸言錄》若干卷，雜論經史、理學、諸子，末附《古今僞書考》，持論雖過嚴，而足以破惑，學者稱之。〔註12〕

姚際恒治學的態度在於不迷信前人，敢於否定，大膽疑古。談及清初的疑古風尚，人們不難想到閻若璩的《古文尚書疏證》，殊不知在《古文尚書疏證》成書之前，姚際恒已有《古文尚書通論》專著問世，閻若璩非常讚賞姚氏的考證成果，並將姚氏許多考證成果采集進《古文尚書疏證》之中。張穆《閻潛丘先生年譜》康熙三十二年癸酉條曰：

〔註11〕詳見本章第五節《詩經通論〉的文學思想和詩學方法》。
〔註12〕李榕編《（民國）杭州府志》卷一百三十八，民國十一年鉛印本。

> 癸酉冬，薄遊西泠，聞休寧姚際恒字立方，閉戶著書，攻《偽
> 古文》。蕭山毛大可告余：「此子之廖侗也，日望子來，不可不見
> 之。」介以交余，少余十一歲。出示其書，凡十卷，亦有失有得，
> 失與梅氏、郝氏同，得則多超人意見外，喜而手自繕寫，散各條
> 下。〔註13〕

據不完全統計，閻若璩《古文尚書疏證》徵引姚際恒《古文尚書通論》考證
成果有十九條。但乾隆年間紀昀等撰寫《四庫全書總目》時卻顛倒先後，貶
低姚際恒的學術成就，反而認為姚際恒的《古文尚書通論》是剿襲閻若璩，
顯然是失之公允。《四庫全書總目》卷一百二十九《庸言錄》提要曰：

> 國朝姚際恒撰。際恒，字善夫，徽州人。是編乃其隨筆劄記，
> 或立標題，或不立標題，蓋猶草創未竟之本。際恒生於國朝初，多
> 從諸耆宿遊，故往往剽其緒論。其說經也，如闢圖書之偽，則本之
> 黃宗羲；闢《古文尚書》之偽，則本之閻若璩；闢《周禮》之偽，
> 則本之萬斯同；論小學之為書數，則本之毛奇齡，而持論彌加恣
> 肆。至祖歐陽修、趙汝楳之說以《周易》十翼為偽書，則尤橫矣。
> 其論學也，謂周、張、程、朱皆出於禪，亦本同時顏元之論；至謂
> 程朱之學不息，孔孟之道不著，則益悍矣。他如詆楊漣、左光斗為
> 深文居功，則《三朝要典》之說也；謂曾銑為無故啟邊釁，則嚴嵩
> 之說也；謂明世宗當考興獻，則張桂之說也，亦可謂好為異論者
> 矣。〔註14〕

因學術風氣丕變，四庫館臣就如此貶抑姚際恒，顯然失之公允，錢穆深有感
觸地分析這種學術悖論時說：「其為學，乃平視漢宋，自出心眼，惜其書無刻
本，不傳於世。乾嘉學者風氣不同，遂少有稱述。若非毛西河言之閻百詩，
並世殆將不知其人。若非張穆為《潛邱年譜》，後世亦將不能言其梗概矣。是
誠大可惋惜之事也」〔註15〕。

　　不僅如此，四庫館臣說姚際恒的小學為書數的考證來源於毛奇齡，也是
本末倒置，其實際情況恰恰是毛奇齡受惠於姚際恒，《（民國）杭州府志》卷
一百三十八有明確記載：

〔註13〕（清）張穆《閻潛丘先生年譜》，第64頁。
〔註14〕（清）永瑢等撰《四庫全書總目》，中華書局，1965年版，第1109頁。
〔註15〕錢穆《續記姚立方〈詩經通論〉》，見《中國學術思想史論叢》卷八，安徽教
　　　　育出版社，2005年版，第183頁。

奇齡嘗與客言：「小學者，六書之學，朱子指為幼儀，不知何
據？」際恆應聲曰：「朱子所據者，《白虎通》也。第《白虎通》亦
言字學，而朱子借用之。」因舉唐宋後之稱小學者，源委井然，奇
齡為歎服。〔註16〕

當然，姚際恆也有疑古過勇的缺失，但是這種疑古的態度對於清初學風的轉
變是有著重大影響的，姚際恆的疑古精神不後於毛奇齡、閻若璩等人，甚至
很多考證成果反而成了後者可資參考的學術資源，他在許多方面所體現出的
疑古精神甚至比閻若璩、毛奇齡還要徹底，其辨偽、考證的路徑方法也能突
破清初大儒藩籬，另闢蹊徑，鞭闢入裏，如錢穆在《記姚立方〈禮記通論〉》
一文中分析姚際恆同閻若璩、毛奇齡的異同時說：

時閻百詩遊西泠，毛西河告之曰：「此間有姚立方，子之廖偶
也，不可不見。」嘗論三人學術，互有異同，亦互有其異。百詩辯
《古文尚書》之偽，立方亦辯之；然謂《古文尚書》偽者，特別
出魏晉以下偽造之篇文於相傳經典之外，於原來經典大體猶無損
也。毛氏力辯宋儒程、朱以來義解之失，姚氏亦辯之，然謂程、
朱之訓釋非經典本義，特程、朱之訓釋無當，於經典本義亦無傷
也。〔註17〕

辯《古文尚書》之偽，閻若璩有之，姚際恆亦有之；攻程、朱訓釋之非，毛
奇齡致力於此，姚際恆亦致力於此，這是他們的相同之處。不同之處在於：
閻、毛的疑古態度相較於姚際恆而言，仍然顯得溫和而保守，閻若璩否定
魏晉以降晚出之《古文尚書》，仍尊奉《今文尚書》的經典地位，並沒有徹底
否定六經的《尚書》；同樣，毛奇齡以漢儒訓釋來排抵宋儒訓釋之紕繆，也是
為了給經典以合理的解釋，使之更貼近聖賢本旨。他們懷疑的對象都是偽
書、偽訓，都是後人對經典的歪曲和誤解，都是為了去偽存真，還經典以本
來面目，但仍然迷信經典特別是六經的權威性，不敢有所撼動。易言之，閻
若璩、毛奇齡懷疑的對象只是經典產生之後的支流，而沒有懷疑經典本身
這一源頭，姚際恆的可貴之處就在於，他的疑古，已經觸及到了經典本身，
對經典本身的合理性與存在的依據提出了質疑，錢穆已經意識到了這一點，
他說：

〔註16〕李榕編《（民國）杭州府志》卷一百三十八。
〔註17〕錢穆《中國學術思想史論叢》卷八，第167頁。

> 而立方所論，猶有與閻、毛兩氏異者。如其辯《易‧繫》、辯《戴
> 記》、《學》、《庸》諸篇，則經典之有僞，不始於東漢之後，而已起
> 於西漢之前矣。此其與百詩之辨僞古文者異也。《易‧繫》、《學》、《庸》
> 諸篇，宋儒所深尊高推，以爲聖經之精義在是，而自立方言之，固
> 乃晚周先漢之沉溺於道、墨，顛倒於老、莊之徒所爲，不僅宋儒之
> 訓釋無當，乃其本身之自有病也。此又其與西河之辯程、朱訓說者
> 異也。〔註18〕

當閻若璩還在魏晉以下的僞作中廝殺時，姚際恒已經將辨僞的戰場騰挪至西漢之前；當毛奇齡還在與宋儒爭論字句訓釋之正誤時，姚際恒則徹底將其訓釋的對象推翻。顯然姚際恒的辨僞是非常徹底的，是釜底抽薪、直搗黃龍的做法，這樣就將後世糾纏不清的問題根源找到，原來經典本身就是僞作，而後世圍繞僞經典的所有訓釋只不過是僞中之僞，所以，以訓詁見長的漢儒和以義理取勝的宋儒也僅僅是僞命題中兩個不同的面向，抽掉僞經典本身，二者都會喪失存在的依據。姚際恒的貢獻就在此，他的疑古和辨僞是指向根本的，他所懷疑的是經典本身，而不是經典的訓釋，是源頭而不是支流，這種徹底的辨僞態度也體現在他的力作《古今僞書考》中。

因爲姚際恒是處在清初大儒之間，與閻若璩和毛奇齡相比，在這一宏大的學術坐標系中，他能佔據何種位置呢，錢穆說得非常公允，即：

> 由斯而論，百詩所見，不如姚氏之大；西河所論，又有遜於姚
> 氏之精。其排擊舊說，自創新趨，立方之視二氏，尤深沉而有力
> 矣。〔註19〕

見識遠大，考證精深是姚際恒特異獨出之處。因爲他對儒家經典做出了如此巨大的排抵，在正統儒家知識人看來，疑古過勇的姚際恒無疑是一個狂悖異端，他對儒家經典所構成的威脅不亞於佛、道二氏。或許是由於這個緣故，姚際恒的學說在清代很少有繼承者，直到五四之後，堙沒二百多年的姚際恒才真正等到了他的異代同調者。

（三）著述宏富　影響深遠

姚際恒是一位博淹敏通、大膽疑古、著述宏富的學者，據文獻記載，姚際恒著作有如下之多：

〔註18〕錢穆《中國學術思想史論叢》卷八，第 168 頁。
〔註19〕錢穆《中國學術思想史論叢》卷八，第 168 頁。

　　首先是享有盛譽的《九經通論》，其中包括《古文尚書通論》十卷，康熙三十二年（1693 年）之前完成；《儀禮通論》十七卷，康熙三十八年（1699年）夏四月完成；《周禮通論》十卷，康熙三十九年（1700 年）完成；《詩經通論》十八卷、卷前《詩經論旨》一卷，康熙四十四年（1705 年）完成；《春秋通論》十五卷，康熙四十六年（1707 年）完成；《易傳通論》六卷，成書時間不詳；又有《禮記通論》、《論語通論》、《孟子通論》三種，卷數、成書時間均難以考證〔註20〕。

　　《九經通論》散佚非常嚴重，其中只有《詩經通論》與《儀禮通論》得以完整保存。《春秋通論》現存只有殘本。《古文尚書通論》、《禮記通論》已經亡佚，只能依據朱彝尊《經義考》、閻若璩《古文尚書疏證》、杭世駿《續禮記集說》等清人著作中的援引條目考鏡其學術價值〔註21〕。《易傳通論》、《周禮通論》、《論語通論》、《孟子通論》等幾乎全部亡佚〔註22〕。

　　《庸言錄》六卷，是姚際恒的學術筆記，成書時間不詳，現在已經亡佚，全貌已經無法得知，但據《四庫全書總目》之《庸言錄》題要，以及其他一些清人筆記的援引之中還是可以看出其學術價值，如孫志祖《讀書脞錄》卷六《阿戎》條曰：

　　　　杜少陵爲征南十三世孫，位乃少陵從弟，集中有《送柏二別駕因示從弟行軍司馬位及蔡雨入行軍六弟宅》詩可證。而《杜位宅》詩：「守歲阿戎家」，或以爲用王戎事，指位爲任，非也。《南史‧王思遠傳》：「王晏曰：『隆昌之末，阿戎勸吾自裁。』」阿戎蓋思遠小字，思遠爲晏從父弟，杜詩用此。胡三省《通鑑注》：「晉宋間人多謂從

〔註20〕參見吳超華碩士論文《姚際恒的〈詩經通論〉研究》，第 4 頁。

〔註21〕金天翮撰《皖志列傳稿》卷二姚際恒本傳曰：「自際恒沒而書不顯，《九經通論》湮失過半。其《尚書通論》辨僞例十卷，朱彝尊錄入《經義考》，閻若璩採入《古文尚書》疏證，而張石洲穆爲《若璩年譜》，亦往往稱道際恒。杭世駿《續禮記集說》，間引其通論之屬禮經者。」江慶柏主編《清代地方人物傳記叢刊》，廣陵書社，2007 年版，第 7 冊，第 28 頁。

〔註22〕顧頡剛《〈詩經通論〉序》中說：「姚氏《九經通論》，竭一生心力爲之，積稿等身，未付剞劂氏，竟亡佚而難求。予尋訪至今日，可得爲同好告者：《古文尚書通論》，閻百詩《疏證》中曾附載十數條；《禮記通論》，杭大宗《集說》中散入各篇，玄同先生欲輯錄之而未成，予當完其遺志；《春秋通論》，民國十八年東莞倫哲先生購自北平某書肆，惜已殘缺六之一；《儀禮通論》，民國二十三年余登杭州崔氏藏書樓所發現，複寫一本，觀其紙張行格與《春秋》書悉同，知並爲海峰閣中清稿。」

　　弟爲阿戎。」姚際恒《庸言錄》:「謝靈運稱弟惠連爲阿戎,曰:『阿

　　戎才悟如此,不當以常兒遇之。』」子美詩正用靈運語也。〔註23〕

「阿戎」這一稱呼語的指代問題,看似非常細小,但是如果誤以爲是王戎的昵稱,那麼就直接影響對杜甫《送柏二別駕因示從弟行軍司馬位及甕雨入行軍六弟宅》這一首詩歌的理解,孫志祖援引姚際恒的考證成果,也從側面反映出姚氏《庸言錄》考證細密精深的特點。

　　《古今僞書考》一卷,成書時間不詳,也是姚際恒的重要著作之一,對後世辨僞之學的興起有很大影響,其本身的學術價值也不容低估。周中孚《鄭堂讀書記》卷三十二《古今僞書考》解題曰:

　　　　國朝姚際恒撰。際恒,字首源,新安人。首源取世所傳僞書分

　　經、史、子三類而考證之。凡經類十九種,史類十三種,子類三十

　　八種。又有眞書雜以僞者,凡八種。有本非僞書而後人妄託其人之

　　名者,凡六種。有兩人共此一書名,今傳者不知爲何人作者,凡三

　　種。有未足定其著書之人者,凡四種。子類中二氏之書概不及之,

　　集部中古集間有一二附益。僞撰不足稱數,故亦不及之。凡今世不

　　傳者,與夫瑣細無多者,皆不錄焉。其有前人辨諭精確者,悉載於

　　前,以見非出於己說,亦可謂識古書之正僞,昭昭然白黑分矣。然

　　亦有誤本舊說以不僞爲僞者,如《易傳》、《詩序》、《周禮》、《大戴

　　禮》、《孝經》、《小爾雅》、《逸周書》、《晏子》、《尹文子》、《公孫龍

　　子》、《商子》、《鶡冠子》、《愼子》、《司馬法》、《吳子》、《尉繚子》、

　　《周髀算經》之類,亦以爲僞而辨之,未免爲前人之說所愚也。且

　　於子類並誤列入《杜律》、《虞注》,蓋由不另列集類以致斯誤,故著

　　書先貴乎明體例云。〔註24〕

《古今僞書考》能夠識古書之眞僞,辯證僞書七十種,對於破除研究中對古書的迷信,重新審視古代文化都有重要的意義,但也存在過於魯莽之處,甚而至於把一些並不是僞書的書籍歸入僞書之列,著述體例上也有些混亂,但瑕不掩瑜,其書學術價值是很大的。

　　最後,姚際恒學問淵博,富於藏書,著有《好古堂書目》〔註25〕,有很

〔註23〕 (清)孫志祖《讀書脞錄》卷六,清嘉慶刻本。

〔註24〕 (清)周中孚《鄭堂讀書記》卷三十二,民國十年刻吳興叢書本。

〔註25〕 (清)姚際恒《好古堂書目》,民國十七年(1928)中社影印本。

高的目錄學價值。該書目對於古籍的分類儘管沿襲了傳統的四部分類法,但其間子目的分類卻依然有許多開創之處,舉例來說,史部創器用、蟲魚、方物、川瀆小類,子部創類家類,都是別為品目,迥異前人的分類方法。並且經、子二部均有彙集,又在四部外別立經、史、子、集總一類,這種做法應該是近世目錄學家別立叢書部類的濫觴。因其價值很高,為藏書家丁丙所讚揚,丁丙《善本書室藏書志》卷十四《好古堂書目》解題對該書有介紹:

> 首源主人手編。是編仁和姚際恒撰。際恒,字立方,號首源,縣諸生。此書前有康熙乙未夏杪錢塘姚之駰序,稱「予世父首源先生束髮受書,已能沉酣故籍。乃一生坎壈兀兀,窮年惟手一編枯坐。先世既有藏書,乃復搜之市肆,久之而插架者與腹笥俱富矣。暇時錄於簿籍,子小子寫為副墨」云。末附收藏宋元版書目,凡數十種。〔註26〕

姚際恒還是一位書畫器物鑒賞家,《好古堂書畫記》二卷反映了姚氏這方面的精深造詣,周中孚《鄭堂讀書記》卷四十八《好古堂書畫記》提要曰:

> 國朝姚際恒撰。際恒,前綴源,錢唐人。首源以書畫二者,正吾儒所宜究心。至若從古流傳玉銅諸器,可以考古人製器尚象之意,因取其家所藏書畫、古器各為辨其真贗,究其原委,以成是記。然記書畫者居十之九,附記雜物僅十之一,所附續收書畫奇物記凡二十則,所謂奇物亦不過端石、璞硯一則耳。蓋所記以書畫為主也。首源作《古今偽書考》,頗能識古書之正偽,故其鑒賞書畫、古器亦殊不爽分寸。前有自記二則,注云康熙己卯記,是記亦當成於是歲也。〔註27〕

姚際恒一生著述宏富,各有其價值,但要論其保存至今最為完好,學術影響最為巨大的著作,自然是《詩經通論》十八卷,因為下文詳細分析,此處就無需贅述了。

二、《詩經通論》的版本及體例

(一)《詩經通論》的版本

《詩經通論》是姚際恒完整幸存下來的作品之一,姚際恒在《詩經通論‧

〔註26〕 (清)丁丙《善本書室藏書志》卷十四,清光緒刻本。
〔註27〕 (清)周中孚《鄭堂讀書記》卷四十八。

自序》中署曰「康熙四十四年乙酉冬十月，新安首原姚際恒識」，據此可知該
書定稿當在康熙四十四年（1705）十月。

現存最早的《詩經通論》刻本是道光十七年（1837）鐵琴山館刻本。共
十八卷。半頁九行，行十七字，注文雙行。白口，單魚尾，四周雙邊。書前
載有有長白鄂山、同安蘇廷玉、桂林周貽徽、韓城王寶珊四人序言。北京大
學圖書館有藏本，顧頡剛點校本《詩經通論》即以此爲底本，上海古籍出版
社將該刻本影印入《續修四庫全書》第六十二冊。

王篤《詩經通論序》署曰「道光十七年，歲在丁酉，季秋上浣，韓城
寶珊王篤謹序於四川督學署。」從王寶珊的《序》中，可以考見此書的刊刻
過程：

> 嘉慶癸酉秋，淫雨浹旬，書樓滲漏，重整舊樓，移置他所。於
> 時得《詩經通論》十八卷，伏而誦之，如歷異境，如獲奇珍……洎
> 通籍入詞館，供職餘暇，每於書肆，留心物色，欲再購以備考訂，
> 而卒不可得；藏書家亦迄無知者，余益什襲珍之。〔註28〕

可見此書康熙四十四年（1705）繕寫完畢之後，一直是以抄本形式流傳。嘉
慶十八年癸酉（1813）王篤得到此書，乃是其祖父王杰收藏之手抄本〔註29〕，
道光十七年（1837）時任四川學政的王篤最終將其刊刻行世。《詩經通論》自
成書之後，歷經康熙、雍正、乾隆、嘉慶、道光五朝，歷時一百三十二年，
才得以剞劂問世。其間王篤功勞甚偉，今日還能看到《詩經通論》這一著作，
王篤起了非常關鍵的作用。因此有必要將王篤生平略作介紹，王篤（1791～
1855），字寶珊，號實夫。陝西韓城人。道光三年（1823）進士，選庶吉士，
散館授編修。歷任國史館協修、四川學政等職，官至布政使。著有《兩竿竹
室全集》。王篤學識博深，文風嚴謹，在四川任學政時被譽爲「文翁」。道光
十九年（1839）曾協助林則徐虎門銷煙，政績顯著，累遷至山東布政使，後
因家人貪污被革職。卒於咸豐五年（1855），終年六十五歲〔註30〕。

〔註28〕 （清）姚際恒《詩經通論》，顧頡剛點校，中華書局，1958年版，第13頁。
〔註29〕 （清）吳振棫《養吉齋餘錄》卷七曰：「新安姚際恒首原，康熙間人。撰《詩
經通論》十七卷，前有《論旨》一卷。大意謂漢人之失在於固，宋人之失在
於妄，明人之失在於鑿。欲掃去臆論新譚，惟尋繹文義，辨別前說，從其是
而去其非。此書世無傳者，韓城王文端家有鈔本，其孫寶珊方伯篤刊於蜀」。
清光緒刻本。
〔註30〕 宗稷辰《王篤墓誌銘》，見王篤《兩竿竹室全集》卷首，清光緒刻本。

　　《詩經通論》的版本，林慶彰在《姚際恒著作集》中提到有九種，後來趙明媛博士論文《姚際恒詩經通論之研究》補充了兩種，共有十一種〔註31〕，即：

1、道光十七年（1837），韓城王篤鐵琴山館刊本。

2、同治六年（1867），成都書局據王篤刊本重刊本。

3、1927 年，鄭璧成據王篤刊本覆刻本。

4、1944 年，《北泉圖書館叢書》本。

5、1958 年，北京中華書局據顧頡剛點校本排印本。

6、1961 年，臺北廣文書局據顧頡剛點校本影印本。

7、1963 年，香港中華書局據顧頡剛點校本影印本。

8、1978 年，臺北河洛圖書出版社據顧頡剛點校本影印本。

9、1979 年，臺北育民出版社據顧頡剛點校本影印本。

10、1994 年，臺灣中央研究院中國文哲研究所古籍整理叢刊，據顧頡剛點校本重編本。

11、1995 年，上海古籍出版社《續修四庫全書》，據王篤刊本影印本。

（二）《詩經通論》的體例

　　姚際恒的《詩經通論》一書的編撰，其體例在繼承前人著書的基礎上，又有創新之處，主要體現在以下三個方面〔註32〕：

1、首先，在《自序》中明確表述了寫作主旨，開篇即曰：「諸經中《詩》之爲教獨大，而釋《詩》者較諸經爲獨難」〔註33〕。下文就對此展開了詳細的論述。並對《詩序》、《鄭箋》和《詩集傳》的不足作了總的概括。

2、《卷前》分《詩經論旨》和《詩韻譜》兩部分。《詩經論旨》對比興作了明確的闡釋。同時旗幟鮮明地表達了他的疑古態度，對《詩序》、朱熹《詩集傳》、《毛傳》、蘇轍《詩集傳》，直至明代周忠允的《詩傳闡》都有簡明的品評，可以看作是一部簡略的《詩經》學批評小史。《詩韻譜》分詩韻爲本韻、通韻和韻三部分，表明了他的《詩》韻

〔註31〕參見趙明媛博士論文《姚際恒〈詩經通論〉研究》，第 4 頁。

〔註32〕參見本人拙文《試評姚際恒〈詩經通論〉》，發表在《貴州文史叢刊》2007 年第 3 期，第 13 頁。

〔註33〕（清）姚際恒《詩經通論·自序》，第 7 頁。

立場。

3、《詩經通論》卷一至卷十八對《詩經》三百零五篇都有精當的辯證。首先，錄取原詩，標明韻或無韻。然後指出賦比興的藝術手法，同時在原詩上添加評點，而後對詩作總體的分析。對前人的觀點多加否定，通過詳實的考證提出自己的觀點，不能解者就標明「此詩未詳」。在總評中有對詞語意義的考證、訓詁，也有對其章法的藝術評價。

第二節　《詩經通論》對漢代《詩》學之揚棄：以《詩序》爲主要考察對象

姚際恒以疑古的態度審視《詩序》，並取得了新的突破。首先，大膽質疑《詩序》的作者，在梳理前人考辨成果的基礎上，提出了較爲合理的新見。其次，重新劃分和界定大小序，一定程度上釐清了大小序之間的糾葛。再者，對《詩序》關於詩本旨、詩本事的闡釋也多有辯正，在汲取《詩序》解《詩》成就的同時，又致力於對《詩序》說詩的固弊與附會之陋習的矯正。

一、《詩序》的作者

《詩序》的作者，歷來都是個聚訟紛紜的論題，甚至已成爲「說經之家第一爭詬之端」。《四庫全書總目》卷十五《詩序》提要就歷數了《詩序》的作者有孔子、子夏、毛公、衛宏等數家之說，其辭曰：

> 案詩序之說，紛如聚訟。以爲《大序》子夏作，《小序》子夏毛公合作者，鄭玄《詩譜》也。以爲子夏所序詩即今毛詩者，王肅《家語注》也。以爲衛宏受學謝曼卿作《詩序》者，《後漢書・儒林傳》也。以爲子夏所創，毛公及衛宏又加潤益者，《隋書・經籍志》也。以爲子夏不序詩者，韓愈也。以爲子夏惟裁初句以下出於毛公者，成伯璵也。以爲詩人所自製者，王安石也。以《小序》爲國史之舊文，以《大序》爲孔子作者，明道程子也。以首句即爲孔子所題者，王得臣也。以爲《毛傳》初行尚未有序，其後門人互相傳授各記其師說者，曹粹中也。以爲村野妄人所作昌言排擊而不顧者，則倡之者鄭樵、王質，和之者朱子也。然樵所作《詩辨妄》一出，周孚即作《非鄭樵詩辨妄》一卷摘其四十二事攻之。質所作《詩總聞》亦

不甚行於世。朱子同時如呂祖謙、陳傅良、葉適皆以同志之交各持異議。黃震篤信朱學，而所作《日鈔》亦申《序》說。馬端臨作《經籍考》於他書無所考辨，惟《詩序》一事反覆攻詰至數千言。自元明以至今日越數百年，儒者尚各分左右袒也。豈非說經之家第一爭詬之端乎。〔註34〕

據今人馮浩菲統計，《詩序》作者之異說多達十七種〔註35〕，可見《詩序》的作者是詩學研究者無法繞開的議題，而對《詩序》作者的考論更是詩學研究的首要之務，對此姚際恒亦有其獨到之見。姚際恒將批判的矛頭首先對準了廣爲流傳的子夏作《詩序》說，舉出數條證據辨明了《詩序》作者並非子夏。

因爲，《詩序》中有時代晚於子夏的說詩者的解釋，如《詩經通論》卷十七《周頌・絲衣》條下曰：

> 《序》下有「高子曰：『靈星之尸也』」……又按，高子既公孫丑所引論《小弁》之詩，而孟子所斥爲「固哉」者……人謂《序》爲子夏作，高子爲孟子同時人，子夏何爲引戰國時人語耶？〔註36〕

又如《大雅・抑》詩，《序》云：「《抑》，衛武公刺厲王，亦以自警。」姚際恒云：

> 按《楚語》左史倚相曰：「昔衛武公年數九十五矣，猶箴儆於國曰，『自卿以下至於師長、士，苟在朝者，無謂我老耄而舍我，必恭恪於朝，朝夕以交戒我！』於是作《懿戒》以自儆。」韋昭曰：「《懿》，《大雅・抑》之篇也。『懿』讀爲『抑』。」《序》謂「亦以自儆」與韋說同；然又以詩中實多刺厲王之辭，則先之曰「衛武公刺厲王」。〔註37〕

可見《詩序》是揣摩詩義並拼合韋昭之語，不符合《抑》詩旨意，且韋昭是東漢末年學者，自然也不是春秋時期的子夏所能看到，因此《詩序》必定是晚於子夏的學者所作，而「其謂子夏作者，徒以孔子有起予者商也一語，此

〔註34〕（清）永瑢等《四庫全書總目》卷十五，《詩序》提要，中華書局，1965 年版，第 119 頁。

〔註35〕馮浩菲《歷代詩經論說述評・關於詩序》，中華書局，2003 年版，第 155 頁。

〔註36〕（清）姚際恒《詩經通論》，顧頡剛點校，中華書局，1958 年版，第 349 頁。

〔註37〕（清）姚際恒《詩經通論》，第 302 頁。爲避繁冗，下文《詩經通論》簡稱《通論》。

明係附會，絕不可信」〔註38〕。

　　同樣，《詩序》的作者也不是毛公，姚際恒《古今僞書考・詩序》曰：「謂毛公作者，亦妄也。毛公作傳，何嘗作序乎？鄭玄又謂《詩序》本一篇，毛公始分以置諸篇之首。則亦信序而爲此說，未必然也」〔註39〕。並順次批判了關於《詩序》作者爲孔子、詩人自製等謬說，「世又謂《大序》自是宏爲之，《小序》則係古序。案漢世未有引序一語，魏世始引之，及梁蕭統《文選》，直以爲子夏作，固承前人之訛也。鄭玄且以《小序》爲孔子作，王安石且以爲《小序》爲詩人自製，益可笑矣」〔註40〕。

　　姚際恒則認爲《小序》和《大序》非一人之所作，他在《小雅・棠棣》篇中明確指出：「大、小《序》出於兩人」（《通論》第 177 頁）。在《小雅・棠棣》篇中，也重申說：「大、小《序》出於兩人，故屬兩義」（《通論》第 176 頁）。《小序》的作者不可考，但可以顯然地界定爲是東漢人，姚氏在《周頌・潛》詩中明確講到：「《序》全襲之爲說，則知作《小序》者漢人也。以秦《月令》釋《周詩》」（《通論》第 340 頁）。對於《大序》的作者，姚際恒是贊同范曄《後漢書・儒林傳》的觀點，以爲衛宏是《大序》的作者。他在《古今僞書考・詩序》中云：「大抵小、大《序》皆出於東漢，范曄既明指衛宏，自必不謬，其《大序》固宏爲之，《小序》亦必漢人所爲。何以知之，《序》於《周頌・潛》詩曰：『冬薦獻魚，春獻鮪全』本《月令》之文，故知爲漢人也」〔註41〕。

二、《大序》和《小序》的分野

　　與《詩序》的作者問題一樣，《大序》、《小序》的劃分也是歷來詩學研究者爭論不休的問題，其中最有影響力的說法有兩種，孔穎達《毛詩注疏》引陸德明觀點，以爲由「《關雎》，后妃之德也」至「用之邦國焉」爲《關雎序》，與其他詩篇前面的《小序》一樣，是《關雎》篇的《小序》，其餘部分是《大序》〔註 42〕。朱熹的劃分同樣也得到了許多學者的首肯，朱熹將「詩者，志之所之也」至「是謂四始，詩之至也」爲《大序》，剩餘部分歸入《關雎》簡

〔註38〕　（清）姚際恒《古今僞書考》，清乾隆知不足齋叢書本，第 3 頁。
〔註39〕　（清）姚際恒《古今僞書考》，第 3 頁。
〔註40〕　（清）姚際恒《古今僞書考》，第 3 頁。
〔註41〕　（清）姚際恒《古今僞書考》，第 3 頁。
〔註42〕　（唐）孔穎達《毛詩正義》卷一，北京大學出版社，1999 年版。

端，定爲《小序》〔註43〕。

　　姚際恒對於以上兩種劃分都不認可，他在《詩經論旨》說：「今小、大之名相傳既無一定，愚著中仍從舊說，以上一句爲《小序》，下數句爲《大序》云。或又以《小序》爲前序、古序，《大序》名後序。」即以《詩序》的第一句爲《小序》，接下來部分的爲《大序》。在對《詩序》進行研究時，對於《小序》和《大序》也採取了區別對待的態度，他在同時批判《小序》和《大序》解《詩》上的穿鑿附會等相同缺點的同時，在部分詩篇的詩旨上，姚氏有時取《小序》意而駁《大序》意，有時則取《大序》意而駁《小序》意。在姚際恒看來《小序》、《大序》雖同出漢人之手，但畢竟不是一人之作，因此在兩者都具有漢人解《詩》的一些相同的弊病之外，仍有各自的解《詩》特色，屬於兩個解《詩》系統，他在漢代解《詩》的大前提之下，對二者作了深入的挖掘和取捨。因此關於《詩經通論》的《詩序》研究，下文分《小序》和《大序》來論述。

三、《詩經通論》在詩旨上對《詩序》的批判

　　姚際恒《詩經通論・自序》說「諸經之中《詩》之爲教獨大，而釋《詩》者較諸經爲獨難」〔註44〕。因爲「欲通詩教，無論辭義宜詳，而正旨篇題尤爲切要」〔註45〕。但尋繹詩旨並非易事，因爲詩本旨已爲後世解詩家所歪曲、遮蔽，而曲解詩旨最爲嚴重、流毒最甚的自然要首推《詩序》。姚際恒批評《詩序》說：「如世傳所謂《詩序》者，不得乎此，則與瞽者之倀倀何異？……自東漢衛宏始出《詩序》，首惟一語，本之師傳，大抵以簡略示古，以渾淪見該；雖不無一二宛合，而固滯、膠結、寬泛、填湊，諸弊叢集」〔註46〕。對《詩序》解詩的諸種弊端，姚際恒都有批評與矯正，而且是大、小序分別考究，故此下文也從姚際恒對大、小序的揚棄這兩個方面展開論述。

（一）《詩經通論》在詩旨上對《小序》的批判

1、反對《小序》以政教解《詩》

以濃烈的政教色彩說《詩》，是漢人解《詩》的特色，《小序》是這種解

〔註43〕　（宋）朱熹《詩序辨說》卷上，明崇禎汲古閣刻本。
〔註44〕　（清）姚際恒《詩經通論・自序》，第7頁。
〔註45〕　（清）姚際恒《詩經通論・自序》，第7頁。
〔註46〕　（清）姚際恒《詩經通論・自序》，第8頁。

《詩》方法的代表之作，姚際恒不滿於這種附會的做法，反對《小序》把《詩經》闡釋爲政治教化的附庸。

（1）反對《小序》以「后妃」、「夫人」繫之「二南」

《小序》囿於成說，以爲《周南》乃王者之風，動輒以「后妃」繫之《周南》。《召南》是諸侯之風，又以「夫人」繫之《召南》，並於其中大肆宣揚后妃、夫人的諸多美德，以此來作爲天下女性所當奉行的行爲規範，藉此達到教化女性的目的。姚際恒對於這種附會之說甚爲反感，他說：

> 其謂「夫人」者，本於《關雎序》，以《周南》爲王者之風，《召南》爲諸侯之風，故於《周南》言「后妃」，《召南》言「夫人」，以是分別。此解《二南》之最不通者也。（《通論》第 32 頁）

《小序》以化育女性美德的政教觀解《詩》，或許有時也可能切合詩人本旨，但多數情況下都是扞格難通的，歪曲《詩》旨、曲意彌縫是常有的事情。如《周南·桃夭》，《小序》云：「后妃之所致」。姚際恒駁之云：

> 每篇必屬后妃，竟成習套。夫堯、舜之世亦有四凶，太姒之世亦安能使女子盡賢，凡于歸者皆「宜室」、「宜家」乎！即使非后妃之世，其時男女豈盡踰垣、鑽隙乎！（《通論》第 23 頁）

將「宜室」「宜家」女性德行，歸之於后妃所化，顯然是誇大了所謂后妃的影響力，把普通女性都可以備具的美德追溯到莫須有的后妃身上，不僅有悖於常理，同時也反映了《小序》在《詩》本旨分析上的迂曲之弊。

姚際恒指出，《小序》在《周南》中繫之以「后妃」不合符《詩》旨的篇目有《關雎》、《葛覃》、《卷耳》、《樛木》、《桃夭》、《兔罝》《芣苢》七篇。在《召南》中《小序》用「夫人」解《詩》且曲解《詩》旨的篇目有《鵲巢》、《采蘩》二篇。

（2）反對《小序》以「美」、「刺」解《詩》

以「美」、「刺」解《詩》是《小序》的顯著特徵，他符合漢代解《詩》的詩學特徵，具有政教色彩。欲探求《詩》本義的《詩經通論》力駁《小序》在這方面的缺陷。

《詩經通論》反對《小序》以「美」解《詩》的有三篇。即《邶風·凱風》，《小序》謂：「美孝子」，姚際恒駁曰：「此孝子自作，豈他人作乎」（《通論》第 56 頁）！還有一篇是《秦風·駟驖》，《小序》謂：「美襄公」，姚際恒云：「其謂『媚子從狩』，恐亦未必爲美也」（《通論》第 139 頁）。還有《大雅·

雲漢》,《小序》謂:「仍叔美宣王」,姚氏《通論》認為:「未有考也」(《通論》
第 308 頁)。

《小序》常常以「刺某某」來解《詩》,姚際恒通過仔細研究《詩經》文
本,指出很多《小序》認為是「刺某某」是不符合《詩》旨的。

如《衛風‧有狐》,《小序》謂:「刺時」,姚際恒云:「此詩是婦人以夫從
役於外,而憂其無衣之作。自《小序》以『刺時』解,悉不可用」(《通論》
第 90 頁)。《詩經通論》的解釋比《小序》要通達得多。再如《齊風‧著》,
《小序》謂:「刺時不親迎」。姚際恒云:「按此本言親迎,必欲反之為刺,
何居?若是,則凡美者皆可為刺也」(《通論》第 117 頁)。又如《曹風‧鳲
鳩》,《小序》謂:「刺不壹」。姚際恒云:「詩中純美,無刺意」(《通論》第 156
頁)。

在《詩經通論》中,姚際恒指出《小序》以「刺某某」說《詩》,且不符
合詩旨的有五十六篇,篇目如下:《邶風‧雄雉》、《衛風‧考槃》、《衛風‧
伯兮》、《衛風‧有狐》、《王風‧揚之水》、《王風‧葛藟》、《王風‧大車》、
《鄭風‧將仲子》、《鄭風‧叔於田》、《鄭風‧有女同車》、《鄭風‧狡童》、
《鄭風‧山有扶蘇》、《鄭風‧蘀兮》、《鄭風‧子衿》、《齊風‧雞鳴》、《齊
風‧還》、《齊風‧東方之日》、《齊風‧東方未明》、《齊風‧甫田》、《魏風‧
汾沮洳》、《魏風‧園有桃》、《魏風‧伐檀》、《唐風‧蟋蟀》、《秦風‧車鄰》、
《秦風‧晨風》、《秦風‧無衣》、《陳風‧宛丘》、《陳風‧澤陂》、《檜風‧素
冠》、《曹風‧鳲鳩》、《小雅‧白駒》、《小雅‧黃鳥》、《小雅‧我行其野》、
《小雅‧何人斯》、《小雅‧巷伯》、《小雅‧谷風》、《小雅‧蓼莪》、《小雅‧
楚茨》、《小雅‧信南山》、《小雅‧甫田》、《小雅‧大田》、《小雅‧瞻彼洛
矣》、《小雅‧裳裳者華》、《小雅‧桑扈》、《小雅‧鴛鴦》、《小雅‧車舝》、《小
雅‧魚藻》、《小雅‧采菽》、《小雅‧角弓》、《小雅‧菀柳》、《小雅‧黍苗》、
《小雅‧白華》、《小雅‧?蠻》、《小雅‧鼓鐘》、《小雅‧瓠葉》、《小雅‧漸漸
之石》。

《詩經通論》除了反對《小序》「刺某某」的政治說教態度,還反對《小
序》以「規」、「戒」來說《詩》,因為「規」、「戒」不過是「刺某某」的同義
代換,也是政教解《詩》的表現。

如《小雅‧沔水》,《小序》云:「規宣王」,姚際恒認為:「悉屬猜摹」(《通
論》第 194 頁)。又如《秦風‧終南》,《小序》云:「戒襄公」。姚際恒駁之云:

「按此乃美耳，無戒意」（《通論》第 141 頁）。

《詩經通論》還反對《小序》以「道化」、「德行」、「某某之應」、「某某之至」來解《詩》。如《周南・汝墳》，《小序》云：「道化行」，《詩經通論》云：「全鶻突，何篇不可用之」（《通論》第 28 頁）！再如《周南・麟之趾》，《小序》謂：「《關雎》之應」，《詩經通論》駁之云：「其義甚迁」（《通論》第 30 頁）。

2、反對《小序》誤用歷史典籍、偽書、歷史事件、歷史人名來附會《詩》篇

（1）反對《小序》誤用《左傳》、《國語》、《月令》和一些偽書來解《詩》

①《小序》誤用《左傳》來解《詩》

利用《左傳》附會《詩》旨是《小序》的一大弊病。

如《衛風・碩人》，《小序》謂：「閔莊姜」。姚際恆立足《碩人》詩篇分析，他認為詩中「無閔意」（《通論》第 83 頁），他進一步分析《小序》之所以這樣解《詩》，是誤用了《左傳》中的歷史記載，姚際恆指出：「《左傳》云：『初，衛莊公娶於齊東宮得臣之妹，曰莊姜，美而無子，衛人賦《碩人》也』，亦謂《碩人》之詩為莊姜詠。其云『無子』，亦據後事為說，不可執泥。《小序》蓋執泥《左傳》耳」（《通論》第 84 頁）。

又如《衛風・芄蘭》，《小序》謂：「刺惠公」。姚際恆認為《小序》是誤用了《左傳》中的記載，「按《左傳》云：『初，惠公之即位也少』，杜注云：『蓋十五六』。《序》蓋本《傳》而意逆之耳；然未有以見其必然也」（《通論》第 87 頁）。姚際恆指出《小序》解此詩的資料來源，並加以否定。

再如《小雅・四牡》，姚際恆認為「此使臣自詠之詩，王者採之，後或因以為勞使臣之詩焉」（《通論》第 174 頁）。《小序》謂此詩云：「勞使臣」。姚際恆認為此是《小序》誤用《左傳》的賦《詩》得出來的錯誤結論，他說「《左傳》裏四年穆叔曰：『《四牡》，君所以勞使臣也』。《小序》但據《左傳》，謂『勞使臣』之來」（《通論》第 174 頁）。姚際恆認為：「試將此詩平心讀去，作使臣自詠極順，作代使臣詠極不順。解《詩》何不取順而偏去逆乎？……此詩作於使臣，源也；勞使臣，流也」（《通論》第 174 頁）。姚氏《詩經通論》善於從《詩經》文本來探求詩義，並結合《左傳》來分析《小序》解《詩》之由，指出《小序》是從支流上來解《詩》，即以《左傳》的賦詩斷章取義，是從用《詩經》流衍層面來解《詩》，而非從《詩》篇本身的源頭上

來解《詩》。

《小序》誤用《左傳》中的材料來解《詩》的有八篇，篇目如次：《衛風‧碩人》、《衛風‧芄蘭》、《鄭風‧褰裳》、《小雅‧四牡》、《大雅‧棫樸》、《大雅‧行葦》、《周頌‧維天之命》、《周頌‧酌》。

②《小序》誤用《國語》、《儀禮》和一些僞書來解《詩》

《小序》誤用《國語》來解《詩》的只有《大雅‧抑》。《大雅‧抑》詩，《序》謂：「衛武公刺厲王，亦以自警也。」按照姚氏對《小序》、《大序》的區分，「衛武公刺厲王」是屬於《小序》的內容，「亦以自警也」是屬於《大序》的內容。但是《抑》詩，《小序》、《大序》前後貫通，如出一人之手，姚際恒認爲此詩是「刺厲王之詩」（《通論》第 301 頁），《詩序》是採用了《國語》中的文句又結合《詩》本身來說此詩的。因爲「《國語‧楚語》左史倚相曰，『昔衛武公年數九十五矣，猶箴儆於國曰，『自卿以下至於師長、士，苟在朝者，無謂我老耄而舍我，必恭恪於朝。朝夕以交戒我！』於是作《懿戒》以自儆』。韋昭曰：『《懿》，《大雅‧抑》之篇也。『懿』讀爲『抑』。』《序》謂『亦以自警』，與韋說同；然又以詩中實多刺厲王之辭，則先之曰『衛武公刺厲王』」（《通論》第 302 頁）。姚際恒明確指出《小序》是拼合《國語》及《國語》韋昭注，有片面和謬誤之處。

《小序》還用《儀禮》解《詩》。如《小雅‧鹿鳴》，姚氏認爲是：「此燕群臣之詩」（《通論》第 173 頁）。《小序》謂此詩是：「燕群臣、嘉賓」。姚際恒分析道：「按：『嘉賓』，詩之言也；實則『嘉賓』即『群臣』耳。《彤弓》篇亦云，『我有嘉賓』，可證。《序》必以『嘉賓』連言者，以《儀禮》、《燕禮》、《鄉飲酒禮》皆歌此詩，意兼四方之賓及鄉之賓言之。不知《燕禮》、《鄉飲酒禮》作於《詩》後，正謂凡燕賓取此詩而歌之，非此詩之爲燕賓而作也。《彤弓》篇之『嘉賓』，豈亦兼凡賓而言乎」（《通論》第 173 頁）？姚際恒用《詩》中的內證，即《彤弓》篇的「嘉賓」來證明此詩的「嘉賓」即是「群臣」之意。他指出《小序》是用了比《詩經》晚出的《儀禮》、《燕禮》、《鄉飲酒禮》的歌《詩》來解《詩》，換種說法就是《小序》誤用了後來的用《詩》來解《詩》，這種本末倒置的解《詩》方法本身就是不科學的。

此外姚際恒還指出《小序》有用《禮記》解《詩》的，如《小雅‧都人士》，《小序》謂：「周人刺衣服無常。」姚氏《通論》認爲「此亦何止衣服乎！此襲《禮‧緇衣》爲說也」（《通論》第 249 頁）。在《周頌‧潛》詩篇，

《小序》謂：「冬薦魚，春獻鮪」。姚氏認爲《小序》使用了《月令》來解
《詩》，他分析道：「按《月令》，冬季曰：『乃命魚師始漁，天子親往，乃
嘗魚，先薦寢廟』，又季春曰：『薦鮪於寢廟』。《序》全襲之爲說，則知作
《小序》者漢人也」（《通論》第 340 頁）。姚際恒並分析《小序》如此解《詩》
之謬，云：「以秦《月令》釋《周詩》，謬一。一詩當冬、秋兩用，謬二。上
云『多魚』，下二句以六魚實之，『鮪』在六魚之內，而云『春獻鮪』，謬三。
《月令》季冬，夏正建丑之月也。孔氏曰，『冬月魚不行，乃性定而肥，故
特薦之』，此釋『潛』之義。今又引《月令》季春薦鮪之說，則魚是時已不
潛矣，與詩意違，謬四」（《通論》第 340 頁）。姚氏證據充分地指出《小序》
之謬。

　　姚際恒《詩經通論》還指出《小序》用僞書解《詩》的情況，主要有《召
南・采蘩》、《召南・采蘋》兩篇。《召南・采蘩》，《小序》謂：「夫人不失職」。
姚氏駁之云：「按《射義》云，『士以《采蘩》爲節，樂不失職也』。明襲僞說，
非附會而何」（《通論》第 34 頁）！指出《小序》全是襲《射義》來解《詩》。
《召南・采蘋》篇，《小序》謂：「大夫妻能循法度」。姚際恒駁之云：「按《射
義》云，『卿、大夫以《采蘋》爲節，樂循法也。』《序》襲之」（《通論》第
36 頁）。姚氏的分析讓我們能夠更清楚的認識《小序》，對正確探求《詩》義
有極其重要的作用。

　　（2）《詩經通論》反對《小序》以歷史事件來附會《詩》篇

　　姚際恒指出《小序》誤用歷史事件來附會《詩》，姚氏核之以典籍，回
歸當時的歷史語境來探析《小序》解《詩》的資料來源，並分析其謬誤不通
之處。

　　《詩經通論》指出《小序》誤用歷史事件的篇目有：《邶風・二子乘舟》、
《衛風・木瓜》、《鄭風・將仲子》。如《邶風・二子乘舟》，《小序》謂：「思
伋、壽。」姚際恒用《左傳》的記載並分析，《小序》關於此詩的解釋是不合
《詩》意的。姚氏云：

　　　　按：《左傳》桓十六年曰：「衛公子蒸於夷姜，生伋子，屬諸右
　　公子：爲之娶於齊而美，公取之，是爲宣姜：生壽及朔，屬壽於左
　　公子。夷姜縊，宣姜與公子朔搆伋子。公使諸齊，使盜待諸莘，將
　　殺之。壽子告之，使行：不可，曰：『棄父之命，惡用子矣！有無
　　父之國則可也』。及飲以酒，壽子載其旌以先；盜殺之。伋子至，

曰，『我之求也，此何罪？請殺我乎！』又殺之」。夫殺二子於莘，當乘車往，不當乘舟。且壽先行，伋後至，二子亦未嘗並行也。又衛未渡河，莘為衛地，渡河則齊地矣。皆不相合。（《通論》第68頁）

姚氏指出《小序》用伋、壽的史事來解《詩》，通過比對《左傳》中的原文可以看出《小序》就是無端附會歷史事件，是不通之論。因此「《小序》說《詩》非真有所傳授，不過影響猜度故往往有合有不合」（《通論》第69頁）。

（3）《詩經通論》反對《小序》以歷史人物實之以《詩》，附會《詩》義

姚氏《通論》反對《小序》以具體歷史人物實之以《詩》，且不符合《詩》意的篇目有：《衛風·考槃》、《王風·葛藟》、《鄭風·將仲子》、《鄭風·有女同車》、《鄭風·山有扶蘇》、《鄭風·蘀兮》、《鄭風·狡童》、《齊風·雞鳴》、《齊風·甫田》、《秦風·駟驖》、《秦風·晨風》、《秦風·小戎》、《陳風·宛丘》、《小雅·谷風》、《小雅·蓼莪》、《小雅·楚茨》、《小雅·信南山》、《小雅·甫田》、《小雅·大田》、《小雅·瞻彼洛矣》、《小雅·裳裳者華》、《小雅·桑扈》、《小雅·鴛鴦》、《小雅·車舝》、《小雅·魚藻》、《小雅·采菽》、《小雅·角弓》、《小雅·菀柳》、《小雅·黍苗》、《小雅·白華》、《小雅·鐘鼓》、《小雅·漸漸之石》、《小雅·巷伯》、《小雅·白駒》、《小雅·我行其野》、《小雅·黃鳥》、《大雅·文王》、《大雅·公劉》、《大雅·泂酌》、《大雅·卷阿》、《大雅·雲漢》、《大雅·韓奕》、《大雅·常武》、《大雅·瞻卬》、《周頌·執競》、《魯頌·駉》、《魯頌·有駜》、《魯頌·泮水》。

如《衛風·考槃》，姚氏說：「此詩人贊賢者隱居自矢，不求世用之詩」（《通論》第82頁）。姚氏的解釋頗合乎詩旨，但《小序》卻實之以「莊公」，謂「刺莊公」，《小序》的說法可謂無稽之談。再如《王風·葛藟》，《小序》以「平王」實之，謂「刺平王」，姚際恆認為《小序》這種無據實之以歷史人物的解《詩》方法「甚無據」（《通論》第97頁）。再如，《齊風·甫田》，《小序》謂：「刺襄公」，姚氏認為「無據」（《通論》第120頁）。在姚氏看來，能用具體的歷史人物實之以《詩》的都必須具有可靠的且合乎《詩》篇本身的證據，這種解《詩》重證據的態度和方法都為後人解《詩》提供了很多的參考和反思。如果沒有強硬的的證據支持，姚氏寧願闕而不論，也不強以古人之事來附會《詩》篇，他努力做到不誣古人，這種科學的解《詩》態度和對歷史負責任的解《詩》精神，值得後世學習。

3、指出《小序》不合邏輯，多涉無據

（1）《詩經通論》駁斥《小序》不符合《詩經》行文邏輯

《小雅‧采薇》，《小序》謂：「遣戍役」。姚際恒認爲此詩是：「此戍役還歸之詩」（《通論》第180頁）。姚氏分析《小序》之謬，云：「《小序》謂『遣戍役』，非。詩明言『曰歸曰歸，歲亦莫止』，『今我來思，雨雪霏霏』等語，皆既歸之詞；豈方遣即已逆料其歸時乎！又『一日三捷』，亦言實事，非逆料之詞也」（《通論》第180頁）。可見《小序》的說法不符合《采薇》本文。再如《小雅‧出車》，《小序》謂：「勞還率」，姚際恒認爲《小序》的解釋不對，他說此篇的詩義和《小雅‧采薇》一樣，仍是還歸之作。《詩經通論》中明確指出《小序》不符合《詩經》行文邏輯的篇目有：《召南‧草蟲》、《召南‧殷其雷》、《召南‧摽有梅》、《鄘風‧鶉之奔奔》、《鄭風‧緇衣》、《小雅‧采薇》、《小雅‧出車》、《小雅‧杕杜》、《小雅‧庭燎》、《小雅‧南山有臺》、《小雅‧菁菁者莪》、《周頌‧天作》、《周頌‧執競》、《周頌‧振鷺》、《周頌‧雝》、《周頌‧絲衣》、《周頌‧桓》、《魯頌‧駉》、《魯頌‧有駜》、《魯頌‧泮水》。

此外姚氏還指出《小序》犯了某些常識性的錯誤，如《大雅‧文王》，《小序》謂：「文王受命作《周》」，姚際恒說「文王未嘗爲王，無受命之說」（《通論》第262頁）。《小序》說《詩》也有許多粗疏之處。如《周頌‧噫嘻》，《小序》謂：「春、夏祈穀於上帝」。姚氏指出：「按春爲祈穀，夏則雩矣」（《通論》第334頁）。

（2）《詩經通論》批評《小序》引申《詩經》中的片言隻句，或者《詩經》篇名來解《詩》

《小雅‧小明》，《小序》謂：「大夫悔仕於亂世」。姚氏指出：「按此特以詩中『自詒伊戚』一語摹擬爲此說，非也」（《通論》第227頁）。姚氏進一步分析《小序》這種執泥《詩經》文句是錯誤的，姚氏云：「士君子出處之道早宜自審；世既亂，何爲而仕？既仕，何爲而悔？進退無據，此中下之人，何爲賢而傳其詩乎？蓋『自詒伊戚』不過自責之辭，不必泥」（《通論》第227頁）。姚氏的分析無疑是正確的，並指出《小序》的錯誤之源，這種學術眼光無疑是可貴的。

《詩經通論》臚列《小序》執泥《詩經》文句解《詩》的篇目有：《小雅‧小明》、《小雅‧楚茨》、《大雅‧文王有聲》、《大雅‧假樂》。

此外，《周頌·賚》，姚氏指出《小序》是因為篇名『賚』字而認為是「大封於廟」。姚氏結合《賚》詩本身，指出該詩「無大封之意」（《通論》第350頁）。

4、此外《詩經通論》還用無據、臆測、猜摹等詞語批評《小序》

《詩經通論》用「無據」來評價《小序》的有篇目有：《王風·采葛》、《鄭風·風雨》、《鄭風·子衿》、《鄭風·出其東門》、《鄭風·野有蔓草》、《齊風·雞鳴》、《齊風·甫田》、《唐風·山有樞》、《秦風·渭陽》、《小雅·漸漸之石》、《商頌·烈祖》。

評《小序》「臆說」的有：《大雅·常武》。

評《小序》「妄」的有：《周頌·維清》、《周頌·昊天有成命》。

評《小序》「籠統語」的有：《齊風·南山》，評《小序》「泛」的有：《小雅·谷風》、《大雅·韓奕》。

評《小序》「混」的有：《小雅·鼓鐘》、《小雅·蓼莪》、《大雅·靈臺》。

評《小序》「泛混」的有：《大雅·既醉》、《大雅·鳧鷖》。

評《小序》「迂」的有：《小雅·無將大車》、《周頌·臣工》。

（二）《詩經通論》在詩旨上對《大序》的批判

姚際恒認為《大序》是漢人衛宏作的。對《大序》的批判，姚氏《通論》主要從以下三個方面來反映。

1、《詩經通論》指出《大序》對《小序》的附會

《大序》附會《小序》，得出不合《詩》義的詩旨，關於《大序》對《小序》的附會，反映在以下三個方面。

（1）《大序》附會《小序》並摻入其他歷史典籍釋詩

如《鄘風·桑中》，《小序》認為是「刺奔」之作，《大序》隨聲附和說：「男女相奔，至於世族在位相竊妻、妾，期於幽遠，政散、民流而不可止」（《通論》第73頁）。姚氏認為《大序》是在《小序》的基礎上，並摻雜《左傳》和《樂記》而得出的結論，姚際恒說：「按《左傳》成二年，『巫臣盡室以行，申叔跪遇之曰，『夫子有三軍之懼而又有『桑中』之喜，宜將竊妻以逃者也』」（《通論》第73頁）。姚氏認為：「《大序》本之為說。《傳》所言『桑中』固是此詩，然《傳》因巫臣之事而引此詩，豈可反據巫臣之事以說此詩」（《通論》第73頁）。姚氏還認為此詩《大序》不獨襲《左傳》，還襲《樂

記》，他說：「其曰『政散、民流而不可止』，亦本《樂記》語。按《樂記》云，『鄭、衛之音，亂世之音也，比於慢矣。桑間、濮上之音，亡國之音也，其政散，其民流，誣上、行私而不可止也』。《桑間》，亦即指此詩。『濮上』，用《史記》衛靈公至濮水，聞琴聲師曠謂紂亡國之音事，故以爲『亡國之音』。其實此詩在宣、慧之世，國未嘗亡也，故曰『其政散』云云。《樂記》之文紐和二者爲一處，本屬亂拈，不可爲據。今《大序》有用《樂記》，尤不可爲據」（《通論》第 73 頁）。姚氏指出《樂記》本是亂拈紐和之語，不可信，而《大序》還以《樂記》來解《詩》，讓我們看到《大序》解《詩》的資料來源是不可靠的，足見《大序》解《詩》的態度是不夠嚴謹的，《大序》對解《詩》的材料也非詳查細審。

《詩經通論》指出《大序》附會《小序》並摻與其他歷史典籍來解《詩》的有：《周南‧卷耳》、《鄘風‧桑中》、《衛風‧碩人》。

（2）《詩經通論》指出《大序》引申《小序》或《小序》中的字句，鋪展《小序》，作無據之論

如《召南‧殷其雷》，《小序》謂：「勸以義」，《大序》以《小序》「勸以義」鋪展開來云：「大夫遠行從政，不遑寧處；其室家能閔其勤勞，勸以義」（《通論》第 41 頁）。

《大序》引申《小序》作無據之論的詩篇有：《周南‧關雎》、《周南‧葛覃》、《周南‧螽斯》、《召南‧殷其雷》、《王風‧葛藟》、《齊風‧甫田》、《鄭風‧叔於田》、《豳風‧七月》、《小雅‧蓼莪》。

（3）《詩經通論》指出《大序》還在《小序》正確的基礎上加臆說

如《衛風‧竹竿》，《小序》謂「衛女思歸」，《大序》增以「不見答」（《通論》第 86 頁），姚氏評其是「臆說也」（《通論》第 86 頁）。

《詩經通論》指出《大序》如此解《詩》的有：《衛風‧無衣》、《唐風‧無衣》、《檜風‧羔裘》。

2、《詩經通論》反對《大序》誤用歷史典籍、偽書、歷史事件、歷史人物來附會《詩》篇

（1）反對《大序》誤用歷史典籍解釋《詩》篇

①指出《大序》附會《左傳》解《詩》

姚氏反對《大序》用《左傳》中的材料來附會《詩》的有：《曹風‧候人》、《大雅‧泂酌》、《大雅‧抑》、《小雅‧棠棣》。（其中《大雅‧抑》、《小雅‧

棠棣》是《大序》結合《左傳》和《國語》來解《詩》的。）

②姚氏指出《大序》用《公羊傳》和《穀梁傳》來解《詩》

《齊風・猗嗟》是其中的代表。

③姚氏指出《大序》規摹《孟子》解《詩》

有《大雅・靈臺》、《大雅・既醉》兩篇。

（2）《詩經通論》反對《大序》以歷史事件來附會《詩》篇

如《衛風・木瓜》，《大序》謂「齊桓公救而封之，遺以車馬、器服焉，衛人思欲厚報之而作是詩」。姚際恒認為《大序》這種用歷史事件來附會《詩》不僅不符合事件本身同時還不符合《詩》篇本身。姚際恒分析說：

> 此說不合者有四。衛被狄難，本未嘗滅，而桓公亦不過為之城
> 楚丘及贈以車馬、器服而已；乃以為美桓公之救而封之，一也。以
> 是為衛君作與？衛文乘齊五子之亂而伐其喪，實為背德，則必不作
> 此詩。以為衛人作與？衛人，民也，何以力能報齊乎？二也。既曰
> 桓公救而封之，則為再造之恩；乃僅以果實喻其所投之甚微，豈可
> 謂之美桓公乎！三也。衛人始終毫末未報齊，而遽自編儗為重寶為
> 報，徒以空言妄自矜誇，又不應若是桑心。四也。（《通論》第90
> 頁）

姚氏回歸歷史語境和《詩》文本身，指出了《大序》的謬誤。

《詩經通論》核之以歷史典籍、歷史事件和《詩》文，認為《大序》執泥歷史事件誤解《詩》旨的篇目有：《邶風・日月》、《衛風・木瓜》、《鄘風・柏舟》、《王風・揚之水》、《唐風・揚之水》、《小雅・車舝》。

（3）《詩經通論》反對《大序》以歷史人物實之以《詩》，附會《詩》義

姚際恒指出《大序》這種解詩方法不合歷史史實，也不合《詩》旨，代表性的篇目有：《邶風・柏舟》、《鄘風・蝃蝀》、《鄘風・相鼠》、《鄘風・干旄》、《陳風・防有鵲巢》、《曹風・蜉蝣》、《曹風・侯人》、《曹風・下泉》、《小雅・采薇》、《小雅・魚麗》、《小雅・小弁》、《小雅・車舝》。

3、《詩經通論》指出《大序》解《詩》不合乎邏輯

《詩經通論》指出《大序》解《詩》不通，支離的篇目有：《周南・漢廣》、《周南・麟之趾》、《邶風・雄雉》、《鄭風・緇衣》、《魏風・伐檀》、《秦風・渭陽》、《豳風・九罭》、《小雅・采薇》、《小雅・魚麗》、《小雅・巷伯》、《小雅・菀柳》、《小雅・白華》、《周頌・清廟》。《詩經通論》指出《大序》

執泥於《詩》篇中章句，迂曲的解《詩》的有：《召南‧羔羊》、《王風‧大車》、《魏風‧葛屨》、《大雅‧行葦》、《大雅‧蕩》。此外《詩經通論》指出《大序》解《詩》不近情理的有：《周南‧桃夭》。《通論》認爲《大序》是影響之辭的有《鄭風‧山有扶蘇》、《大雅‧常武》。認爲《大序》是無稽之談的有《魯頌‧駉》，認爲《大序》「泛」的有《召南‧采蘩》、《陳風‧東門之枌》。

四、《詩經通論》對《詩序》的繼承

　　《詩經通論》反對《詩序》對《詩》所作的附會錯誤的解釋，但是還有很多《詩》篇，姚氏認爲《詩序》的解釋是合理的，因此他也遵循《詩序》的解釋，因爲斷定《小序》、《大序》不是一人之作，因此，在《詩經通論》中，姚氏對《小序》、《大序》的贊成也是分別對待的，如有很多《詩》篇，姚氏是同意《小序》而駁斥《大序》，同時也有很多《詩》篇姚氏是駁斥《小序》而同意《大序》的，據統計，在《詩經》詩旨的解釋上，《詩經通論》同意《小序》的《詩》篇數有：八十篇，《詩經通論》同意《大序》的篇數有：十四篇。

　　《詩經通論》批判《小序》的篇數有一百五十二篇，在《詩經》中約占百分之五十，《詩經通論》中完全同意《小序》和修改《小序》的篇數有八十篇，約占《詩經》的百分之二十六。《詩經通論》在批判《小序》的同時，也有對《小序》繼承的方面，不過是批判的方面佔了主要方面，但是卻不能因此否定或者忽視它對《小序》繼承的方面，力求做到客觀實際的來認識《詩經通論》對《小序》的批判和繼承。

　　《詩經通論》在詩旨上對《小序》和《大序》的取捨，即使在同一篇詩中，存在同時反對或是同時贊成《小序》、《大序》的情況，或者《小序》、《大序》皆不提；有的同意《小序》，而駁斥《大序》，或是不提《大序》；有的同意《大序》，而駁斥或者是不提《小序》。《詩經通論》認爲《詩序》是漢人之所作，漢去古未遠，但是卻沾染上漢代附會、執泥扭曲的解《詩》風氣，因此「往往有合有不合」（《通論》第 69 頁）。姚際恒在立足《詩》文本的基礎上，核實歷史記載和歷史事件，力求正確的取捨《詩序》，對《詩》義作符合詩篇本身的探討。

第三節　《詩經通論》對宋代《詩經》學之揚棄

皮錫瑞先生在《經學歷史》中說宋代是「經學變古時代」〔註47〕。宋代的《詩經》研究也以其「變古」的特徵而異於「漢唐《詩》學的許多思想觀念和運作方式，並呈現出新的《詩》學特徵」〔註48〕。宋代《詩經》學的大致特徵是疑古惑經，對《詩序》的存與廢的論爭〔註49〕，並已經注意到《詩經》的文學特徵。《詩經》宋學經過北宋歐陽修等提倡的詩學革新，到南宋鄭樵猛攻《詩序》，排斥舊說，直到朱熹的時代「詩經宋學」形成了比較完善的學術體系，不僅與當時存在的漢學餘緒分庭抗禮，甚至發展壯大，歷經元、明，清初，一直成爲《詩經》研究的主流〔註50〕。

關於姚際恒《詩經通論》對宋代《詩經》學的揚棄，學術界關注的主要是姚際恒對朱熹《詩集傳》的批判，這在很大程度是由於姚際恒對《詩集傳》的批判力度決定的。除此之外，姚際恒還大量的引用歐陽修《詩本義》、蘇轍《詩集傳》、嚴粲《詩緝》的說法，加以品評。根據統計，《詩經通論》對歐陽修《詩本義》的引用有三十條，對蘇轍《詩集傳》的引用有三十一條，對嚴粲《詩緝》的引用有八十條。目前學術界關於歐陽修《詩本義》、蘇轍《詩集傳》、嚴粲《詩緝》對姚際恒《詩經通論》的影響研究幾乎還沒有，本文試從這些方面對《詩經通論》的研究作一些拓展。

一、《詩經通論》對歐陽修《詩本義》之揚棄

歐陽修（1007～1072），字永叔，自號醉翁、六一居士。吉水人。他的《詩》學思想主要體現在《詩本義》一書中，《四庫全書總目》之《詩本義》提要曰：

> 自唐以來，說《詩》者莫敢議毛、鄭，雖老師宿儒亦謹守《小序》。至宋而新義日增，舊說俱廢。推原所始，實發於修。然修之言曰：「後之學者，因迹先世之所傳而較得失，或有之矣。使徒抱焚餘殘脫之經，倀倀於去聖人千百年後，不見先儒中間之說，而欲特立一家之學者，果有能哉？吾未之信也。」又曰：「先儒於經不能無失，

〔註47〕皮錫瑞《經學歷史》，中華書局，1959年版，第220頁。
〔註48〕譚德興《宋代詩經學研究》，貴州人民出版社，2005年版，第6頁。
〔註49〕洪湛侯《詩經學史》，中華書局，2002年版，第329頁。
〔註50〕洪湛侯《詩經學史》，第362頁。

而所得固已多矣。盡其說而理有不通，然後以論正之。」是修作是
書本出於和氣平心，以意逆志。〔註51〕

《四庫》館臣充分肯定了歐陽修對宋代《詩》學變革的貢獻，極度推重《詩
本義》開創的解詩新風，讚揚了歐陽修突破漢、唐解《詩》窠臼的創新意義。
《詩本義》在《詩》學史上是一部具有創新精神的重要著作，其重要的學術
價值與意義主要體現在三個方面：首先，歐陽修確立了「因其言，據其文」
以《詩經》本義爲重的解《詩》原則；以「情」與「理」探求《詩經》「意」
與「理」的方法。其次，《詩本義》動搖了《毛序》、《毛傳》與《鄭箋》的權
威性，開兩宋學者貴發疑的《詩經》研究先路。再次，《詩本義》對《詩經》
部分篇章詩旨與比興意義的闡釋具有新意與卓見，推動了《詩經》研究的深
入發展〔註52〕。

歐陽修較爲自覺系統地質疑《詩序》對《詩經》本旨的界定，開創了宋
代《詩》學貴疑的研究新思路，結束了漢、唐以訓詁字義，附會愚陋的研究方
式。歐陽修注重對《詩經》本義的探求，以詩看《詩》，這與姚際恒注重涵泳
篇章，尋繹文義，以文學眼光看《詩》的解《詩》方法，本質上並無不同。

姚際恒在《詩經論旨》中說：

> 歐陽永叔首起而辨《大序》及鄭之非，其詆鄭尤甚，在當時可
> 謂有時。然仍自囿於《小序》，拘牽墨守。人之識見固有明於此而闇
> 於彼，不能全者耶？其自作《本義》，頗未能善，時有與鄭在伯、仲
> 之間者，又足哂也（《詩經通論》第 5 頁）。

可見姚氏在肯定歐陽修的開創之功的同時，還指出歐陽修未能完全脫離《小
序》的牢籠，還有拘牽墨守之類的不足之處，尊崇「從其是而黜其非」（《通
論・自序》第 9 頁）的原則，批判地繼承《詩本義》。

（一）對歐陽修《詩序》觀的揚棄

1、贊同之例

《詩經通論・周南・卷耳》說：

> 《小序》謂「后妃之志」，亦屬鶻突。《大序》謂「后妃求賢審
> 官」，本《小序》之言后妃，而又用《左傳》之說附會之。歐陽氏駁

〔註51〕（清）永瑢等《四庫全書總目》卷十五，《詩本義》提要，第 121 頁。
〔註52〕張啓成《詩經研究史論稿》，貴州人民出版社，2003 年版，第 187 頁。

之曰，「婦人無外事。求賢審官，非后妃之責。又不知臣下之勤勞，

關宴勞之常禮，重貽后妃之憂傷，如此，則文王之志荒矣」。其說

是。（《通論》第 19 頁）

姚氏不滿《詩序》以后妃附會詩旨，他採用歐陽修對《詩序》的駁斥之言，認爲歐陽修之說正確的。

《詩經通論·周南漢廣》說：

《小序》謂「德廣所及」，亦近之；但不必就用詩「廣」字耳。

《大序》謂「求而不可得」，語有病。歐陽氏駁之，謂「化行于男，

不行于女」，是也。大抵謂男女皆守以正爲得；而其發情止性之意，

屬乎詩人之諷咏，可思而不必義也。（《通論》第 27 頁）

姚際恒採用歐陽修駁斥《詩序》的話語，認爲《詩序》不通。然後將《漢廣》界定爲是詩人發情止性之作。

《詩經通論》完全贊同歐陽修對《詩序》批判的篇目還有《周南·麟之趾》〔註53〕、《召南·摽有梅》〔註54〕、《小雅·鼓鐘》〔註55〕。

2、不完全贊同之例

《詩經通論·召南·草蟲》：

歐陽氏以爲「召南之大夫出而行役，其妻所詠」，庶幾近之。餘

說仍附合《序》「以禮自防」意，俱非。（《通論》第 35 頁）

姚氏同意歐陽修以召南大夫之妻所詠解此詩，並摒棄了歐陽氏以《序》「以禮自防」的說法，做到了「辨別前說，以從其是而黜其非」（《通論·自序》第 9 頁）。

3、反對之例

《詩經通論·召南·野有死麕》云：

此篇若以爲刺淫之詩，歐陽氏說，則何爲男稱「吉士」，女稱

「如玉」？（《通論》第 44 頁）

〔註53〕《通論》第 30 頁曰：《小序》謂「《關雎》之應」，其義甚迂。……《大序》謂：「衰世之公子皆信厚如麟趾之時」。其云「麟趾之時」，歐陽修、蘇氏、程氏皆譏其不通矣。

〔註54〕《通論》第 42 頁曰：《小序》謂「男女及時」。……歐陽氏以爲「終篇無一人得及時者」是也。

〔註55〕《通論》第 228 頁曰：「《小序》謂『刺幽王』，甚混。幽王無至淮之事，固不待歐陽氏而後疑之矣」。

姚氏不滿歐陽氏以刺淫解此詩，他認爲詩中稱男子「吉士」，稱女子爲「如玉」，刺淫之詩不該有這樣的稱謂。而歐陽修《詩本義》卷二《野有死麕》篇云：

> 《序》則又云：「天下大亂，強暴相陵，遂成淫風。惟被文王之化者，猶能惡其無禮也。」其前後自相牴牾，無所適從。然而紂爲淫，亂天下成風，猶文王所治，不宜如此。於《野有死麕》之序僅可爲是，而毛、鄭皆失其義……《本義》曰：「紂時男女淫奔，以成風俗。惟周人被文王之化者能知廉恥，而惡其無禮。故見其男女之相誘而淫亂者惡之曰：『彼野有死麕之肉，汝尚可以食之，故愛惜而包以白茅之潔，不使爲物所污。奈何彼女懷春，吉士遂誘，而污以非禮？吉士猶然，強暴之男可知矣。』其次言樸樕之木猶可用以爲薪，死鹿猶束以白茅，而不污二物，微賤者猶然，況有女而如玉乎？豈不可惜？而以非禮污之，其卒章遂道其淫奔之狀，曰：『汝無疾走，無動我佩，無驚我狗吠』，彼奔未必能動我佩，蓋惡而遠卻之之辭。」〔註56〕

由此看來，歐陽修解此詩還是不能擺脫《詩序》的窠臼，是變化《詩序》而來。姚氏認爲此詩是「山野之民相與及時爲婚姻之詩」(《通論》第 45 頁)，姚氏的解釋比起歐陽修來，離詩本義更近了。

(二)對《詩本義》所釋詩篇字句的揚棄

《詩經通論》在訓釋《詩經》字句的時候，也常常品評《詩本義》解釋字句的得失，加以取捨。雖然姚際恒的解釋並不是完全正確，但是從中我們可以看到姚際恒在解《詩》上對歐陽修的批判和繼承，從而也可見姚際恒治《詩》的謹嚴態度。

1、贊同之例

(1)《召南‧騶虞》云：「於嗟騶虞」，《詩本義》解釋道：

> 《召南》風人美其國君有仁德，不多殺以傷生，能以時田獵，而虞官又能供職。故當彼葭草茁然而初生，國君順時畋於騶圍之中，搜索害田之獸，其騶圍之虞官乃翼驅五田豕，以待君之射。〔註57〕

〔註56〕（宋）歐陽修《詩本義》卷二，清刻通志堂經解本。
〔註57〕（宋）歐陽修《詩本義》卷二。

姚氏云：「歐陽氏以『騶』爲『騶囿』，『虞』爲『虞官』，其說至正」（《通論》第 46 頁）。

（2）《邶風·柏舟》第二章「我心匪鑒，不可以茹」二句，姚氏認爲「歐陽氏之解是」（《通論》第 49 頁）。《詩本義》云：

> 「我心匪鑒，不可以茹」，毛、鄭皆以「茹」爲「度」，謂「鑒之察形，不能度真偽。『我心匪鑒』故能度知善惡。」據下章云：「我心匪石，不可轉也。我心匪席，不可卷也。」毛、鄭解云，「石雖堅，尚可轉；席雖平，尚可卷」者，其意謂石、席可轉、卷，我心匪石、席，故不可轉、卷也。然則鑒可以茹，我心匪鑒，故不可茹，文理易明，而毛、鄭反其義，以爲「鑒不可茹而我心可茹」者，其失在於以「茹」爲「度」也。《詩》曰：「剛亦不吐，柔亦不茹」。茹，納也。……蓋鑒之於物，納景在內；凡物不擇妍媸，皆納其景。詩人謂衛之仁人其心匪鑒，不能善惡皆納，善者納之，惡者不納；以其不能兼容，是以見嫉於在側之群小而獨不遇也。〔註58〕

「我心匪鑒，不可以茹」，朱熹《詩集傳》曰：「言我心匪鑒而不能度物」〔註59〕，姚際恒指出《詩集傳》依據的是鄭玄的訓詁觀點，不符和《詩經》本旨，所以「錄歐陽之說，則其非自見」（《通論》第 49 頁），姚際恒採用歐陽修的解釋，而摒棄了鄭玄和朱熹的解釋。

（3）《王風·揚之水》之「彼其之子」，《詩經通論》云：

> 「彼其之子」，鄭氏謂「處鄉里者」，歐陽氏謂「國人怨諸侯不戍申」，皆可通。（《通論》第 95 頁）

姚氏同意鄭玄和歐陽修的觀點，顯示了姚氏比較融通的接受觀。

（4）《小雅·大東》第七章後四句，《通論》引歐陽修《詩本義》曰：

> 箕斗非徒不可用而已，箕張其舌，反若有所噬；斗西其柄，反若有所挹取於東頁。（《通論》第 224 頁）

姚氏認爲歐陽修的解釋是「其解自不可易」（《通論》第 224 頁）。

（5）《大雅·生民》篇中，鄭玄關於「姜嫄」的解釋多不合乎經，歐陽修在在《詩本義》中最先反對鄭玄的說法，姚際恒說：「自歐陽氏以來辨其不經者多矣」（《通論》第 280 頁）。可以看出姚際恒指出了歐陽修首先反對鄭玄

〔註58〕（宋）歐陽修《詩本義》卷二。
〔註59〕（宋）朱熹《詩集傳》，上海古籍出版社，1958 年版，第 15 頁。

說對後來解《詩》的開創意義。

（6）《周頌・維天之命》篇中「維天之命」之「天命」，姚氏云：

> 鄭氏依《中庸》解《詩》，然于「天命」命字難通，乃訓爲「道」。
> 嗟乎，《詩》之言「天命」者多矣，何以彼皆不訓「道」而此獨訓
> 「道」乎！（《通論》第 324 頁）

《詩本義》批評鄭氏的解釋道：

> 鄭以「命」爲「道」，謂：「天道動而不止，行而不已者。」以
> 《詩》下文考之，非詩人之本義也。〔註60〕

姚際恒讚揚歐陽修說：「歐、蘇爲前宋之儒，故尙能避鄭，不從其說，猶見《詩》之眞面目；後此之人，陷溺理障，即微鄭也如是釋矣，況又有鄭以先得我心，於是毅然直解，更不復疑（《通論》第 324 頁）。」

2、反對之例

（1）《周南・關雎》中「關關雎鳩」之「關關」，歐陽氏云：

> 先儒辨雎鳩者甚眾，皆不離於水鳥。惟毛公得之曰：「鳥摯而有
> 別。」謂水上之鳥，捕魚而食。鳥之猛，摯者也。而鄭氏轉釋「摯」
> 爲「至」，謂：「雌雄情意至者」，非也。鳥獸雌雄皆有情意，孰知雎
> 鳩之情獨至也哉？或曰：「詩人本述后妃淑善之德，反以猛摯之物比
> 之，豈不戾哉？」對曰：「不取其摯，取其別也。」雎鳩之在河洲，
> 聽其聲則和，視其居則有別，此詩人之所取也。〔註61〕

姚氏評道：「《毛傳》云，『摯而有別』……歐陽永叔曰，『不取其摯，取其別』。大抵皆從《傳》之『摯而有別』而捨《經》之『關關』以爲說也」（《通論》第 15 頁）。姚氏指出歐陽氏釋「關關」仍不脫《毛傳》的窠臼。但姚際恒也肯定了歐陽修辯駁鄭玄以「摯」作「至」之不妥。

（2）《周南・漢廣》第二章、第三章的上面四句，「翹翹錯薪，言刈其楚」，「翹翹錯薪，言刈其蔞」，《詩經通論》云：

> 言其女子有夫，彼將刈楚刈蔞以秣馬，待其歸而親迎矣，不可
> 得矣，猶《樂府》所謂「羅敷自有夫」也。歐陽謂「雖爲執鞭，所
> 忻慕」之意。（《通論》第 28 頁）

姚氏不贊成歐陽氏的觀點，認爲是「仍近於調之矣」（《通論》，第 28 頁）。

〔註60〕　（宋）歐陽修《詩本義》卷十二。
〔註61〕　（宋）歐陽修《詩本義》卷一。

（3）《召南・雀巢》中「鳩」，《詩本義》解釋云：

> 今人直謂之鳩者，拙鳥也，不能作巢，多在屋瓦間或於樹上
> 架構樹枝，初不成窠巢，便以生子，往往墜、殞雛而死。蓋詩人
> 取此拙鳥不能自營巢，而有居鵲之成巢者以爲興。爾今，鵲作巢
> 甚堅，既生雛散飛，則棄而去。在於物理，容有鳩來處彼空巢。
> 〔註 62〕

姚氏駁之云：「按其鳩性拙既無據，且謂鳩性拙不能作巢者，取喻女子，然則可謂女性不能作家乎」（《通論》第 33 頁）？

（4）《召南・騶虞》中「於嗟騶虞」歐陽氏解釋爲，「下句直歎騶虞不食生物；若此，乃是刺文王曾在騶虞之不若也」〔註 63〕。姚際恒則「以爲不必推論及此，即以獸比君上，可乎」（《通論》第 46 頁）？

（5）《王風・兔爰》中「我生之初尚無爲，我生之後逢此百罹」二句，《詩本義》云：

> 「我生之初尚無爲」者，謂昔時周人尚幸世無事，而閒緩如兔
> 之爰爰也。「我生之後逢此百罹」者，謂今時周人不幸遭此亂世，如
> 雉陷於網羅，蓋傷己適丁其時也。〔註 64〕

姚際恒不贊同歐陽氏的解釋，以爲「以一人比兔，又比雉，似未安」（《通論》第 96 頁）。姚際恒限於以一人比二物之圍，我們可以看到他的局限性，歐陽修的解釋則較爲融通合理，讓讀《詩》者開闊了視野。

（6）《周頌・烈文》一詩，歐陽修分之爲二章，姚際恒云：

> 歐陽氏分兩章：以「繼序其皇之」以上爲君赦其臣之辭；「無競
> 維人」以下爲臣戒其君之辭。然以一詩作兩人語，未免武斷。（《通
> 論》第 327 頁）

姚際恒認定一詩不可作二人語，他認爲此詩是「周公作，以爲獻助祭諸侯之樂歌，而因以勉王也」（《通論》第 327 頁）。可見姚際恒的解釋比歐陽修的說法要通達。

（7）姚際恒對歐陽修所釋詩篇字句的批判還有三條，這三條被朱熹《詩集傳》採納，以訛傳訛，影響較大，茲舉如下：

〔註 62〕 （宋）歐陽修《詩本義》卷二。
〔註 63〕 （宋）歐陽修《詩本義》卷二。
〔註 64〕 （宋）歐陽修：《詩本義》卷三。

①《衛風・考槃》中「弗告」一詞,《詩經通論》云:

> 「弗告」,尤不以姓名告人之意。《集傳》謂「必以此樂告人」,
> 皆非。《集傳》本於歐陽氏。(《通論》第 83 頁)

②《豳風・破斧》中「斧」、「斨」二字,姚際恒認爲是用了比喻義,以「斧」來比周公,以「斨」來比成王。而「自歐陽氏誤以斧、斨爲殺伐之用;《集傳》從之」(《通論》第 169 頁),姚際恒反對歐陽修以殺伐的工具來解釋「斧」、「斨」,並反對朱熹襲用這一謬誤。

③《大雅・瞻卬》篇,朱熹《詩集傳》於第三章下引用歐陽修的解釋,《詩經通論》云:

> 《集傳》又于三章下引「歐陽公嘗言宦者之禍甚于女寵,其言
> 尤深切,有國家者可不戒哉!」(《通論》第 320 頁)

姚氏不同意歐陽修及朱熹的解釋,他認爲他們的解釋是「按此自論後世事,與《詩》旨無涉,皆題外閒文,以客爲主,尤無謂」(《通論》第 320 頁)。

3、誤解之例

《邶風・新臺》「新臺」二字,姚際恒云:「歐陽氏謂『國人不能俯、仰新臺』,尤鑿」。按歐陽修《詩本義》本無此語,且歐陽氏對「新臺」的解釋是:

> 《本義》曰:衛人惡宣公淫其子婦,乃臨河上築高臺,而遂之
> 以求燕婉之樂,國人過其下者多仰面視之,不少、不絕,言國人仰
> 視者多也,此惡宣公淫不避人如鳥獸爾。卒章言齊姜本嫁其子,反
> 與其父於此臺上共求燕婉之樂,使國人見此又或俯面而不欲視之。
> 得此,猶遇此也,言遇此人而俯面不欲視。據《詩》:公在臺上,其
> 下之人甚眾,有仰而視者,有俯而不欲視者,然則不欲視者惡之尤
> 深。〔註65〕

可見歐陽修對「新臺」的解釋絕非姚際恒所說的,是「國人不能俯、仰新臺」,姚際恒偏離了歐陽修的話語環境,「有仰而視者,有俯而不欲視者,然則不欲視者惡之尤深」,而批評歐陽修用「尤鑿」的斷語似乎不妥。

(三)小結

以上主要從《詩經通論》對《詩本義》之《詩序》觀和詩篇字句解釋的

〔註65〕 (宋)歐陽修《詩本義》卷三。

取捨批評來看《詩經通論》對《詩本義》的揚棄。可以看出，姚氏從詩篇本身探求詩旨的態度和方法與歐陽修「據文求義」〔註66〕的解《詩》方法具有相通之處，在詩篇旨意和字句解釋上，他們都立足於《詩經》文本，力求得出最佳的解釋。姚際恒努力做到「從其是而黜其非」（《通論》第9頁），在很大程度上對《詩本義》作了補充和發展，儘管姚際恒在一些解釋上也有不及甚至誤解《詩本義》的地方，但總體說來，姚際恒對《詩本義》的批評做到了優劣兼顧，既指出其不當的解說，亦接受其合理的觀點，顯示了姚際恒寬容而謹嚴的治經態度。

二、《詩經通論》對蘇轍《詩集傳》之揚棄

蘇轍（1039～1112），字子由，眉州眉山人。蘇轍的《詩經》學思想主要體現在《詩集傳》一書中，《四庫全書總目》卷十五《詩集傳》提要云：

> 其說以詩之《小序》反覆繁重，類非一人之詞，疑爲毛公之學，衛宏之所集錄。因惟存共發端一言，而以下餘文悉從刪汰。轍取《小序》首句爲毛公之學，不爲無見。史傳言《詩序》者，以《後漢書》爲近古，而《儒林傳》稱：「謝曼卿善《毛詩》，乃爲其訓。衛宏從曼卿受學，因作《毛詩序》」。轍以爲衛宏所集錄亦不爲無徵。唐成伯瑜作《毛詩指說》雖亦以《小序》爲出子夏，然其言曰，「眾篇之《小序》，子夏惟裁初句耳。《菎罿》，后妃之本也；《鴻雁》，美宣王也。如此之類是也，其下皆大毛公自以詩中之意而繫其詞」云云。然則惟取《序》首，伯瑜已先言之，不自轍創矣。厥後王得臣、程大昌、李樗皆以轍說爲祖，良有由也。轍《自序》又曰：「獨采其可者見於今傳，其尤不可者皆明著其失」。則轍於毛氏之學亦不激不隨，務持其平者。〔註67〕

可以看到蘇轍《詩集傳》認爲《小序》之文反覆繁重，非一人之詞，爲衛宏所集錄。於是《詩集傳》只采《序》發端一言，以下俱刪除不論。對於《詩序》又「獨采其可者見於今傳，其尤不可者皆明著其失」，從《詩序》之是而

〔註66〕（宋）歐陽修「據文求義」的解《詩》方法強調的是立足詩篇的文辭，直接從《詩》文來探求詩人作詩的本義。參閱譚德興《宋代詩經學研究・歐陽修的〈詩〉學思想》，貴州人民出版社，2005年版，第131頁。

〔註67〕（清）永瑢等《四庫全書總目》卷十五《詩集傳》提要，第121頁。

辨《序》之非，四庫館臣讚歎「轍於毛氏之學亦不激不隨，務持其平者」，顯示了蘇轍公允的說《詩》心態。

蘇轍《詩》學方法是對歐陽修《詩本義》的繼承而來的，懷疑舊說，立足《詩經》文本來探求詩旨，對《詩經》研究有積極的作用，正如《四庫全書總目》所說：「自北宋以前說詩者無異學，歐陽修、蘇轍以後別解漸生」〔註68〕。兩人對《詩序》的批判，也顯示了懷疑《詩序》成為宋代《詩》學的論爭焦點之一。

姚際恒在《詩經論旨》中對蘇轍《詩集傳》評價道：「蘇子由《詩傳》大概一本於《序》、《傳》、《箋》，其闡發甚少；與子瞻《易》、《書》二傳亦相似。才人解經，固非其所長也」（《通論》卷前《詩經論旨》第5頁）。姚際恒對蘇轍的評價未免苛刻，然而據統計，姚際恒在《詩經通論》中，也常引蘇轍《詩集傳》的說法，尊崇「崇其是而黜其非」（《通論》第 9 頁）的原則，加以品評取捨。

本文試對《詩經通論》所引用蘇轍《詩集傳》的三十一條，進行歸類分析，或許可獲見微知著的效果。

（一）對蘇轍《詩序》觀的揚棄

《詩序》的作者及大、小《序》的劃分，歷來是眾說紛紜的問題。在《詩序》問題上，姚際恒有些觀點同蘇轍具有相似性，本部分先從《詩序》的作者和劃分上，找出姚際恒和蘇轍的異同，從中看出姚際恒對蘇轍的繼承和發展。

在《詩序》的作者問題上，姚際恒和蘇轍都認為《詩序》非一人之所作，蘇轍認為《詩序》為毛公之學，衛宏集錄。姚際恒則把《詩序》的首句定為《小序》，餘下的定為《大序》，姚際恒認為《大序》是衛宏受學謝曼卿所作。姚際恒的觀點雖然與蘇轍不完全相同，但也有幾分暗合。

蘇轍《詩集傳》取《詩序》首句，也就是《詩經通論》所定的《小序》部分，其餘部分全部則刪汰，蘇轍這種把首句單列出來，並重視首句的做法，對後世有一定的影響，如明朱謀㙔《詩故》、明張次仲《待軒詩記》、明賀貽孫的《詩觸》、清姜炳璋《詩序補義》、清顧昺的《詩經序傳合參》、清諸錦撰的《毛詩說》、清許伯政的《詩深》都沿襲蘇轍的做法，以《詩序》首句為重

〔註68〕　（清）永瑢等《四庫全書總目》卷十五《詩集傳》提要，第121頁。

〔註69〕，蘇轍這種重視首句的做法在一定程度上也影響了姚際恒，姚際恒把首句單獨列出來，並且極度推尊《小序》，認爲《大序》是引申、附會《小序》，這同蘇轍的做法有相同之處。

1、贊同蘇轍對《詩序》的批判之例

（1）《周南·麟之趾》，蘇轍批判《大序》云：

> 《毛詩》之《序》曰：「《關雎》之化，行則天下無犯非禮，雖衰世之公子，皆信厚如麟趾之時。」夫關雎之化，行則公子信厚。公子之信厚，如麟之仁，此所謂應矣，未嘗言其時也，捨麟之德而言其時，過矣！〔註70〕

姚際恒也贊成蘇轍對《序》的批判，他在《詩經通論》中說道：「《大序》謂：『衰世之公子皆信厚如麟趾之時』。其云『麟趾之時』，歐陽修、蘇氏、程氏皆譏其不通矣」（《通論》第30頁）。

（2）《大雅·蕩》篇，蘇轍批判《詩序》云：

> 《蕩》之所以爲《蕩》，由《詩》有「蕩蕩上帝」也。《毛詩》之《序》以爲「天下蕩蕩無綱紀文章」，則其所以名篇，非其詩之意矣。〔註71〕

對此姚際恒也無異詞。

2、反對蘇轍《詩序》觀之例

《召南·羔羊》篇，《詩序》說：「《羔羊》，《鵲巢》之功致也。召南之國，化文王之政，在位皆節儉、正直，德如羔羊也。」蘇轍《詩集傳》反對《詩序》道：「夫君子之愛其人，則樂道其車服。是以《詩》言羔羊之皮而已，非

〔註69〕（清）永瑢等《四庫全書總目》卷十六《詩故》提要云：「是書以《小序》首句爲主，略同蘇轍《詩傳》之例。」第129頁。《待軒詩記》提要云：「用蘇轍之例，以《小序》首句爲據。」《詩序補義》提要云：「以《詩序》首句，爲國史所傳。如蘇轍之例。」第130頁。卷十七《詩觸》提要云：「是書以小序首句爲主而刪其以下之文以爲毛萇衛宏之附益蓋宗蘇轍之例。」第143頁。卷十八《詩經序傳合參》提要云：「大旨從蘇轍之說，以《小序》第一句爲國史之舊文，次句以下爲後儒之附益。」第146頁。《毛詩說》提要云：「是篇以《小序》爲主，故題曰《毛詩序文》，惟存首句，用蘇轍之例。」第146頁。《詩深》提要云：「是書用蘇轍之說，以《小序》首句爲古序，而以其餘爲續序」。第148頁。

〔註70〕（宋）蘇轍《詩集傳》卷一，文淵閣《四庫全書》本。

〔註71〕（宋）蘇轍《詩集傳》卷十七。

言其德也。言其德則過矣」〔註72〕。《通論》肯定蘇轍對《詩序》的反對之詞，但同時也指出蘇轍「以爲羔裘婦人所爲實功，仍附合『《雀巢》之功致』」（《通論》第40頁），對於蘇轍沿襲《詩序》的做法，姚際恒是反對的。

此外，《詩序》在有些篇章的解釋上，語詞不是很清楚，如《周頌·豐年》，《詩序》言：「秋、多報」。姚氏認爲「不言其所祭，亦是闕疑之意」（《通論》第339頁）。而蘇轍以爲「報，謂秋祭四方，多祭八蠟」〔註73〕，姚際恒不贊成蘇轍的解釋，批評蘇轍的解釋是，「亦揣摩之說，亦犯一詩兩用之弊」（《通論》第339頁）。

（二）對蘇轍所定詩旨的批評

1、贊同之例

（1）《鄭風·蘀兮》，蘇轍云：

> 蘀，落也。木槁則其蘀懼風，風至而隕矣。譬如人君不能自立於國，其附之者亦不可以久也。故懼而相告曰：「叔兮伯兮，子苟倡也，予將和女」，蓋有異志矣。〔註74〕

姚氏認爲「此說可存」（《通論》第107頁）。

（2）《陳風·墓門》，姚際恒讚揚蘇轍於此詩的解釋是「可謂善說此詩矣」（《通論》第147頁）。並引蘇轍《詩集傳》道：

> 陳佗，陳文公之子而桓公之弟也。桓公疾病，佗殺其太子免而代之。桓公之世，陳人知佗之不臣矣；而桓公不去，以及於亂。是以國人追咎桓公，以爲智不及其後，故以《墓門》刺焉。「夫」指陳佗也。佗之不良，國人莫不知之；知之而不去，昔者誰爲此乎？（《通論》第147頁）

2、反對之例

（1）《周南·汝墳》篇，《通論》云，「蘇氏謂婦人作而『父母』則指文王，而（朱熹）《集傳》本之」（《通論》第29頁），姚氏駁之道：「按婦人知有家事而已，國事未必與聞」（《通論》第29頁）。

（2）《唐風·蟋蟀》篇，姚氏反對蘇轍的說法，蘇轍以此篇「前後不類，

〔註72〕（宋）蘇轍《詩集傳》卷一。

〔註73〕（宋）蘇轍：《詩集傳》卷十八。

〔註74〕（宋）蘇轍：《詩集傳》卷四。

作君、臣告語之辭」（《通論》第 130 頁），姚際恒批評蘇轍穿鑿附會，因爲此詩詩旨應是「既非君上，亦不必盡是細民，乃是士大夫之詩也」（《通論》第130 頁）。細觀詩句，覺得姚氏之解優於蘇氏之解。

（3）《秦風・黃鳥》篇，蘇轍解釋道：「三良之死，穆公之命也。康公從其言而不改，其亦異於魏顆矣」〔註75〕。姚際恒認爲，「子由又本之子瞻，其《過秦穆公墓》曰，『穆公生不誅孟明，豈有死之日而忍用良！』」（《通論》第 142 頁）！「知此偏是宋人有此深文，何也？其意以穆公尙爲賢主，康公庸鄙，故舉而歸其罪。不知從死乃秦戎狄之俗，非關君之賢否也；何必爲穆公回護而歸罪康公哉！」（《通論》第 142 頁）姚際恒認爲蘇軾、蘇轍兄弟由此解《詩》是爲賢者諱，而責怪於庸鄙的康公。姚際恒認爲以三良從死，乃是秦國受戎狄風俗之影響，不關乎君主賢能與否。姚際恒從民俗文化角度來闡釋詩旨，比蘇轍更爲合理。

（4）《小雅・我行其野》篇，姚際恒說：「蘇氏因謂『甥、舅之諸侯，求入爲王卿而不獲者所作』，」這是屬於「臆測」，並且認爲「呼王爲『爾』，亦不似」（《通論》第 198 頁）。於此詩本旨，姚氏不滿蘇轍、朱熹的解釋之辭，以未詳詩旨爲結，態度公正，不強爲曲解。

（三）對蘇轍《詩集傳》所釋詩篇字句的揚棄

1、贊成之例

（1）《鄘風・載馳》篇「大夫跋涉」，《通論》云：「蘇氏謂許大夫之弔衛者，夫人將歸親唁其兄，雖大夫之往而不足以解憂也。」（《通論》第 79 頁）姚氏同意蘇轍的解釋。

（2）《小雅・白駒》篇之「爾公爾侯，逸豫無期」二句，「蘇氏曰，『子苟來，將待爾以公、侯，其爲樂顧豈少哉』」（《通論》第 196 頁）！姚際恒認爲以「賁然來思」句來看，蘇轍的解釋近是。但是同時姚氏也指出蘇氏的解釋「語太直率，少含蓄」。（《通論》第 196 頁）

（3）《大雅・抑》篇第十章「民之靡盈，誰夙知而莫成？」姚氏引用蘇轍的解釋道：「蘇氏曰，『靡盈，不足也。人之才性有所不足，獨患不知。苟其夙知，則夙成；豈有夙知而晚成之乎！言王之不能有成，由不知也』」（《通論》第 304 頁）。姚氏認爲「此解爲順」（《通論》第 304 頁）。

〔註75〕 （宋）蘇轍：《詩集傳》卷六。

（4）《周頌・雝》篇第三章，姚氏《通論》錄用蘇轍的解釋道：

　　蘇氏曰：「周人以諱事神，文王名昌，而此詩曰『克昌厥後』，何也？曰，周之所謂諱，不以其名號之耳，不遂廢其文也。」（《通論》第 341 頁）

姚氏補充道：「愚按，或謂周公始定諱，武王時尚未有此，亦一說」（《通論》第 341 頁）。

2、否定之例

（1）《周南・關雎》篇「關雎」，蘇轍解釋道：「雎鳩，王雎鳥之摯者也。物之摯者不淫」〔註76〕。姚氏評價道：「若然，又不取其別，取其摯也。其無定論如此。大抵皆從《傳》之『摯而有別』而舍《經》之『關關』以爲說也。」（《通論》第 15 頁）姚氏認爲蘇轍對關雎的解釋是從《毛傳》而來，不合詩意。

（2）《周南・卷耳》篇「周行」，蘇轍解釋云：

　　采采，不已之辭也。卷耳，苓耳也。頃筐，畚屬也。卷耳，易得之物。頃筐，易盈之器，而不盈焉，則志不在卷耳也。今將求賢寘之列位，而志不在，亦不可得也？〔註77〕

姚氏《通論》錄《荀子》的解釋說，「《荀子・解蔽》篇曰，『頃筐，易盈也。卷耳，易得也。然而不可以貳周行』」（《通論》第 21 頁）。姚氏認爲「諸子引經，隨事取義，不可爲據」（《通論》第 21 頁）。

（3）《邶風・柏舟》中「如匪澣衣」，蘇轍解釋爲「憂不去於心，如衣垢之不澣不忘濯也」（《通論》第 50 頁）。姚氏認爲蘇氏的解釋迂腐，而採用嚴粲的解釋，道「嚴氏曰：「我心之憂，如不澣濯其衣，言處亂君之朝，與小人同列，其含垢忍辱如此」（《通論》第 50 頁），較之蘇氏的解釋，嚴粲的解釋更佳。

（4）《鄘風・定之方中》篇中「終焉允臧」，姚氏認爲這並不是眞正的砍伐，他引用《孟子》「故國喬木」之說，認爲「喬木爲故國之征，豈有伐之者哉」（《通論》第 75 頁）！蘇轍的解釋是「種樹者求用於十年之後，其不求近功凡類此矣」（《通論》第 75 頁），並評價蘇氏的解釋道：「皆謂眞伐之，其固執而陋如此」（《通論》第 75 頁）。

〔註76〕（宋）蘇轍：《詩集傳》卷一。
〔註77〕（宋）蘇轍：《詩集傳》卷一。

（5）《豳風・七月》篇中「猗彼女桑」之「猗」，朱熹《詩集傳》的解釋本之於蘇轍，姚氏道：「《集傳》謂『取葉存條，曰猗』，本蘇氏，謬」（《通論》第 161 頁）。姚氏認同孔穎達疏解釋，即：「孔氏曰，『猗也；低小之桑不斬其條，但就樹以採其葉」（《通論》第 161 頁）。

（6）《小雅・小弁》篇中「我辰安在」之「辰」，蘇氏謂「日月所會」（《通論》第 216 頁），姚氏認為「皆影響之說」。姚氏解釋「辰」為日辰之意。

（7）《大雅・泂酌》篇中「泂酌彼行潦」之「潦」，蘇氏之說曰：「流潦，水之薄也，然苟挹而注之，則可以饎饙；言物無不可用者。是以君子之於人未嘗有所棄，猶父母之無棄子也。或又曰，雖行潦污賤之水，苟挹之於彼而注之於此，則遂可以饎饙」。姚氏評價道：「曲合興義，未免迂滯」（《通論》第 291 頁）。

（8）《商頌・長發》第三章「至於湯齊」，蘇氏曰：「至湯而王業興，與天命會也」，姚氏認為「非也」（《通論》第 365 頁）。

（四）小結

此外，《通論》在《鄘風・十月之交》章節的劃分上，引用道蘇轍的說法。在《周頌》前談到周、魯商頌之異，提及到蘇轍的觀點，「蘇氏曰，『商、周二頌皆用以告神明，而《魯頌》乃用以為善禱。後世文人獻頌，特效魯耳，非商、周之久也」（《通論》第 322 頁）。

從以上的分析，可以看出姚氏對蘇轍《詩集傳》在《詩序》觀，詩旨及其詩篇字句的解釋上均有所取捨，姚氏《詩經通論》對蘇轍的《詩集傳》是有所繼承與發展的。

三、《詩經通論》對朱熹《詩集傳》之揚棄

（一）《詩經通論》對《詩集傳》的批判

姚際恒在《詩經通論・詩經論旨》中批判朱熹《詩集傳》道：「《集傳》使世人群加指謫者，自無過淫詩一節。……況其從《序》者十之五，又有外示不從而陰合之者，又有意實不然之而終不能出其範圍者十之二三。故愚謂遵《序》者莫若《集傳》。……《集傳》主淫詩之外，其謬戾處更自不少。愚於其所關義理之大者，必加指出」（《通論》卷前《詩經論旨》第 4 頁）。我們可以看出《詩經通論》對《詩集傳》的批判主要表現在三個方面：第一，《詩經通論》反對《詩集傳》「淫詩」說。第二，《詩經通論》反對《詩集傳》陽

違而實則陰從《序》。第三，《詩經通論》指出《詩集傳》在有些詩篇的解釋
上的謬誤。

1、《詩經通論》反對《詩集傳》以「淫詩」解詩

姚際恒認爲《詩集傳》最大的錯誤莫不在於「淫詩說」。姚氏反對以「淫
詩」來論《詩》的理由主要是：

> 季札觀樂，于鄭、衛皆曰「美哉」，無一淫字。此皆足證人亦盡
> 知。然予謂第莫若證以夫子之言曰，「《詩》三百，一言以蔽之，曰
> 『思無邪』」。如謂淫詩，則思之邪甚矣，曷爲以此一言蔽之耶？（《通
> 論》卷前《詩經論旨》第 4 頁）

姚際恒認爲可用季札觀樂時對鄭、衛之詩的評價和孔子的「思無邪」來證明
《詩》是沒有淫詩的。即便《詩》中出現了類似「淫詩」的詩篇，在姚際恒
看來也是「刺淫之詩」，他說：「蓋其時間有淫風，詩人舉其事與其言以爲刺，
此正『思無邪』之確證。何也？淫者，邪也；惡而刺之，思無邪矣。今尚以
爲淫詩，得無大背聖人之訓乎」（《通論》卷前《詩經論旨》第 4 頁）？正是
孔子「思無邪」一語梗在姚際恒的心中，使得他極力排斥《詩集傳》的「淫
詩」說，從而使得他在解《詩》上有歪曲不盡情理的地方，對「淫詩」的反
對，可以說是姚際恒作爲傳統文人解《詩》的一個局限性，也是《詩經通論》
一書的不足之處。

《詩經通論》指出《詩集傳》以「淫詩」解《詩》的篇目有：《鄘風·桑
中》、《衛風·木瓜》、《王風·采葛》、《王風·大車》、《王風·丘中有麻》、《鄭
風·遵大路》、《鄭風·有女同車》、《鄭風·山有扶蘇》、《鄭風·蘀兮》、《鄭
風·褰裳》、《鄭風·東門之墠》、《鄭風·出其東門》、《鄭風·溱洧》、《陳風·
東門之枌》、《陳風·東門之池》、《陳風·東門之楊》、《陳風·防有鵲巢》、《陳
風·月出》、《陳風·澤陂》〔註78〕。

對《詩經》中的那些描寫先民男女間情愛的詩，朱熹的《詩集傳》將它
們視爲「淫詩」，顯然帶上了理學家衛道的色彩，但是朱熹能坦白的承認《詩
經》中有先民情愛的詩，這無疑是朱熹解《詩》進步的一方面。而姚際恒卻
不能擺脫孔子「思無邪」一語對《詩經》的純潔性的認識，在他的心裏，《詩

〔註78〕姚際恒《詩經通論》第 150 頁中說：「陳詩十篇，《集傳》以爲淫詩者六。既
誤解『鄭聲淫』，豈陳聲亦淫耶？」可以看出姚際恒反對《詩集傳》把這六篇
詩視爲淫詩。

經》是不可能存在男女情愛的「淫詩」的，日本學者村山吉廣說：「確實地，這種真摯的聖經觀，可以說是在《詩經通論》中決定他的立場的最根本的要素。……同時，他不允許《詩經》中一切淫詩的存在的心情也根源於此」〔註79〕。因此在面對《詩經》中的這些直言男女感情的詩，他不能還《詩經》中男女情愛之詩以本來的面目，他也不得不帶上政教的特徵來分析詩篇，從而在部分詩篇上又加上了新的附會。姚際恒的心裏是不承認《詩經》中有「淫詩」的，但是面對那些直接描寫情愛的文字，他試圖從創作視角這一角度來說明問題，是詩人作詩，詩人是作詩之人，而非詩中之人。因此從這一角度，他把詩人從詩篇中拉了出來，讓詩人帶上創作者的特徵，於是，姚氏就可以把一些不好理解的直抒男女情愛的詩理解爲「刺淫」的詩。姚氏反對「淫詩」，還把一些被朱子目爲「淫詩」的部分詩篇，變換主題，視爲朋友間或者是各地風俗的詩。

姚際恒反對朱熹的「淫詩」說，他對朱熹《詩集傳》中目爲「淫詩」的處理有如下情況：

（1）認爲是朋友間的詩，如：

《衛風・木瓜》，《詩集傳》謂：「男女相贈答之詞，如《靜女》之類」〔註80〕。《通論》謂：「朋友相贈答」（《通論》第91頁）。

《王風・采葛》，朱熹認爲是「淫奔」之詩（《詩集傳》第46頁），姚際恒認爲是「懷朋友之詩」（《通論》第98頁）。

《鄭風・遵大路》，朱熹認爲是「淫婦爲人所棄」（《詩集傳》第51頁），姚際恒認爲是「故舊於道左言情，相和好之辭，今不可考」（《通論》第104頁）。

《鄭風・子衿》，朱熹認爲是「淫奔之詩」（《詩集傳》第54頁），姚際恒認爲是「思友之詩」（《通論》第111頁）。

（2）變化主題或者是直接否定

①以國事來代替淫詩的主題

如《王風・大車》，朱熹認爲是「淫奔者相命之辭」（《詩集傳》第46頁），姚氏認爲「從《僞傳》、《僞說》『皆以周人從軍，訊其室家之詩』」（《通論》

〔註79〕村山吉廣《姚際恒的學問（下）——關於〈詩經通論〉》，見林慶彰、蔣秋華編《姚際恒研究論集》，臺灣中研院文哲所，1996年版，第412頁。

〔註80〕（宋）朱熹《詩集傳》，上海古籍出版社，1958年版，第41頁。

第 98 頁）。再如《鄭風‧蘀兮》，朱熹認為是「淫女之詞」（朱熹《詩集傳》
第 52 頁），姚氏認為是「賢者憂國亂被伐而望救於他國」（《通論》第 107
頁）。

②以風俗來代替淫詩的主題

《陳風‧東門之枌》，朱熹道「男女相與道其慕悅之詞」（《詩集傳》第 82
頁），姚氏從何玄子以「陳風巫覡盛行」（《通論》第 145 頁），來解此詩。《鄭
風‧出其東門》，朱熹認為是「人見淫奔之女而作此詩」（《詩集傳》第 55 頁），
姚氏認為是：「按鄭國春月，士女出遊，士人見之，自言無所繫思，而室家聊
足與娛樂也。男固貞矣，女不必淫」（《通論》第 112 頁）。

③以「刺淫」來代替「淫詩」

《鄭風‧溱洧》，朱熹認為是：「淫奔者自敘之詞」（《詩集傳》第 56 頁），
姚際恒認為是：「刺淫詩」（《通論》第 113 頁）。

④以貞詩來代替淫詩

《鄭風‧東門之墠》，朱熹認為是「淫詩」（《詩集傳》第 54 頁），姚際恒
卻認為是「貞詩」（《通論》第 110 頁）。如《鄭風‧將仲子》，朱熹認為是「此
淫奔者之辭」（《詩集傳》第 48 頁），姚氏則認為是「貞詩」（《通論》第 101
頁）。再如上面所舉的《鄭風‧出其東門》，姚氏也認為是貞詩。

此外還有一些詩姚際恒直接否定是「淫詩」，如《鄭風‧有女同車》、《鄭
風‧山有扶蘇》、《鄭風‧褰裳》。還有一些被朱子目為「淫詩」，姚際恒則用
「此詩未詳」來塞責，如《陳風‧東門之楊》、《陳風‧防有鵲巢》、《陳風‧
月出》、《陳風‧澤陂》。

在一些被朱熹視為「淫詩」的詩旨上，姚際恒寧可從《序》也不同意朱
熹的說法，如《鄘風‧桑中》，朱熹道：「衛俗淫亂，世族在位，相竊妻妾。
故此人自言將採唐於沬，而與其所思之人相期會迎送如此也」（《詩集傳》第
30 頁）。姚氏於此篇遵從《詩序》之「刺奔」（《通論》第 73 頁）。再如《王風‧
丘中有麻》，朱熹道：「婦人望其所與私者而不來，故疑丘中有麻處，復有與
之私而留者，今安得其施施然而來乎」（《詩集傳》第 47 頁）。姚氏從《小
序》之「思賢」（《通論》第 99 頁）。再如《鄭風‧風雨》，朱熹道：「淫奔之
女言當此之詩見其所期之人而心悅也」（《詩集傳》第 54 頁）。姚際恒於此詩
從《序》之「思君子」（《通論》第 110 頁）。

但是值得注意的是，姚際恒在反對朱熹「淫詩」說的同時，也有一些比

朱熹通達的見解，如《召南・野有死麕》，朱熹以爲是「女子有貞潔自守，不爲強暴所污者」（《詩集傳》第 13 頁）。姚際恒以爲不合符詩中「女稱『懷春』，男稱『吉士』」（《通論》第 44 頁），而將此詩定位是「山野之民相與及時爲婚姻之詩」（《通論》第 44 頁）。以及時爲婚姻之詩，比朱熹「淫詩」說要合理和通達的多，摒棄了朱熹理學家的束縛。

2、《詩經通論》反對《詩集傳》「暗從《序》」

姚際恒在《詩經論旨》中評價《詩集傳》道：「（朱熹）況其從《序》者十之五，又有外示不從而陰合之者，又有意實不然之而終不能出其範圍者，十之二三。故愚謂遵《序》者莫若《集傳》」（《通論》卷前《詩經論旨》第 4 頁）。這種陽奉陰違的說《詩》態度是姚際恒十分厭惡的，如《周南・麟之趾》，《詩集傳》云：「麟性仁厚，故其趾亦仁厚。文王、后妃仁厚，故其子亦仁厚」（《詩集傳》第 7 頁）。姚際恒指出朱熹的這種是「循《序》之過，故迷亂至此。予謂遵《序》莫若《集傳》，洵不誣也」（《通論》第 31 頁）。《詩集傳》關於《周南・麟之趾》篇的解釋不脫《詩序》的藩籬，深受《詩序》的影響，作出了不合《詩》本義的解釋。

再如《召南・鵲巢》篇姚氏指出：「《集傳》于《召南》諸篇，皆謂『南國諸侯被文王之化』，凜遵《序》說，寸尺不移；其何能闢《序》，而尙欲去之哉！」（《通論》第 32 頁）姚氏解此篇爲「大抵爲文王公族之女，往嫁于諸侯大夫之家，詩人見而美之，與《桃夭》篇略同」（《通論》第 33 頁）。姚際恒指出《詩集傳》凜遵《序》之說不合詩篇本意，姚氏對此詩的理解要比《詩序》和《詩集傳》通達的多。

姚際恒指出《詩集傳》不脫《詩序》藩籬，在《詩序》的陰影下解《詩》的篇目有：《周南・樛木》、《周南・汝墳》、《召南・采蘋》、《召南・甘棠》、《鄭風・緇衣》、《鄭風・叔於田》、《齊風・猗嗟》、《魏風・葛屨》、《魏風・汾沮洳》、《唐風・揚之水》、《唐風・杕杜》、《豳風・七月》、《小雅・棠棣》、《小雅・蓼莪》、《小雅・菀柳》、《大雅・常武》、《周頌・潛》。

3、姚際恒《詩經通論》指出《詩集傳》對很多詩篇的解釋不合詩義

《召南・江有汜》，姚際恒認爲朱熹的解釋是「迂曲難通」（《通論》第 44 頁）。《王風・揚之水》，姚際恒認爲朱熹的解釋「與詩旨絕無涉」（《通論》第 95 頁）。《王風・兔爰》，姚際恒批評朱熹的解詩是「可笑」（《通論》第 96 頁）。《王風・君子陽陽》，姚氏批評朱熹的解詩是「鄙而稚」（《通論》第 94 頁）。

《齊風・南山》，姚際恒批評朱熹的解詩是「未免割裂，辭意不貫」（《通論》第 119 頁）。《齊風・甫田》，姚氏評朱熹的解詩是「大抵皆影響之論」（《通論》第 120 頁）。

此外姚際恒指出《詩集傳》與詩篇不合的篇目有：《周南・芣苢》、《鄘風・蝃蝀》、《召南・騶虞》、《邶風・日月》、《鄘風・干旄》、《鄘風・載馳》、《豳風・破斧》、《豳風・伐柯》、《小雅・魚麗》、《小雅・伐木》、《小雅・南山有臺》、《小雅・菁菁者莪》、《小雅・鴻雁》、《小雅・瓠葉》、《小雅・隰桑》。

（二）《詩經通論》對《詩集傳》的繼承

1、《詩經通論》在部分篇章的解釋上對朱熹《詩集傳》的觀點的繼承

《詩經通論》在部分篇章的解釋上也採用了朱熹《詩集傳》的觀點。如：

《周南・桃夭》、《王風・葛藟》、《豳風・九罭》、《小雅・沔水》。在一些篇章中，姚氏對朱熹的詩說，既有批判同時也有肯定。如《召南・采蘩》、《邶風・雄雉》、《衛風・考槃》。可見姚氏在批判《集傳》的同時也採用《集傳》的一些說法。

2、在詩學方法和態度上對《詩集傳》的繼承

朱熹是宋代《詩》學集大成者，他的解《詩》立足在對《詩經》文本的反覆研讀基礎上，這種注重《詩經》文本的研究方法與姚際恒在《詩經通論》中倡導的立足文本反覆涵詠詩篇的解《詩》方法是一脈相承的。對於一些沒有把握的詩篇，二人都採用了「存疑」的實事求是的詩學態度。同時，在一定程度上，姚際恒對前代《詩》學的大膽懷疑是對宋代疑經思潮的異代呼應。

四、《詩經通論》對嚴粲《詩緝》之揚棄

嚴粲，字坦叔，一字明卿，學者稱華谷先生。邵武人。嚴粲是南宋後期著名的詩人和學者，是南宋中、後期「江湖詩派」的重要詩人之一，有文集《華谷集》（殘），經學著作《詩緝》傳世。《四庫全書總目》卷十五《詩緝》提要云：

> 《詩緝》三十六卷，宋嚴粲撰。粲，字坦叔，邵武人。官清湘令。是書以呂祖謙《讀詩記》為主，而雜採諸說以發明之。舊說有未安者，則斷以己意。如論大小雅之別，特以其體不同，較《詩序》政有大小之說，於理為近。又如邶之《柏舟》，舊謂賢人自比，粲則

> 以《柏舟》為喻國，以「泛泛」為喻無維持之人。《干旄》之「良馬
> 四之，良馬五之」，舊以為良馬之數，粲則以為乘良馬者四五輩，見
> 好善者之多。《中谷有蓷》，舊以蓷之暵乾喻夫婦相棄，粲則以水旱
> 草枯，由此而致離散。凡若此類，皆深得詩人本意。至於音訓疑似，
> 名物異同，考證尤為精覈，宋代說詩之家，與呂祖謙書並稱善本，
> 其餘莫得而鼎立，良不誣矣。〔註81〕

嚴粲《詩緝》是「以呂祖謙《讀詩記》為主，而雜採諸說以發明之。舊說有
未安者，則斷以己意」，是「宋代說詩之家，與呂祖謙書並稱善本」。姚際恒
稱是書「自為宋人說《詩》第一」（《通論》卷前之《詩經論旨》第5頁），在
《詩經通論》中姚際恒提到嚴粲八十次，可見姚氏對此書的重視。姚際恒在
《詩經論旨》中總體評價是書道：

> 其才長於詩，故其運辭宛轉曲折，能肖詩人之意；亦能時出別
> 解。第總囿于《詩序》，間有齟齬而已。惜其識小而未及遠大；然自
> 為宋人說《詩》第一。（《通論》卷前之《詩經論旨》第5頁）

讚揚之外，姚氏也批判《詩緝》受《詩序》籠罩影響的弊端。本文試將姚氏
《通論》所引用《詩緝》的諸條，加以分類評析，希望從中看出《詩經通論》
對《詩緝》的繼承和批判。

（一）對嚴粲所定詩旨的揚棄

1、對《詩緝》襲用《詩序》的批判

（1）《召南‧殷其雷》，《詩序》云：「《殷其雷》，勸以義也。召南之大夫
遠行從政，不遑寧處；其室家能閔其勤勞，勸以義也」。《詩緝》則云：「冀其
蚤事來歸，而不敢為決辭，知其未可以歸也」〔註82〕。姚際恒認為嚴粲之說
是「循《序》之曲說」（《通論》第41頁）。姚氏不從《詩序》和嚴粲的解釋，
而寧闕疑此詩詩旨。

（2）《小雅‧鼓鐘》，《詩序》云：「此幽王」，嚴粲從《詩序》，解釋為：
「幽王為流連之樂，而不知禍至之無日也」〔註83〕，姚氏贊同歐陽修的觀點，
認為幽王無至淮之事，而嚴粲卻認為「古事亦有不見於史著者」〔註84〕。因

〔註81〕（清）永瑢等《四庫全書總目》卷十五，第125頁。
〔註82〕（宋）嚴粲《詩緝》卷二，明味經堂刻本。
〔註83〕（宋）嚴粲《詩緝》卷二十二。
〔註84〕（宋）嚴粲《詩緝》卷二十二。

此姚氏批評《詩緝》遵《序》太過（《通論》第 228 頁）。

此外在《周南‧麟之趾》、《鄭風‧緇衣》、《小雅‧庭燎》、《大雅‧抑》詩旨的解釋上，嚴粲皆尊崇《詩序》，姚氏都指出嚴粲採用《詩序》的說法是不符合詩旨的。

2、贊同之例

姚氏《詩經通論》在十二篇詩的詩旨上，贊同嚴粲的觀點。有：《鄘風‧相鼠》、《鄘風‧載馳》、《衛風‧河廣》、《齊風‧雞鳴》、《齊風‧南山》、《唐風‧揚之水》、《小雅‧小宛》、《小雅‧谷風》、《大雅‧旱麓》、《大雅‧蕩》、《周頌‧烈文》、《周頌‧良耜》，共計十二篇。茲錄四例如下。

（1）《鄘風‧載馳》：

姚氏下斷語道「嚴氏說此詩最善」（《通論》第 79 頁），嚴氏云：「味詩之意，夫人蓋欲赴愬於方伯，以圖救衛，而託歸唁為辭耳」〔註 85〕。而且，此詩的第二章、第三章、第四章、第五章的分析，姚氏都採用了嚴粲的說法。第二、三章，《通論》言：「嚴氏曰，『言爾未必是，我未必非，始微露己之意見與許人別，而猶未遽言之也』。」（《通論》第 79 頁）第四章，《通論》引《詩緝》曰：「蓋至是始慨然責之，而不得不言其情矣。下章發之。」（《通論》第 79 頁）第五章，《通論》採用《詩緝》的解釋，云：「嚴氏曰，『末章乃言其情，謂我之所思無他，思所以救衛耳。我將控告于大國而求其能救衛者。誰可因藉？誰肯來至？多方圖之，必有所濟。我所思蓋在此，非徒歸也。以許之小而責其救衛，則為不通曉于事。今欲求大國之援，其說非迂遠難行也，非閼塞不通也。其後齊桓卒救衛而存之，然後信夫人所思為有理，而許人真狂稚無謀矣』。」（《通論》第 79 頁）

《載馳》篇，《通論》大量的引用《詩緝》的說法，可見對《詩緝》解釋的高度認可。

（2）《齊風‧雞鳴》：

此詩詩旨，姚氏在《通論》中明言「此詩大指，予從嚴氏」（《通論》第 115 頁），《詩緝》對《雞鳴》的解釋是「思賢妃也。哀公荒淫怠慢，故陳賢妃貞女夙夜警戒，相成之道也」〔註 86〕。此詩詩旨，姚氏贊同嚴粲的說法，但姚氏也指出嚴粲理解此詩的部分錯誤，即「若嚴氏曰：『舊說以為古之賢妃警

〔註 85〕（宋）嚴粲《詩緝》卷五。
〔註 86〕（宋）嚴粲《詩緝》卷九。

其夫，欲令早起，誤以蠅聲爲雞聲。蠅以天將明乃飛而有聲，雞未明之前無蠅聲也。』此說誤矣。……自嚴氏爲此說，後人均疑蠅聲在雞鳴後，與下「月光」不一例，於是紛紛鑿解。「蠅以天將明乃飛而有聲」是誤以蚊聲爲蠅聲也」（《通論》第 115 頁）。

（3）《齊風・南山》：

姚氏認爲嚴粲的解釋是「辭旨歸一而意亦周匝」（《通論》第 119 頁）。「說者多以前二章刺齊襄，後二章刺魯桓。後二章皆言取妻，其爲刺魯桓明矣。但以前二章爲刺齊襄而後二章方刺魯桓，上下章辭意不貫。」〔註87〕嚴粲認爲此詩通篇刺魯桓，且齊人不當以「雄狐」目其君也。《詩緝》解釋道：

> 南山崔崔然高大，有雄狐綏綏然，遲疑而求其匹，喻魯桓公求昏於齊也。咎其後之不能制，而鄙之之辭猶《氓詩》怨其夫之見棄，則述其初來誘己，以「氓之嗤嗤」，言之也。爾魯桓既求匹於我，我齊國遂以文姜嫁之，適魯之道，蕩然平易。眾所觀瞻齊子文姜由此道，而嫁歸於魯也。既嫁歸於魯矣，何爲又思齊乎？是魯桓不能制之，而使至於此也。猶《敝笱》惡魯桓不能防閑之意。蓋齊人不欲斥言其君之惡，而歸咎於魯之辭也。辭雖歸咎於魯，所以刺襄公者深矣。

（4）《唐風・揚之水》之詩旨，《詩緝》卷九云：

> 將叛者潘父之徒而已，國人拳拳於昭公，無叛心也，彼《序》言過矣。異時潘父弒昭公，迎桓叔，晉人發兵攻桓叔，桓叔敗還，歸曲沃，皆可以見國人之心矣。

姚氏贊成嚴粲的解釋，說「嚴氏此說得詩之正意」（《通論》第 131 頁）。

3、反對之例

除了，《通論》指出的《詩緝》受《詩序》的影響，所定的六篇詩旨不符合《詩》義外，《通論》否定《詩緝》所定詩旨的篇章還有：《周南・卷耳》、《王風・葛藟》、《鄭風・將仲子》、《小雅・蓼蕭》、《小雅・鴻雁》、《小雅・黍苗》、《大雅・思齊》、《大雅・下武》、《大雅・卷阿》，共計九篇。茲錄三例如下：

（1）《鄭風・將仲子》，嚴粲以鄭國之事來附會詩旨，姚氏以爲嚴粲解此

〔註87〕　（宋）嚴粲：《詩緝》卷九。

詩「最爲委屈以求合」（《通論》第101頁），並引嚴粲之說云：

> 其（嚴粲）曰，「公非拒祭仲也，國人知公與祭仲有殺段之謀，
> 乃反其意，設爲公拒祭仲之辭以諷之」。又曰，「公未嘗有是言也，
> 而詩人代公言之，若謂『公縱不愛段，獨不畏父母乎！』」蓋譎諫也。
> （《通論》第101頁）

《通論》評價《詩緝》的解釋是：「如此爲辭，可謂迂折之甚矣」（《通論》第101頁）。姚氏於此詩的解釋，似比嚴粲要合乎詩義。《通論》云：

> 予謂就詩論詩，以意逆志，無論其爲鄭事也，淫詩也，其合者
> 吾從之而已。今按以此詩言鄭事多不合，以爲淫詩則合，吾安能不
> 從之，而故爲強解以不合此詩之旨耶！（《通論》第101頁）

姚氏解《詩》，心中長存「思無邪」的理念，因此，他竭力反對朱熹《詩集傳》的「淫詩」說。他自己解《詩》，也幾乎不採用「淫詩」的說法，這是姚氏解《詩》顯著的缺憾，已爲很多學者所指出。但是於此詩，姚氏逃離出頭腦中固有的束縛，大膽的解此詩爲「淫詩」，認爲此詩定爲淫詩則較爲合理，不該以此詩來附會鄭事。他的解釋比起嚴粲來要合情合理得多。

（2）《小雅·鴻雁》：

嚴氏謂此詩是「流民美使臣之詩」（《通論》第193頁），姚氏則表示反對，以爲嚴氏的解釋與詩中三個「劬勞」說不過去。姚氏云：「然以首章「劬勞」指使臣，下二章「劬勞」自相謂，亦非」（《通論》第101頁）。

姚氏認爲此詩是：「宣王命使臣安集流民而作；『之子』，指使臣也。篇中三『劬勞』皆屬使臣言；末章『謂我劬勞』，亦代使臣『我』也。『宣驕』，即『可與圖終，難與慮始』之意」（《通論》第101頁）。姚氏的解釋比嚴粲更合乎詩旨。

（3）《大雅·卷阿》，姚氏認爲嚴粲的解釋是「鑿說」（《通論》第292頁），錄嚴粲的詩說道：

> 周公有「明農」之請，將釋天下之重負以聽王之所自爲。康公
> 慮周公歸政之後，成王涉歷尚淺，任用非人，故作《卷阿》之詩，
> 反覆歌詠，欲以動悟成王。（《通論》第292頁）

姚氏對嚴粲的解釋，評價道：「因以每章『豈弟君子』鑿實爲指『賢』。噫，何其武斷也」（《通論》第292頁）！

（二）對嚴粲《詩緝》所釋詩篇字句的揚棄

1、贊成之例

《通論》在《周南・卷耳》、《邶風・柏舟》、《邶風・谷風》、《鄘風・定之方中》、《唐風・山有樞》、《唐風・揚之水》、《小雅・彤弓》、《小雅・菁菁者莪》、《大雅・文王》、《大雅・綿》、《大雅・桑柔》、《大雅・崧高》、《周頌・小毖》、《周頌・般》、《齊風・雞鳴》、《小雅・節南山》、《小雅・正月》、《小雅・小宛》、《大雅・鳧鷖》十九篇詩中一些字句的解釋上，贊成並錄用《詩緝》的解釋。茲舉五例如下：

（1）《周南・卷耳》中「嗟我懷人，寘彼周行」之「周行」，《通論》錄用《詩緝》的解釋道：

> 《詩》有三「周行」，《卷耳》、《鹿鳴》、《大東》也。鄭皆以爲「周之行列」，惟《卷耳》可通。《鹿鳴》「示我周行」，破「示」爲「寘」，自不安矣。《大東》「行彼周行」，又爲發幣於列位，其義尤迂。毛以《卷耳》爲「列位」，《鹿鳴》爲「大」」，《大東》無傳，則「周」二字有二義，一爲列位，一爲道。而「道」又《鹿鳴》爲道義之道，《大東》爲道路之道。（《通論》第 21 頁）

姚氏的評價是：「按粲謂『周行』有兩義，一爲列位，一爲道，猶近是」（《通論》第 21 頁）。

（2）《邶風・柏舟》中「如匪澣衣」的解釋，姚氏認同嚴粲《詩緝》的解釋，《詩緝》這樣解此句：「我心之憂，如不澣濯其衣，言處亂君之朝，與小人同列，其含垢忍辱如此」（《通論》第 50 頁）。

（3）《邶風・谷風》中「習習谷風」之「谷風」，嚴粲解釋道：

> 來自大谷之風，大風也，《桑柔》詩有「大風有隧」，「有空大谷」。盛怒之風也。又習習然連續不絕，所謂「終風」也。又陰又雨，無清明開霽之意，所謂「曀曀其陰」也。皆喻其夫之暴怒無休息也。舊說谷風爲生長之風，以「谷」爲「穀」，固已不安。又「習習」爲和調；《小雅・谷風》二章言「維風及頹」，「頹」，暴風也，非和調也。三章言草木萎死，非生長也。其說不通矣。（《通論》第 59 頁）

姚氏認爲此詩「首二句正喚下『怒』字，嚴說是」（《通論》第 59 頁）。

（4）《鄘風・定之方中》第三章的「匪寘也人」，《通論》錄用《詩緝》

的解釋云：

> 直，猶特也。孟子曰，「非直為觀美也」。言文公能務農以蕃育
> 其人，非特人也。文公操心塞實而淵深，故能致國富強，至於騋馬
> 與牝馬共有三千匹。舉物之蕃息，則人之蕃息可知矣。（《通論》第
> 76頁）

姚氏認為嚴粲的解釋是正確的。

（5）《小雅·正月》的第十三章，姚氏贊成嚴粲的解釋，《通論》錄用《詩緝》的解釋道：

> 屬王之亂，民之室廬蓄積蕩然矣。宣王勞來還定，於是彼有此
> 屺然之小屋，方有薿薿然之少穀。正望繼其後者愛養培植之，今乃
> 不幸，又逢幽王之亂，是天為夭孽以椓害之也。（《通論》第207
> 頁）

姚氏認為「此解是；正與下『哿矣富人，哀此惸獨』義連」（《通論》第207頁）。

2、反對之例

《通論》在《周南·汝墳》、《鄘風·干旄》、《王風·黍離》、《鄭風·有女同車》、《鄭風·狡童》、《齊風·雞鳴》、《豳風·九罭》、《豳風·狼跋》、《小雅·白駒》、《大雅·卷阿》、《大雅·韓奕》、《周頌·雝》、《周頌·桓》十三篇詩中一些字句的解釋上，否定《詩緝》的解釋。茲舉五例如下：

（1）《周南·汝墳》第三章之「王室如毀」，《通論》云：「嚴氏解『王室如毀』，謂『王室之事雖急如火，然父母甚近，相不必念家而怠王事也』」（《通論》第29頁），姚氏駁道：「亦甚牽強。且父母遠，固怠王事乎」（《通論》第29頁）？

（2）《鄭風·狡童》中「不與我食兮」，嚴粲解釋為「共食則可以從容謀事」（《通論》第108頁），姚氏認為「亦甚牽強，蓋皆不知詩人之意，隨筆轉換，絕不拘泥繩束似後人為文。此即上章『不能餐』猶之『不與我食』也」（《通論》第108頁）。

（3）《齊風·雞鳴》第三章之「會且歸矣，無庶予、子憎！」二句，姚氏認為詞句應解釋為「君謂朝會者且欲歸而治事矣；『無庶予、子憎』為謂庶幾無使人憎予與子也。是倒句法，以見君天明方起，尚留戀於色而為辭也（《通論》第116頁）。「嚴氏謂『吾會朝即歸，庶無為吾子所憎也』」（《通論》第116

頁），姚際恒認爲嚴粲的解釋「鄙而雉」（《通論》第 116 頁）。

（4）《豳風‧狼跋》中「跋」，「疐」，《詩緝》云：「狼以貪欲之故，陷於機穽。其在機穽之時，欲進則跋躐其胡，欲退則疐跆其尾」〔註88〕，即是《通論》中所說，嚴粲以「落井」來作解，姚氏認爲「大抵此處不能詳求，亦不必詳求耳」（《通論》第 171 頁）。姚氏這種退一步不詳求的解詩方法，儼如作畫留白的藝術。

（5）《小雅‧白駒》第三章「爾公爾侯，逸豫無期」，「嚴氏曰，『爾賢者若爲公爲侯，則將勤勞國事，無有逸豫之期。今爾肥遯『優哉游哉』以自樂，願加保重耳』」（《通論》第 197 頁）。姚氏否定道：「若是，則反顧其不仕矣；亦非」（《通論》第 197 頁）。於此二句，姚氏認爲「當云『爾乃公、侯之器，恐不能常守其逸豫；此時愼勉爾之優游遁思，終以待時耳』，較爲宛合」（《通論》第 197 頁）。

（三）對《詩緝》所釋名物的批評

《通論》在解釋《詩》中名物的時候，也用到《詩緝》的說法，如《秦風‧小戎》，第三章之「鏤膺」，《通論》云：「嚴氏曰，『此首言『虎韔』，繼言『鏤膺』，下文又言『交韔二弓，竹閉緄縢』，則皆言弓耳，不得以此『鏤膺』爲彼鉤膺也。《補傳》爲長』」（《通論》第 140 頁）。

再如《豳風‧破斧》中「斧、斨」，《通論》云：「歐陽氏誤爲殺伐之用，《集傳》從之。嚴氏已不信，謂『詩人言兵器必曰弓、矢、干、戈、矛、戟，無言斧、斨、錡、銶者。斧與斨並言，乃豳人所用以採桑者。又錡爲鑿屬，銶爲木屬，皆非兵器』，是已」（《通論》第 169 頁）。

（四）小結

此外，正如《四庫總目》所指出的「（嚴粲）如論大小雅之別，特以其體不同」〔註89〕，嚴粲《詩緝》在大、小雅的區分上「特以其體之不同耳」〔註90〕，《通論》云：

> 大、小雅之分，或主政事，或主道德，或主聲音。唯嚴氏主辭
> 體者近之。曰，「《二雅》之別，先儒皆未有至當之論。竊謂《雅》

〔註88〕（宋）嚴粲《詩緝》卷十六。

〔註89〕（清）永瑢等《四庫全書總目》卷十五，嚴粲《詩緝》提要，第 125 頁。

〔註90〕（宋）嚴粲《詩緝》卷一。

之大、小特以其體之不同耳。蓋優柔委曲，意在言外者，《風》之體也。明白正大，直言其事者，雅之體也。純乎《雅》之體者，爲《雅》之大。雜乎風之體者，爲雅之小。《離騷》出於《國風》，而世以『風、騷』並稱，謂其體之多同也。太史公亦曰，『國風好色而不淫，《小雅》怨誹而不亂；若《離騷》者可謂兼之』。《離騷》兼《國風》、《小雅》而不言兼《大雅》，可證。詠『呦呦鹿鳴』、『文王在上』，則《大雅》、《小雅》之氣象自見矣。」（《通論》第 172 頁）

《通論》明言「唯嚴氏主辭體者近之」（《通論》第 172 頁），可見姚氏和四庫館臣一樣都看到《詩緝》以體來區分大、小雅的合理之處。

　　另外，在《鄘風·載馳》的一章，《通論》引到「嚴氏曰，『首章婉而未露』」（《通論》第 79 頁），這顯然是嚴粲從文學的角度分析詩，所作的文學批評的話語。《詩緝》是彙聚嚴粲作爲經學家和詩人的著作，其中有不少對《詩》的文學性的闡發〔註 91〕，姚氏的《通論》雖然在這方面引用《詩緝》的不是太多，但重視並推《詩緝》「爲宋人說《詩》第一」（《通論》卷前之《詩經論旨》第 5 頁）的姚際恒是受到嚴粲以文學眼光解《詩》的影響的。

　　從以上的分析可以看到《詩經通論》對嚴粲《詩緝》在詩旨、詩篇字句的解釋上都有所批判和繼承，在名物的解釋及大、小雅的區分，都充分肯定了《詩緝》的觀點。

第四節　《詩經通論》對明代《詩經》學之揚棄

　　有明一代的《詩經》專著約六百餘種，這些詩學專著對《詩》學研究的貢獻有三個方面：一是在考據訓詁上，二是在詩旨的探討上，三是在對《詩》的文學性研究上〔註 92〕。姚際恒在《詩經通論》中，時常有對明人《詩經》學著作的接受和否定之辭。明人說《詩》多有穿鑿附會的缺點，姚氏也在《詩經通論》卷前的《詩經論旨》中也指出「明人失之鑿」（《通論》第 7 頁）的缺點。因此，姚際恒雖然一方面猛烈的批判明代的一些解《詩》學說，另一方面也吸取了明人說《詩》的長處。

〔註91〕周東亮、金生揚《論江湖詩人嚴粲生平及其學術》，《重慶科技學院學報》（社會科學版）2008 年第 2 期。

〔註92〕劉毓慶《從經學到文學——明代〈詩經〉學史論》之自序，商務印書館，2001年版，第 5、6、8 頁。

　　關於《詩經通論》對明代《詩經》學的批評，目前學術界關注較少，僅有蔣秋華先生的《姚際恒對〈子貢詩傳〉、〈申培詩說〉的批評》〔註93〕。姚際恒在《通論》中提到的明代的《詩》學著作主要是僞《子貢詩傳》、僞《申培詩說》，季本的《詩說解頤》和何楷的《詩經世本古義》。由於蔣秋華先生的《姚際恒對〈子貢詩傳〉、〈申培詩說〉的批評》已經把姚際恒對《子貢詩傳》、《申培詩說》的批評談的很清楚了，本文不在贅述。本節主要通過《詩經通論》對季本《詩說解頤》、何楷《詩經世本古義》的批判和繼承，來看《詩經通論》對明代《詩》學的揚棄。

一、《詩經通論》對季本《詩說解頤》之揚棄

　　季本（1485～1563 年），字明德，號彭山，會稽人。其《詩》學思想主要體現在《詩》學著作《詩說解頤》中。《詩說解頤》四十卷，分爲《總論》二卷，《正釋》三十卷，《字義》八卷，《總論》二卷。《四庫總目提要》評價是書「大抵多出新意，不肯剽襲前人，而徵引該洽，亦頗足以自申其說。凡書中改定舊說者，必反覆援據，明著其所以然……於舊說之外，備說詩之一解。雖間傷穿鑿，而語率有徵，尚非王學末流以狂禪解經者比也」〔註94〕。四庫館臣對此書的評價可謂公允。

　　《詩說解頤》是明代一部頗有影響的著作，其立足於《詩》文本，不顧前代詩說，敢於反傳統的精神，及其「置心平易，然後可以言詩」，「涵泳從容」〔註95〕的解詩態度都影響了姚際恒。姚際恒在《詩經通論》中提到季明德共計二十七次。本文試分析姚際恒所錄用的季本解《詩》的條目，來看《詩經通論》對《詩說解頤》的揚棄。

（一）對季本《詩說解頤》詩義解說的揚棄

1、贊成之例

　　姚際恒在《通論》中贊成季本詩義解說的篇章有：《鄘風·定之方中》、《鄭風·緇衣》《唐風·山有樞》、《小雅·天保》、《周頌·天作》、《周頌·振鷺》六篇詩。茲舉三例：

〔註93〕林慶彰、蔣秋華編《姚際恒研究論集（中）》，中央研究院中國文哲研究所籌備處，1996 年版，第 683 頁。

〔註94〕（清）永瑢等《四庫全書總目》卷十六《詩說解頤》提要，第 128 頁。

〔註95〕（明）季本《詩說解頤·序》，文淵閣《四庫全書》本。

（1）《鄭風‧緇衣》，姚際恒云：

> 予嘗謂解經以後出而勝，斷為不誣。如此詩，《序》、《傳》皆謂
> 「國人美武公」；《集傳》、《詩緝》皆從之，無異說。自季明德始以
> 為「武公好賢之詩」，則「改衣」、「適館」、「授餐」皆合。不然，此
> 豈國人所宜施於君上者哉！說不去矣。（《通論》第100頁）

姚際恒不取《序》、《傳》的解釋，而取季本說法，並肯定季本於此詩首起而
反對《序》、《傳》之功。

（2）《周頌‧天作》，《詩經通論》云：

> 《小序》謂「祀先王、先公」，詩中何以無先公？《集傳》謂祀
> 大王，詩中何以又有大王？皆非也。季明德曰，「竊意此蓋祀岐山之
> 樂歌。按《易升卦》六十四爻曰，『王用享於岐山』，則周本有岐山
> 之祭」。此說可存。（《通論》第327頁）

姚氏於此詩不採用《詩序》、《集傳》的說法，而以為季本之說於詩旨可通，
因此認為季說可存。

（3）《周頌‧振鷺》，《小序》謂「二王之後來助祭」，「宋人悉從之，無
異說」（《通論》第337頁）。姚氏讚揚季明德於此詩首起反對前說，云：

> 自季明德始不從，曰，「《序》似臆說。武王既有天下，封堯後
> 于薊，封舜後于陳，封禹後于杞，而陳與杞、宋為三恪。此來助祭，
> 獨言二王之後，何為不及陳耶？竊意此詩必專為武庚而發，蓋武庚
> 庸愚不知天命，故欲使之觀樂辟雝以養德，庶幾其能忠順耳」。（《通
> 論》第337頁）

《通論》指出此詩的詩旨是季本首先開始否定《詩序》之臆說，認為此詩是
專為武庚而發的，開始了對此詩的獨立思考。後來鄒肇敏《詩傳闡》踵季本
之意為說，論述也就比季本之說「尤為宛轉盡致」（《通論》第337頁）。何楷
《詩經世本古義》又踵季本和鄒肇敏之意而別為說，認為此詩是為成王時的
微子而作，引起了此詩在明代的討論。姚氏肯定了季本發現問題的眼光，也
採用了季本對《詩序》的懷疑之辭。但對於此詩是為武庚還是為微子而作，
姚氏認為何楷的說法雖然證據不足，但姚際恒還是認為「以今揆之，微子之
說較優於武庚；且有《左傳》為證。《左傳》皇武子曰，『宋，先代之後，於
周為客：天子有事，膰焉；有喪，拜焉』。按周之隆宋自愈於杞，蓋一近一
遠，近親而遠疏，亦理勢所自然也。《商頌》亦稱『嘉客』，指夏后；此稱

『客』，指殷后也。宋國之臣言宋事，則宜爲微子而非武庚也」（《通論》第338頁）。

　　2、反對之例

　　《詩經通論》反對季本詩義解說的篇章有：《召南・野有死麕》、《召南・擊鼓》、《王風・大車》、《齊風・南山》、《小雅・出車》、《小雅・節南山》、《大雅・生民》、《周頌・執競》、《魯頌・駉》、《魯頌・有駜》，共計十篇，茲舉三例如下：

　　（1）《召南・野有死麕》，季本認爲「此淫風也」〔註96〕，姚氏反對季本以「淫詩」解此詩，他認爲此詩是「山野之民相與及時爲婚姻之詩」（《通論》第45頁）。

　　（2）《王風・大車》，季本以爲此詩是「此詩必妻爲其夫所棄而誓死不嫁，其後，夫服毳衣乘大車以出，而妻望見之，故作此詩」〔註97〕。姚氏認爲此說不妥，分析道：「然以『爾』與『子』皆指其夫，思夫自可，何云『畏子不敢』乎」（《通論》第98頁）？姚氏認爲季本的說法不符合《詩》文。

　　（3）《齊風・南山》，季本云：「此詩魯人所作，刺文姜恣意如齊，而不知恥也」〔註98〕。姚氏云「通篇刺文姜，然則『雄狐』之說爲何」（《通論》第119頁）？他認爲如果季本所言正確的話，那「雄」指誰？此詩姚氏贊成嚴粲的觀點，以爲是「通篇刺魯桓」（《通論》第119頁）。較之季本，嚴粲之說爲佳。

　　（二）對季本《詩說解頤》所釋詩篇字句的揚棄

　　1、贊成之例

　　《詩經通論》在《周南・桃夭》、《鄭風・將仲子》、《鄭風・有女同車》、《小雅・都人士》四篇詩中一些字句的解釋上贊成季本的說法。如：

　　（1）《鄭風・將仲子》中「無折我樹杞」，「無折我樹桑」，「無折我樹檀」之「折」，季明德云：「篇內言『折』，謂因踰牆而壓折，非采折之折」（《通論》第101頁），姚氏認可道：「此解尤明」（《通論》第101頁）。

　　（2）《鄭風・有女同車》篇中，「季明德謂『同車』爲侄、娣之從嫁者，『孟姜』指適夫人也」（《通論》第106頁）。姚氏認爲此說可存。

<hr>

〔註96〕（明）季本：《詩說解頤》卷二。
〔註97〕（明）季本：《詩說解頤》卷六。
〔註98〕（明）季本：《詩說解頤》卷八。

（3）《小雅・都人士》篇中的「臺笠緇撮」，季明德曰，「臺笠，出田時所戴，也以在野言；緇撮，居家時所戴，也以在國言」（《通論》第 249 頁），姚氏認為「如此分疏亦通」（《通論》第 249 頁）。

　　2、反對之例

　　姚際恒在《周南・芣苢》、《邶風・凱風》、《邶風・新臺》、《齊風・雞鳴》、《大雅・綿》五篇詩中一些字句的解釋上，否定季明德的解釋。如：

　　（1）《周南・芣苢》中的「芣苢」，季明德解釋為「芣苢，車前。蓋宜子之草也。欲宮中之人宜子，而皆採芣苢，可以見后妃之不妬忌矣」〔註99〕。《毛傳》謂「芣苢，車前，宜懷妊焉」（《通論》第 26 頁）。姚氏認為季本跟從《毛傳》解釋「芣苢」不當，他認為「（芣苢）車前，通利之藥；謂治難產或有之，非能宜子也」（《通論》第 26 頁）。

　　（2）《邶風・新臺》篇中之「籧篨」、「戚施」，季本解釋為「宣公始尊大如籧篨，後見齊女，俯而求之，如戚施」（《通論》第 68 頁），姚氏認為季氏的解釋「鄙褻不堪」（《通論》第 68 頁），他認為「『籧篨』，『戚施』，藉以醜詆宣公。解者當知其為借意，不可實泥宣公身上求解」（《通論》第 68 頁）。

　　（三）小結

　　可見《詩經通論》在詩旨的探討、詩篇字句的訓釋上採用了季本的一些觀點，同時也否定了一些在姚氏看來不合詩文的意見，雖然姚際恒的取捨不一定都合理，但可以看出姚際恒對《詩說解頤》一書的重視。在《詩經通論》中對是書作了一些揚棄。

二、《詩經通論》對何楷《詩經世本古義》之揚棄

　　何楷，字玄子，福建漳州鎮海人。天啟五年進士。官戶部主事，進員外郎。其經學著作《詩經世本古義》是他「寢室都忘」，「手不停披」，花費七年功夫，於崇禎十四年完成的一部上百萬字的經學巨著〔註100〕，「可以說這是明代《詩》學著作中最傑出的一部。其徵引之廣博，典據之精詳，名物考證之詳明，在經學史上都是少見的〔註101〕。對這部經學著作，《四庫全書總目》作出了公允的評價：

〔註99〕（明）季本《詩說解頤》卷一。

〔註100〕（明）何楷《詩經世本古義・序》，明崇禎十四年刻本。

〔註101〕劉毓慶《從經學到文學——明代〈詩經〉學史論》，第 202 頁。

其論詩專主孟子「知人論世」之旨，依時代爲次，故名曰世本
古義。始于夏少康之世，以《公劉》、《七月》、《大田》、《甫田》諸
篇爲首。終于周敬王之世，以《曹風·下泉》之詩殿焉。計三代有
詩之世，凡二十八王，各爲目序于前。又于卷末仿《序卦傳》例，
作《屬引》一篇，用韻語排比成文，著所以論列之義。考《詩序》
之傳最古，已不能盡得作者名氏，故鄭氏《詩譜》，缺有間焉。三家
所述，如《關雎》出畢公，《黍離》出伯封之類，茫昧無據，儒者猶
疑之弗傳。楷乃于三千年後，鈎棘字句，牽合史傳，以定其名姓時
代。如《月出》篇有「舒窈宎兮，舒憂受兮」之文，即指以爲夏徵
舒。此猶有一字之近也。《碩鼠》一詩，茫無指實，而指以爲《左傳》
之魏壽餘。此孰見之而孰傳之？以《大田》爲豳雅，《豐年》、《良耜》
爲豳頌，即屬之于公劉之世。此猶有先儒之舊說也。以《草蟲》爲
《南陔》，以《菁菁者莪》爲《由儀》，以《緜蠻》爲《崇丘》。又孰
傳之而孰受之。大惑不解，楷之謂乎？然楷學問博通，引援賅洽，
凡名物訓詁，一一考證詳明，典據精確，實非宋以來諸儒所可及。
譬諸搜羅七寶，造一不中規矩之巨器，雖百無所用，而毀以取材，
則火齊木難，片片皆爲珍物。百餘年來，人人嗤點其書，而究不能
廢其書，職是故矣。〔註102〕

四庫館臣指出《詩經世本古義》的缺點之處在於，將《詩經》的篇目順序按
其認定的時代先後重新編排，從夏少康之世至周敬王之世，二十八王，分爲
二十八卷；「鈎棘字句，牽合史傳」，穿鑿附會等等。但是對此書的優點，四
庫館臣也給予了充分的肯定。讚揚此書名物訓詁，考證詳明，引援之賅洽，
典據之精確。此書廣收博覽，除了爲《詩經》研究提供豐富的參考資料之
外，還能擺脫舊說的干擾，從考證出發，對傳統經解存在的矛盾，作了有
意義的探討；此外，何楷不曲從舊說，別出新見，並能廣徵博引，證明其說
〔註103〕。

是書對姚際恒的《詩經通論》亦有所影響，姚際恒講道：「大抵此書《詩》
學固所必黜，而亦時可備觀，以其能廣收博覽，凡涉古今《詩》說及他說之
有關於《詩》者靡不兼收並錄；復以經、傳、子、史所引《詩》辭之不同者，

〔註102〕永瑢等《四庫全書總目》卷十六，《詩經世本古義》提要，第204頁。
〔註103〕參劉毓慶《從經學到文學——明代〈詩經〉學史論》，第201頁。

句櫛字比，一一詳注於下；如此之類，故云可備觀爾。有志《詩》學者於此書不可惑之，又不可棄之也」（《通論》卷前之《詩經論旨》第 7 頁）。可見姚氏對何楷詩學的批判和繼承。

姚氏在《通論》中援引何楷七十六次，本文試從姚氏《通論》中提到的何楷解《詩》的詩條，來看姚氏《通論》對何楷《詩經世本古義》的揚棄。

（一）對《詩經世本古義》詩義解說的揚棄

據統計，姚際恒在《詩經通論》中探討詩篇詩義的時候，提到何楷共三十一次，分析如下。

1、贊成之例

《詩經通論》贊成《詩經世本古義》中詩義解說的詩篇有：《小雅·祈父》、《小雅·鴛鴦》、《小雅·瞻彼洛矣》、《小雅·隰桑》、《小雅·白華》、《大雅·生民》、《大雅·桑柔》、《周頌·訪落》共計八篇。茲舉五例如下：

（1）《小雅·鴛鴦》，何楷解曰：

> 疑爲幽王娶申后而作。以《白華》之詩證之，其第七章曰，「鴛、鴦在梁，戢其左翼。之子無良，二三其德」。是詩亦有「在梁」二語，詞旨昭然。詩人追美其初昏。凡《詩》言「於飛」者六：曰「黃鳥於飛」；曰「倉庚於飛」，曰「雄雉於飛」及此「鴛、鴦於飛」耳耳。《卷阿》詠鳳、凰，雖不從配皮，取義，而《左傳》載齊懿氏之卜妻陳敬仲也。然則此詩雙舉「鴛、鴦」以興夫、婦，何疑焉！興重「於飛」，不重「畢、羅」。「乘馬」二章，皆詠親迎之事而因以致其禱頌之意。《漢廣》之時曰，「之子于歸，言秣其馬」亦同。（《通論》第 239 頁）

姚氏認爲「此說始於鄒肇敏，謂詠成王初昏；而何氏因以爲幽王，較鄒自勝。何氏解《詩》純鑿，似此近理者絕少。恐其埋於荊榛中，故表而出之」（《通論》第 239 頁）。姚際恒表彰何楷的《詩》說中不鑿而近於《詩》義的解釋，可見姚氏寬容而謹愼的解《詩》態度。

（2）《小雅·瞻彼洛矣》，何玄子曰：

> 紀動遷也。按《史》，「周幽王十有一年，申侯與犬戎入寇，弑王於驪山下。鄭桓公死之；鄭人共立其子掘突，是爲武公。時晉、衛、秦皆以兵來救，平戎。武公收父餘兵，從諸侯東迎故太子宜臼於申，立之，是爲平王。王以豐、鎬逼近戎狄，乃遷都於洛。」此

詩正詠其事也。孔氏云,「《王制》言『諸侯之世子未賜爵,視天子之元士以君其國』,此言『韠鞈』,故知諸侯世子未賜爵命,服士服也」。按武公新喪父,故服韠鞈。《左傳》謂「周之東遷,晉、鄭焉依」,故《書》有《文侯之命》,此爲鄭武公詠也。(《通論》第 236 頁)

姚際恒認爲「此說近是」(《通論》第 236 頁)。並補充道:「洛水既屬東都,韠鞈亦自非天子服,故存其說。若《孔疏》本於鄭氏之以禮說詩,未可用也」(《通論》第 236 頁),姚氏指出《孔疏》本之鄭玄以禮說詩,不及何楷的詩說,故採用何楷的說法。

(3)《大雅‧生民》篇,《詩經通論》云:

何玄子謂此詩「郊祀后稷以祈穀也」引《左‧襄七年》孟獻子曰,「郊祀后稷,以祈農事也,是故啓蟄而郊,郊而後耕」。按《詩》言「以歸肇祀」、「誕我祀如何」及「以興嗣歲」、「上帝居歆」等語,正言后稷種穀成,始修祀事,興嗣來歲,如後世祈穀之祭然。(《通論》第 279 頁)

姚氏認爲何楷之說可從,並爲其尋找《左傳》和詩中的話爲證。

(4)《周頌‧訪落》篇,《詩經通論》云:

此成王既除喪,將始即政而朝於廟,以咨群臣之詩。……何玄子曰,「此詩雖對群臣而作,以延訪發端,而意止屬望昭考;至《小毖》篇始道其延訪群臣之意耳」。(《通論》第 344 頁)

姚氏評何楷的說法道「如此讀《詩》,甚細」(《通論》第 344 頁),可見其對何楷《詩》說的肯定。

(5)《小雅‧祈父》篇,《詩經通論》云:

《小序》謂「刺宣王」,毛、鄭以戰于千畝而敗之事實之,亦可從。何玄子曰,「千畝之戰,諸侯之師皆無恙,而王師受其敗,則以勤王不力故耳,故恨而責之。此祈父必侯國之祈父,故其人自稱爲王之爪牙。若對王朝之大司馬言,則無此文矣」。(《通論》第 196 頁)

姚氏讚揚道「議論是而細」(《通論》第 196 頁),亦見姚氏對何楷《詩》說的接受。

此外,姚際恒同意何楷在《小雅‧隰桑》中對朱熹《詩集傳》的否定之

辭，在《小雅·白華》中對郝仲輿佞《序》的批判之辭，以及在《大雅·桑柔》中何楷關於詩旨的解釋。

2、「似有理」之例

對何楷的一些附會史傳，或出於何氏大膽設想的詩說，姚氏認爲這些解釋不是完全合乎《詩》旨，有些解釋也有牽強偶合之處，有些也不一定爲《詩》的正解，但何氏言之鑿鑿，可備一說，認爲「似有理」。因此第二類命名爲「似有理」之例。何楷的解釋給詩說提供了另一種解釋和角度，姚氏錄用這些說法，顯示了一種融通開放的學術胸懷。

何楷對《詩經》詩義的解說，姚氏認爲是「似有理」的篇章有：《齊風·猗嗟》、《秦風·東門之枌》、《曹風·鳲鳩》、《周頌·閔予小子》，共計四篇詩。

（1）《齊風·猗嗟》，《詩序》謂「刺莊公」，姚氏認爲「是」（《通論》第122頁）。《詩序》的解釋不是很詳細，何楷用《春秋》中的事來附會《詩序》的說法，何玄子曰：「《春秋》莊四年冬，『公及齊人狩於禚』，此詩疑即狩禚事，蓋公朝齊而因以狩也。古者諸侯相朝則有賓射，故所言皆賓射之禮。又《詩》曰：『展我甥兮』，自是莊公初至齊而人驟見之之語」（《通論》第122頁）姚氏認爲「此說似有理」（《通論》第122頁）。

（2）《陳風·東門之枌》，《詩經通論》云：

> 《大序》謂「男女淫荒」，是寬泛語。何玄子謂：「陳風巫、覡盛行」，似近之。蓋以舊傳大姬好巫，而陳俗化之。「婆娑」，舞貌；巫者必舞也。（《通論》第145頁）

姚氏不從《詩序》的說法，認爲是寬泛之語，而贊成何楷用陳地的巫覡盛行的習俗解詩，並在《東門之枌》詩中尋找證據。何氏以陳地風俗解此詩無疑是合乎詩旨的。

（3）《曹風·鳲鳩》，《詩序》謂「刺不一」，姚氏認爲「詩中純美，無刺意……唯何玄子謂曹人美晉文公，意雖鑿，頗有似處。今錄而存之」（《通論》第156頁）。姚際恒從詩篇本身出發，認爲《詩序》之說不合詩義，何楷之說意思雖有些鑿，但何楷的解釋也還是有合乎詩義的地方，因此姚氏認爲何楷的解釋可錄而存之。何玄子云：

> 《左傳》晉文公爲公子時，出亡，過曹，曹伯不禮焉。及即位，伐曹，執曹伯以畀宋人，事在魯僖二十九年。于是周襄王策命晉侯

爲侯伯，曰，「王謂叔父，敬服王命，以綏四國」。遂盟諸侯于踐
土。十月，晉侯有疾，曹伯之豎侯獳貨筮史，使曰，「以曹爲解」云
云。公悅，乃復曹伯。此詩之作，蓋在曹伯復國之後。其取興於「鳲
鳩」者，以鳲鳩養子均平，頌文公之待曹國與他國無異也。尊之爲
「鳲鳩」而自居于「子」者，亦猶文王之時，大邦畏力，小邦懷德，
皆怙文王如父也。其曰「正是四國」，則亦唯晉爲盟主，始足以當之；
襄王策命中所謂「以綏四國者」是也。（《通論》第 156 頁）

姚際恒補充道：「又『正是四國』及『胡不萬年』等句，皆近頌天子語；曹君
安得有此。今何氏謂頌晉文，頗覺吻合」（《通論》第 157 頁）。

（4）《周頌‧閔予小子》，何玄子引殷大白《副墨》曰：「武王既喪而祔
主於廟」（《通論》第 344 頁），姚氏認爲何楷的解釋是「似爲得之」（《通論》
第 344 頁）。

此外，何楷還有一些詩篇的解釋，何楷言之鑿鑿，要是否定的話，何楷
的解釋也有合乎詩義的地方，但如果完全贊同的話，好像理由也不是太充分。
何楷的這些詩說，有的體現了何楷對《詩》的研究搜考廣博，有的說法也能
巧合詩旨。姚際恒把何楷的這些解釋錄而存之，給《詩》解提供了一些有意
義的參考。舉三例如下：

（1）《大雅‧行葦》，何楷云：

此詩美公劉：一徵之《吳越春秋》，曰，「公劉慈仁，行不履生
草，運車以避葭、葦」。一徵之《列女傳》，曰，「晉弓工妻謁于平公
曰，『君聞昔者公劉之行乎？牛、羊踐葭、葦，惻然爲痛之』」一徵
之王符《潛夫論》，曰，「公劉厚德，恩及草、木、牛、羊、六畜且
猶感德」。一徵之《後漢書》，桓榮曰，「昔文王葬枯骨，公劉敦行葦，
世稱其仁。（《通論》第 283 頁）

姚氏對何楷的說法評價道：按雜說所傳，王符、桓榮皆本《列女傳》，雖未必
爲此詩正解，但何氏搜考可謂博矣；今載於此，以備一說（《通論》第 283 頁）。
姚氏肯定何楷搜考廣博之功，且認爲何氏的說法，也可備一說。

（2）《周頌‧噫嘻》，何玄子曰：

康王春祈穀也。既得卜于禰廟，因戒農官之詩。《家語》孔子對
定公曰，「臣聞天子卜郊，則受命于祖廟而作龜於禰宮，尊祖、親考
之義也」。又《左‧襄七年》「夏四月，三卜郊不從。孟獻子曰，『吾

乃今而後知有卜筮。夫郊祀后稷，以祈農事也。啓蟄而郊，郊而後耕。今既耕而不郊，宜其不從也』。愚以此詩章首有「成王昭格」之語，是此詩作于康王之世，乃主作閟宮而言。不然，周自后稷以農事開國，即欲敕農官，何不于始祖之廟舉始祖爲辭，而顧于成王，何取乎？（《通論》第 334 頁）

姚氏認爲「其說亦巧合，存之」（《通論》第 334 頁）。

（3）《周頌‧執競》，何玄子曰：

昭王之世，始以成、康備七廟。然武王崩，周人祀之於廟，則有《昊天有成命》及《下武》二詩，而康王祀廟之始無聞焉。《執競》之詩爲成、康作，但二詩而以二王並言，則又心疑之。已乃恍然悟曰，此即所謂「日祭」之詩也。《周語》祭公謀父曰，「日祭、月祀、時享、歲貢、終王，先王之訓也」。《楚語》觀射父亦曰，「古者先王日祭、月享、時類、歲祀」。劉歆曰，「祖、禰則日祭」。按日祭之典雖於他經無所見，而《國語》兩及之，然則成於昭爲禰，《執競》之詩當是於日祭上食時歌之，故以二王並言。（《通論》第 331 頁）

姚氏評之：「『日祭』雖出《國語》，而『祖、禰日祭』僅見於劉歆之言，其然耶否耶？然何氏搜索及此，亦爲雖能，聊存之以逆此詩之難可也」（《通論》第 331 頁）。

此外，姚氏認爲何楷的解釋可存的還有《齊風‧盧令》、《小雅‧裳裳者華》。

3、反對之例

姚際恒在《通論》中反對何楷詩說的詩篇有：《召南‧草蟲》、《召南‧采蘋》、《邶風‧泉水》、《鄘風‧蝃蝀》、《衛風‧竹竿》、《王風‧黍離》、《鄭風‧緇衣》、《鄭風‧蘀兮》、《齊風‧東方之日》、《唐風‧山有樞》、《小雅‧斯干》、《小雅‧節南山》、《小雅‧車舝》、《大雅‧假樂》、《周頌‧振鷺》，共計十五篇。茲舉三例如下：

（1）《召南‧采蘋》，何玄子曰：

美邑姜也。古者婦人將稼，教于宗廟，有蘋、藻之祭。武王元妃邑姜，教成能修此禮，詩人美之。知爲美邑姜者，以「有齊季女」之語知之。羅泌云，「齊，伯陵之故國，以天齊淵名。《伯益書》，『炎

帝生器，器生伯陵。」《周語》謂『天黿之分，我之皇姙，太姜之姪，伯陵之後，逢公之所馮神』。伯陵，太姜之祖；逢公，伯陵之後，爲商侯伯，封于魯地，而太公其繼焉者也。」《左傳》晏子云，「昔爽鳩氏始居此地，季萴因之，有逢伯陵因之，蒲姑氏因之，而後太公因之。」按太公本齊後，仍封于齊；當文王爲西伯時，以女邑姜妻武王。又《左襄二十八年》，穆叔曰，「敬，民之主也，而棄之，何以承守！濟澤之阿，行潦之蘋、藻，寘諸宗室。季蘭尸之，敬也；敬可棄乎」！所謂季蘭，意即邑姜之名不可知；而其言「濟澤之阿」，則尤齊地之證。據舊說相傳，皆讀「齊」爲「齋」，誤矣。（《通論》第 37 頁）

何楷認爲此詩是讚美齊地的邑姜，姚氏認爲「此說，頗覺新奇，且似鑿鑿有據，足以動人；然實穿鑿，不可用也」（《通論》第 38 頁）。姚氏並言道：「《周語》及《左傳》晏子之說，皆未嘗謂太公未封之前爲齊；惟羅泌『有齊，伯陵之國』，語本子、傳諸書之說，而加以有齊，非可據也。又按《周語》曰，『賜姓曰姜，氏曰有呂』，未云有齊也。《左傳》穆叔正解此詩，其意主於言敬，則『齊』爲莊敬之義甚明，安得以爲齊國乎！杜注曰，『使服蘭之女而爲之主，神猶享之』。孔氏曰，『《詩》言『季女』而此言『季蘭』，謂季女服蘭草也。宣五年《傳》曰，『蘭有國香，人服媚之』，知是女之服蘭也』。揆此《傳》易『女』字爲『蘭』字者，乃其用字法也，又安得據爲邑姜之名乎！古婦人無他名，以姓稱之；邑姜即其名也」（《通論》第 38 頁）。姚氏認爲何楷之意而足以動人，但實穿鑿，終不可用。

（2）《邶風・泉水》，「何玄子以爲此篇及《竹竿》一例與《載馳》爲徐穆夫人不能救衛，思控他國之作」（《通論》第 64 頁），姚氏駁之云：

其言似鑿鑿可信，故錄而辨之。《載馳》篇曰，「歸唁衛侯」，曰「言至于漕」，曰「許人尤之」，曰「控于大邦」，凡數處，皆明點事實，加以《左傳》曰，「許穆夫人賦《載馳》」，皆確證也。此篇則無一語可證據……此篇與《竹竿》既無實證，不如還他空說。必求其事以實之，在作者非不自快，豈能必後人之信從乎！說《詩》者宜知此。（《通論》第 64 頁）

姚氏在此篇指出何楷的證據不足以證明《泉水》、《竹竿》篇爲許穆夫人作。

（3）《小雅・車舝》，《詩序》謂：「大夫刺幽王。褒姒嫉妒無道，周人思

得賢女以配君子，故作是詩」。何玄子謂：「幽王宮人思賢女代褒姒爲后」（《通論》第 240 頁），姚際恒認爲何楷的說法是「依《序》略變，彷彿《關雎》，又足哂焉」（《通論》第 240 頁）。

（二）對何楷《詩經世本古義》所釋詩篇字句的揚棄

姚際恒在《通論》中解釋詩篇字句的時候，也常常引用何楷的解釋，據統計，姚氏在二十六篇詩的一些字句解釋上，肯定了何楷的解釋，在九篇詩的一些字句的解釋上，否定了何楷的解釋。本文試從兩個方面看姚氏對何楷對《詩》字句解釋的揚棄。

1、贊成之例

《通論》在《周南・葛覃》、《召南・殷其雷》、《邶風・柏舟》、《邶風・北門》、《鄘風・定之方中》、《衛風・淇奧》、《齊風・猗嗟》、《唐風・椒聊》、《唐風・葛生》、《秦風・小戎》、《陳風・防有鵲巢》、《陳風・月出》、《豳風・破斧》、《小雅・六月》、《小雅・正月》、《小雅・無將大車》、《小雅・楚茨》、《小雅・大田》、《小雅・菀柳》、《大雅・行葦》、《大雅・公劉》、《大雅・蕩》、《大雅・崧高》、《周頌・豐年》、《周頌・有客》、《商頌・長發》二十六篇詩中一些字句的解釋上，贊成並錄用《詩經世本古義》的解釋。茲舉四例如下：

（1）《唐風・椒聊》中「椒聊且」，何玄子解釋道：

> 「聊」，舊以爲語助辭，似非文理。……按《爾雅》云：「朹，繫梅；机者，聊。」繫梅名朹，其朹者名聊也。朹，《說文》，「高木也」。聊，即朹之高者。（《通論》第 132 頁）

姚際恒評價道：「按此說是，則是『椒聊且歎其枝之高也，『遠條且』歎其條之遠也」（《通論》第 132 頁），姚際恒認爲何楷的解釋是合乎詩義的。

（2）《小雅・大田》第三章之「有渰萋萋」，何楷解釋道：

> 「渰」，《說文》，「雲雨貌」。《毛傳》專以渰爲「雲興貌」，似無據。「祈祈」，當指雲言，《韓奕》之詩曰「祈祈如雲」可證。「有渰萋萋」雖兼雲而意在雨，言隨雲之雨萋萋然。「興雨祈祈」雖專指雨而意獨在雲，言興雨之雲祈祈然也。（《通論》第 235 頁）

姚氏取何楷的解釋，並讚揚何楷的解釋是「此解特佳」（《通論》第 235 頁）。

（3）《大雅・公劉》第四章，何楷云：

> 京即上章「京」字。人既依乎此，則宗廟之神亦依乎此矣。故

> 營建甫畢，即是舉遷廟之禮。「蹌」，動也。「濟濟」，言齊也。「筵、
> 幾」，乃供神者。「登」，謂登進神之衣服於坐也。「依」，神所依也。
> 《祭統》云，「鋪筵、設同幾，爲依神」，正此詩義。（《通論》第 289
> 頁）

姚氏認爲何楷的解釋可備一說。

（4）《商頌・長發》中「爲下國綴旒」之「綴旒」，「爲下國駿厖」之「駿
厖」，何楷解釋道：

> 綴，鄭云，「猶結也」。旒，毛云，「章也」，章爲晃飾。襄十六
> 年《公羊》曰，「君若贅旒然」，言諸侯反繫屬於大夫也。此言「綴
> 旒」與彼意相似，而詞有正、反之異。湯爲晃，下國爲綴旒者，取
> 其相繫屬之義也。《說文》「厖，石大貌」。爲下國駿厖者，下國恃湯
> 以爲安，如依賴於磐石然也。《齊詩》以「駿厖」謂馬也。以馬比先
> 王，不倫甚矣。（《通論》第 365 頁）

姚氏認爲何楷的解釋可存。

2、否定之例

《通論》在《齊風・雞鳴》、《齊風・南山》、《秦風・車鄰》、《小雅・斯
干》、《小雅・楚茨》、《小雅・魚藻》、《大雅・抑》、《大雅・桑柔》、《周頌・
豐年》九篇詩中一些字句的解釋上，否定《詩經世本古義》的解釋。茲舉三
例如下：

（1）《小雅・斯干》篇中「南山」：《斯干》篇，何楷解爲「《斯干》，落
新宮也。詩作於肇建洛邑之時」〔註104〕。姚氏分析道：「南山自是終南山，在
鎬京，則謂武王、宣王者近是。若謂在洛，則南山無著落」（《通論》第 199
頁），姚氏認爲若依何楷的說法，則南山就無著落了，何楷解「南山」爲「南
面所對之山」，姚氏認爲「則其非顯然矣」（《通論》第 199 頁）。不贊成何楷
爲了曲合建洛邑之時而不顧「南山」爲終南山。

（2）《小雅・魚藻》，詩中之「豈樂」：姚氏認爲詩中明言「在鎬」，「則
此詩應是西周王者固無疑，鄒肇敏以爲武王飲至。何玄子踵之」（《通論》第
244 頁）。而何楷以爲「豈樂」是爲「愷旋之樂」（《通論》第 244 頁）。姚氏分
析道：「按『豈』，愷同，亦樂也。其云『軍旅作愷樂』，他經未見，唯見於《周
禮》，此僞書，不足信也。『愷旋』，疑秦、漢之說，武王時安得有之」（《通論》

〔註104〕 （明）何楷《詩經世本古義》卷十。

第244頁）！姚氏指出何楷以「豈樂」解釋爲「軍旅作愷樂」，是秦漢的說法，與此詩是武王時相矛盾。

（3）《大雅・桑柔》中「誰能執熱」之「執熱」，何玄子解爲「盛暑之時，誰能執守此熱以往而不思澣濯」（《通論》第306頁），姚氏認爲何氏之解不通，而認爲是「執勞煩熱」（《通論》第306頁）。

（三）小結

姚際恒在《通論》中提出並讚揚何楷關於部分詩篇詩旨的解釋和一些詩篇字句的訓釋，希望展現出此書的詩學成果。姚際恒在《通論》卷前之《詩經論旨》還講到此「何氏書刻於崇禎末年；刻成，旋遭變亂。玄子官閩朝，爲鄭氏所害……印行無多，板亦毀失。杭城惟葉又生家一帙，予於其後人重購得之。問之閩人，云，彼閩中亦未見有也」（《通論》卷前之《詩經論旨》第7頁），表明了姚氏對前代《詩》學著作的珍視。姚氏在《通論》中彰顯何楷《詩》說的合理部分，駁斥穿鑿的部分，希望「有志於《詩》學者於此書不可惑之，又不可棄之」（《通論》卷前之《詩經論旨》第7頁）。

第五節　《詩經通論》的文學思想和詩學方法

一、《詩經通論》的文學思想

《詩經通論》以文學說詩，這是該書的顯著特色，也是它異於其他《詩》學論著的價值所在。正如胡念貽在《〈詩經通論〉簡評》中所說：「這部書還有一個特點，作者和當時一般經學家不同，他能把《詩經》當作一部文學作品來研究。在這部書裏，可以看到許多評語。這些評語往往有些精彩之處。作者是要求跳出經學家的圈子，欣賞《詩經》的藝術，不把《詩經》純粹當作一部『經』書來研究，這是他和以前及同時的一些經學家不同之處。這也是他取得成就的一個原因，因爲他往往能從文學欣賞的角度指謫昔人穿鑿之妄」〔註105〕。姚際恒在《詩經論旨》中談到：「詩何必加圈點，得無類月峰、竟陵之見乎？曰：『非也，予亦以明詩旨也。知其辭之妙而其義可知，苟能別出心眼，無妨標舉，忍使千古佳文遂爾埋沒乎！爰是歎賞感激，不能

〔註105〕胡念貽《〈詩經通論〉簡評》，見林慶彰、蔣秋華編《姚際恒研究論集》（中），第383頁。

自己；加以圈評，抑亦好學深思之一助爾』」〔註106〕。在姚際恒看來，以文學視角解《詩》，更有助於詩義的闡釋，可見，他是把《詩》當作文學作品解讀的。

《詩經通論》中的文學思想散見在姚際恒對《詩經》文本的評析中，本文試從以下四個方面來探析《詩經通論》的文學思想。

（一）品評章法之妙

姚際恒在《通論》中時常分析《詩》篇的章法層次，探討其中所體現的層次美感以及對詩旨的層遞、穿插等作用。從而欣賞《詩》內在的文學之美。茲舉數例來看《通論》中對《詩經》章法層次的品評。

（1）《周南・關雎》的第三章，「求之不得，寤寐思服。優哉游哉，輾轉反側。」

姚氏認為「通篇關鍵在此一章」〔註107〕，並詳細分析道：

> 今夾此四句于「寤寐求之」之下，「友之」、「樂之」二章之上，承上遞下，通篇精神全在此處。蓋必著此四句，方使下「友」、「樂」二義快足滿意。若無此，則上之云「求」，下之云「友」、「樂」，氣勢弱而不振矣。此古人文章爭扼要法，其調亦迫促，與前後平緩之音別。故此當自為一章，若綴於「寤寐求之」之下共為一章，未免拖沓矣。〔註108〕

姚際恒指出了第三章在全詩中承上啓下，貫通前後語氣的作用。

（2）《邶風・匏有苦葉》篇，姚氏云：「四章各自立義，不為連類之辭；而三章、四章其義雖別，仍帶涉水為說，如蛛絲馬迹，尤妙」〔註109〕。道出章節間各自立義，尋乎其間的聯繫，可見詩人的精妙。

（3）《邶風・北風》篇第三章的「莫赤匪狐；莫黑匪烏」二句，姚氏言：「變得嶙峭，聽其不可解，亦妙」〔註110〕。對這二章，姚氏寧願只顧欣賞句法的嶙峭，而不願無端窺測詩義。姚氏云：「『莫赤』二句，在作者自有意；後人無逕路可尋，遂難窺測。多方求解，終不得一當；不如但賞其詞之妙可

〔註106〕（清）姚際恒《詩經通論》，顧頡剛點校，中華書局，1958 年版，第 9 頁。
〔註107〕（清）姚際恒《詩經通論》，第 14 頁。
〔註108〕（清）姚際恒《詩經通論》，第 17 頁。
〔註109〕（清）姚際恒《詩經通論》，第 58 頁。
〔註110〕（清）姚際恒《詩經通論》，第 66 頁。

耳」(《通論》第 66 頁)。

（4）《王風·揚之水》篇，姚氏在第三章開頭的「揚之水，不流束楚」上作的眉批是「輕」字，接著在第四章開頭的「揚之水，不流束蒲」上作的眉批是「又輕」〔註111〕。可見姚氏對詩的語氣體會得非常的細膩。

（5）《陳風·株林》篇，姚氏云：「首章詞急迫，次章承以平緩，章法絕妙。曰『株林』，曰『株野』，曰『株』，三處亦不雷同。『說於株林』、『朝食於株』兩句，字法亦參差。短章無多，能曲盡其妙」〔註112〕。道出詩緩急相間，章法絕妙，字法參差，曲盡詩之妙處。

（6）《小雅·四牡》，姚氏云：「首章『我心傷悲』，所以啓下三章『不遑』之意；末章道所以作歌之意；章法井然」〔註113〕。姚氏道出詩的章法井然，前後貫通。

此外，在《周南·麟之趾》、《衛風·淇奧》、《王風·君子于役》、《鄭風·緇衣》、《齊風·猗嗟》、《唐風·權輿》、《豳風·狼跋》等篇中，對詩的章法都作了精彩的品評。

（二）欣賞語辭之美

姚際恒在《通論》中還特別關注《詩經》的遣詞造句之美，細細地咀嚼《詩經》中字詞的巧妙之處。如：

（1）《周南·葛覃》第三章「薄污我私，薄澣我衣」中的「污」、「澣」二字，姚氏分析道：「此言『污』、『澣』與上絺綌之服又不必相涉，然而映帶生情，在有意無意間。此風人之妙致也」〔註114〕。姚氏從「污」、「澣」二字上體味詩人在有意無意間下筆的妙處。

（2）《召南·江有汜》篇第三章的「其嘯也歌」，姚氏云：「『嘯』、『歌』二字本一類。今欲押『歌』字，因易去『後』字，遂以『嘯』字當之；仍用『也』字調，分『嘯』、『歌』為兩，似乎難解，而但覺其神情飛動，為滿心滿意之辭，故是妙筆」〔註115〕。姚際恒的解釋傳達出了詩中喜悅的感情。

（3）《鄘風·君子偕老》篇中的「如山如河」之「山」、「河」，及「胡然

〔註111〕　（清）姚際恒《詩經通論》，第 94 頁。
〔註112〕　（清）姚際恒《詩經通論》，第 150 頁。
〔註113〕　（清）姚際恒《詩經通論》，第 174 頁。
〔註114〕　（清）姚際恒《詩經通論》，第 19 頁。
〔註115〕　（清）姚際恒《詩經通論》，第 44 頁。

而天也？胡然而帝也」中的「天」、「帝」，姚氏云：「『山、河』、『天、帝』，廣攬遐觀，驚心動魄；傳神寫意，有非言辭可釋之妙」〔註116〕。姚氏對詩中字詞的感悟，傳達出了詩中驚心動魄的強烈感情。

（4）《鄭風・風雨》，姚氏云：「『喈』為眾聲和；初鳴聲尚微，但覺其眾和耳。再鳴則聲漸高，『膠膠』；同聲高大也。三號以後，天將曉，相續不已矣；『如晦』，正寫其明也。惟其明，故曰『如晦』。惟其為『如晦』，則『淒淒』、『瀟瀟』時尚晦可知。詩意之妙如此，無人領會，可與語而心賞者，如何如何」〔註117〕？姚氏通過分析詩不同的用詞來領會詩人的用意。

還有《小雅・白駒》中的第三章中的「爾公爾侯，逸豫無期。慎爾優游，勉爾遁思」，姚氏評道：「四句四『爾』字，纏綿之音」〔註118〕。可見姚氏對《詩經》文本體味之細。《小雅・無羊》中的「矜矜兢兢」，姚氏云：「羊之步履欲爭先而實緩，『矜矜兢兢』四字描摹物理尤妙」〔註119〕，姚氏精闢的分析點出了詩人用筆之妙。

姚際恒在《通論》中挖掘《詩》篇字詞的妙處，達到了解詩中不可意會之效，領悟詩人用詞的深意，同時增強了詩的美感。

（三）解析創作手法

姚際恒在《詩經通論》中時常把《詩經》當作文學典籍，分析《詩》文創作構思技巧之妙，品評《詩》文的藝術手法。在《通論》中，姚氏作出了很多精當的評語。

1、對《詩》創作構思之妙的讚歎

姚際恒在《通論》中不時流露出對《詩》文創作構思精妙的讚歎。

（1）《王風・兔爰》中，對「尚寐無吪」、「尚寐無覺」、「尚寐無聰」，姚氏讚歎詩人之「奇想」，曰「凡人寤則憂，寐則不知，故願熟寐以無聞見。奇想奇語」〔註120〕。

（2）《王風・采葛》中「如三月兮」，「如三歲兮」之「歲」、「月」，姚氏說道：「『歲』、『月』，一定字樣，四時而獨言秋，秋風蕭瑟，最易懷人，亦見

〔註116〕（清）姚際恒《詩經通論》，第72頁。
〔註117〕（清）姚際恒《詩經通論》，第111頁。
〔註118〕（清）姚際恒《詩經通論》，第196頁。
〔註119〕（清）姚際恒《詩經通論》，第202頁。
〔註120〕（清）姚際恒《詩經通論》，第98頁。

詩人之善言」〔註121〕。肯定了詩人創作構思之巧。

（3）《陳風・株林》，姚氏云：「設問：『『胡爲乎株林，從夏南』乎？』曰：『『匪適株林、從夏南』，或他適耳。然見其駕我乘車以舍于株野，且乘我乘車以朝食于株，則信乎其適株林矣。但其從夏南與否則不得而知也』。二章一意，意若在疑、信之間，辭已在隱躍之際，詩人之忠厚也，亦詩人之善言也」〔註122〕。姚氏讚歎詩人對詩文構思的精妙，創作的得體，同時彰顯了詩人的忠厚，表彰了詩人之善言。

（4）《豳風・東山》，姚氏指出第二章之「町畽鹿場，熠熠宵行」二句「曲盡荒涼之態」〔註123〕，後在末章「我徂東山，慆慆不歸。我來自東，零雨其濛。倉庚於飛，熠耀其羽。之子于歸，皇駁其馬。親結其縭，九十其儀。」中云「凱旋詩乃作此香豔幽情之語，妙絕」〔註124〕！姚氏感歎詩人構思的合乎人情而又妙絕，出征者在極盡荒涼之後，凱旋歸來，想到走時才剛過門的妻子，這種大悲大喜的感情色彩有了強烈的對比，更加表現了歸來者及其複雜的心理。

姚際恒在《通論》中感歎詩人想像之奇，構思之妙的時候，常用「奇想」、「奇語」、「甚妙」等詞來品評《詩》文的創作構思。

2、對《詩》藝術手法的讚歎

姚際恒在《通論》時常點評《詩》藝術手法的高妙。如對《詩》中巧妙的比喻，他經常用「妙喻」來讚歎。對《詩》中的敘述藝術更是讚歎不已。

（1）衛風・碩人》的第一章「碩人其頎，衣錦褧衣。齊侯之子，衛侯之妻，東宮之妹，邢侯之姨，譚公維私。」姚氏云：「敘得詳覈而妙」〔註125〕。於第二章「手如柔荑，膚如凝脂，領如蝤蠐，齒如瓠犀，螓首蛾眉。巧笑倩兮，美目盼兮。」姚氏歎道「千古頌美人者無出其右，是爲絕唱」〔註126〕。在末章「河水洋洋，北流活活，施罛濊濊，鱣鮪發發，葭菼揭揭，庶姜孽孽，庶士有朅。」姚氏贊道「敘述描摹極工，有珠璣錯落之妙」〔註127〕。

〔註121〕（清）姚際恒《詩經通論》，第 98 頁。
〔註122〕（清）姚際恒《詩經通論》，第 149 頁。
〔註123〕（清）姚際恒《詩經通論》，第 166 頁。
〔註124〕（清）姚際恒《詩經通論》，第 167 頁。
〔註125〕（清）姚際恒《詩經通論》，第 83 頁。
〔註126〕（清）姚際恒《詩經通論》，第 83 頁。
〔註127〕（清）姚際恒《詩經通論》，第 83 頁。

（2）《王風・君子于役》篇第一章的「日之夕矣，羊、牛下來。」姚氏點評道：「日落懷人，眞情實況」〔註128〕。姚氏欣賞詩人於寥寥二句便自然點染出日落懷人的高妙處。

（3）《鄭風・大叔于田》，在首章，前部分「叔于田，乘乘馬，執轡如組，兩驂如舞。叔在藪，火烈具舉，襢裼暴虎，獻于公所。將叔無狃，戒其傷女！」姚氏讚賞詩人在此章的前部分「言暴虎」，而在後部分「加入親愛語意」〔註129〕，姚氏對詩人詞章剛柔相間駕馭能力的佩服。在第二章「抑磬控忌，抑縱送忌。」二句評道「詞調工絕」〔註130〕。於末章「叔于田，乘乘鴇，兩服齊首，兩驂如手。叔在藪，火烈具阜。叔馬慢忌，叔發罕忌，抑釋掤忌，抑鬯弓忌。」姚氏贊道「此章言涉獵，描摹尤妙」〔註131〕。姚氏讚歎道此詩「描摹工豔，鋪張亦復淋漓盡致，便爲《長楊》、《羽獵》之祖」〔註132〕。可見對此詩藝術手法的推崇備至。

（4）《唐風・葛生》篇，第四章之「夏之日，冬之夜」二句，意謂日月流走，思念益增。姚氏感歎此二句「不露思字，妙」〔註133〕。於末章的「冬之夜，夏之日」二句，姚氏評道「此換句特妙，見時光流轉」〔註134〕。兩句相同的詩句，只是調換了順序，便給人「時光流轉」，歲月逝去的無言的悲哀。可見姚際恒對詩人高超的語言駕馭能力的欽佩，同時姚際恒本人很強的文學體悟能力，也是讓人深感佩服的，他的解說是一般的腐儒所未能及的。

（5）對《陳風・東門之枌》之首章「東門之枌，宛丘之栩。子仲之子，婆娑其下。」四句，姚氏以一「畫」〔註135〕字評道，可見姚氏認爲此章的描述儼然就是一幅畫，可見詩人造詣之深。

（四）考察文學嗣音

姚際恒把《詩經》放在整個中國文學流程中考察其價值，指出了《詩經》對後世文學的巨大影響，肯定了《詩經》在文學史上的開創之功。在《詩經

〔註128〕（清）姚際恒《詩經通論》，第 93 頁。
〔註129〕（清）姚際恒《詩經通論》，第 102 頁。
〔註130〕（清）姚際恒《詩經通論》，第 102 頁。
〔註131〕（清）姚際恒《詩經通論》，第 102 頁。
〔註132〕（清）姚際恒《詩經通論》，第 103 頁。
〔註133〕（清）姚際恒《詩經通論》，第 136 頁。
〔註134〕（清）姚際恒《詩經通論》，第 136 頁。
〔註135〕（清）姚際恒《詩經通論》，第 145 頁。

通論・自序》中明確指出：

> 惟《詩》也旁流而爲騷，爲賦，直接之者漢、魏、六朝，爲四
> 言、五言、七言，唐爲律，以致復旁流爲幺麼之詞、曲，雖同支異
> 派，無非本諸大海，其中于人心，流爲風俗，與天地而無窮，未有
> 若斯之甚者也。〔註136〕

他總體性地論說了《詩經》對後世文學的導源性影響，認爲後世的韻語文學
樣式，如騷、賦、四五七言詩、律詩、詞曲等都可以從《詩經》中找到直接
性的源頭。在《詩經通論》中，姚際恒又具體分析了特定詩篇對後世文學的
影響。

（1）《周南・桃夭》篇，姚際恒云：「桃花色最豔，故以取喻女子，開千
古詞賦詠美人之祖」〔註137〕。

（2）《鄘風・君子偕老》，姚際恒認爲此篇是：「遂爲《神女》、《感甄》
之濫觴」〔註138〕。

（3）《鄭風・大叔于田》，姚氏云：「描寫工豔，鋪張亦復淋漓盡致，便
爲《長楊》、《羽獵》之祖」〔註139〕。

（4）《鄭風・有女同車》，之「將翱將翔」，姚氏云：「以其下車而行，始
聞其佩玉之聲，故以『將翱將翔』先之，善於摹神者。『翱翔』字從羽，故上
詩言鳧、雁，此則藉以言美人，亦如羽族之翱翔也。《神女賦》『宛若遊龍乘
雲翔』，《洛神賦》『若將飛而未翔』，又『翩若驚鴻』，又『體迅飛鳧』，又『或
翔神渚』，皆從此脫出」〔註140〕。

（5）《鄭風・野有蔓草》，姚氏評此篇詩中的第一章的「有美一人，清揚
婉兮」同第二章的「有美一人，婉如清揚」，是「迴文之祖」〔註141〕。

（6）《唐風・蟋蟀》的「蟋蟀在堂，歲聿其莫。今我不樂，日月其除。」
姚氏云「感時惜物詩肇端於此」〔註142〕。

（7）《唐風・山有樞》之「山有漆，隰有栗。子有酒食，何不日鼓瑟？」

〔註136〕 （清）姚際恒《詩經通論・自序》，第7頁。
〔註137〕 （清）姚際恒《詩經通論》，第72頁。
〔註138〕 （清）姚際恒《詩經通論》，第72頁。
〔註139〕 （清）姚際恒《詩經通論》，第103頁。
〔註140〕 （清）姚際恒《詩經通論》，第106頁。
〔註141〕 （清）姚際恒《詩經通論》，第112頁。
〔註142〕 （清）姚際恒《詩經通論》，第129頁。

姚氏云此是「漢魏詩鼻祖」〔註143〕。

二、《詩經通論》的《詩》學方法

姚際恒被梁啓超譽爲是「清初最勇於疑古的人」〔註144〕，他的《詩經通論》是清初一部有價值的反傳統的《詩經》學著作。他敢於反對前代《詩》學權威，考證、辨析前代《詩》說，「惟是涵泳篇章，尋繹文義，辨別前說，以從其是而黜其非」〔註145〕。本章試討論《詩經通論》的《詩》學方法：

（一）疑經求是

大膽懷疑前人《詩》說，是《詩經通論》的顯著特色。姚際恒在《通論》中疑古惑經，他懷疑前人的說法，並仔細的考證、辨析，愼重加以取捨，最後得出自己的意見。

姚際恒在《通論》中疑古惑經的例子不勝枚舉，如對《詩序》、歐陽修《詩本義》、蘇轍《詩集傳》、朱熹《詩集傳》、嚴粲《詩緝》、季本《詩說解頤》、何楷《詩經世本古義》等詩說的懷疑。在本文第二章，關於姚際恒對前代《詩經》解釋的批判，已經談得很多了。

姚際恒在《詩經通論》中，大膽的懷疑前人，體現了他作爲辨僞學家的思想特質，他立足《詩》文本，重視證據，對前人《詩》說，仔細考證辨別前人說《詩》的正誤，在此基礎上，加以取捨並得出自己的見解。還有些詩篇，姚氏不同意前人的解釋，而自己又提不出合理的說法，姚氏「寧爲未定之辭，務守闕疑之訓，俾原詩之眞面目悉存，猶愈于漫加粉蠹，遺誤後世而已」（《通論·自序》第9頁）。顯示了姚際恒實事求是的《詩》學方法。

如《鄭風·將仲子》，《詩序》謂「刺莊公」，姚氏反對《詩序》以此詩附會鄭事，云：「予謂就詩論詩，以意逆志，無論其爲鄭事也，淫詩也，其合者吾從之而已。今按以此詩言鄭事多不合，以爲淫詩則合，吾安能不從之，而故爲強解以不合此詩之旨耶」〔註146〕！後又謂「此雖屬淫，然女子爲此婉轉之辭以謝男子，而以父母、諸兄及人言爲可畏，大有廉恥，又豈得爲淫者哉」

〔註143〕（清）姚際恒《詩經通論》，第130頁。

〔註144〕梁啓超《中國近三百年學術史》，東方出版社，1996年版，第229頁。

〔註145〕（清）姚際恒《詩經通論·自序》，第9頁。

〔註146〕（清）姚際恒《詩經通論》，第101頁。

〔註147〕。具有封建文人氣質的姚際恒，努力拋開心中的束縛，立足《詩》文本，解此詩爲男女之詩，可見其實事求是的嚴謹態度。

對那些姚際恒不能確定詩旨的詩篇，姚氏寧「闕疑」詩篇，不強解詩，《詩經通論・自序》說：「其不詳者，寧爲未定之辭，務守闕疑之訓，俾原詩之眞面目悉存，猶愈于漫加粉蠹，貽誤後世而已」〔註148〕。如《周南・茉苢》，姚氏以「此詩未詳」〔註149〕來注明；《召南・殷其雷》，姚氏謂「此詩之義當闕疑」〔註150〕；《邶風・雄雉》，姚氏謂「不敢強解此詩」〔註151〕。此外還有《邶風・二子乘舟》、《鄘風・蝃蝀》、《王風・君子陽陽》、《王風・揚之水》、《齊風・甫田》、《陳風・東門之楊》、《陳風・澤陂》、《小雅・黃鳥》、《小雅・我行其野》，姚氏以實事求是的嚴謹態度，闕疑這些詩篇，而不強加解釋。可見實事求是的解《詩》方法是姚際恒解《詩》的特點之一。

（二）立足文本

姚際恒批評漢人解《詩》失之固，宋人失之妄，明人失之鑿，都不是解《詩》的正確方法，難免有這樣或那樣的缺失，只有孟子「以意逆志」之法可以矯正以上偏失。《詩經通論・自序》說：「說者咸謂孟子之釋《北山》必有所本；予謂非也，此亦尋繹詩意而得之。不然，胡爲有『以意逆志，是爲得之』之訓乎」〔註152〕？因此在詩義的探求上，姚氏主要依據《詩經》文本，奉守「以意逆志」之法，反對與詩篇無關的解說。如：

（1）《召南・野有死麕》，姚際恒反對歐陽修《詩本義》解此詩爲刺淫之詩。姚氏立足詩文本，認爲「此篇是山野之民相與及時爲昏姻之詩」（《通論》第44頁）。此篇朱熹以爲是「女子有貞潔自守，不爲強暴所污者」〔註153〕。姚際恒以爲不合符詩中「女稱『懷春』，男稱『吉士』」〔註154〕，可見姚氏以「山野之民相與及時爲婚姻之詩」的解釋比歐陽修和朱熹的說法，要合理通達的多。

〔註147〕（清）姚際恒《詩經通論》，第101頁。
〔註148〕（清）姚際恒《詩經通論・自序》，第9頁。
〔註149〕（清）姚際恒《詩經通論》，第26頁。
〔註150〕（清）姚際恒《詩經通論》，第41頁。
〔註151〕（清）姚際恒《詩經通論》，第57頁。
〔註152〕（清）姚際恒《詩經通論・自序》，第8頁。
〔註153〕（宋）朱熹《詩集傳》，第13頁。
〔註154〕（清）姚際恒《詩經通論》，第44頁。

（2）《衛風‧有狐》，《小序》以「刺時」解此詩，姚氏認為與詩文不合，他從詩篇來看詩，云：「此詩是婦人以夫從役於外，而憂其無衣之作」〔註155〕。姚氏的解釋是合乎詩義的。

（3）《齊風‧南山》，姚際恒認為如果季本所言「通篇刺文姜」〔註156〕正確的話，那「雄狐」指誰？此詩姚氏贊成嚴粲的觀點，以為是「通篇刺魯桓」〔註157〕。較之季本，嚴粲之說為佳。可見姚氏在詩旨的取捨上是緊依《詩》篇的。

姚際恒在分析《詩》篇詩旨的時，回歸《詩》篇，立足《詩》文本來看《詩》，努力做出合乎詩本義的解釋。

（三）反覆涵泳

姚際恒在《通論‧自序》中強調他解《詩》「惟是涵泳篇章，尋繹文義」〔註158〕。即是拋開一切的舊注舊解，在反覆涵泳詩篇的基礎上，對詩作出分析，或談論詩旨，或品評詩篇行文之妙。

如《秦風‧黃鳥》：蘇轍認為是「三良之死，穆公之命也。康公從其言而不改，其亦異於魏顆矣」〔註159〕。姚氏認為，「子由又本之子瞻，其《過秦穆公墓》曰，『穆公生不誅孟明，豈有死之日而忍用其良也』……知此偏是宋人有此深文，何也？其意以穆公尚為賢主，康公庸鄙，故舉而歸其罪。不知從死乃秦戎狄之俗，非關君之賢否也；何必為穆公迴護而歸罪康公哉」〔註160〕！姚氏反覆涵泳詩篇，認為子瞻、子由由此解《詩》是為賢能的穆公迴護，而責怪於庸鄙的康公。最後姚氏的結論是：三良從死，乃是秦戎狄之俗，非觀君之賢否〔註161〕。姚氏以秦之俗來看秦地的詩篇，這種眼光和方法是可嘉獎的。姚氏涵泳詩篇，努力探求合乎詩篇的詩旨。

姚際恒在《通論》中反覆涵泳詩篇，對《詩》作出了很多精闢的品評，如：

（1）《豳風‧七月》第二章的「七月流火，九月授衣。春日載陽，有鳴

〔註155〕（清）姚際恒《詩經通論》，第 90 頁。
〔註156〕（清）姚際恒《詩經通論》，第 119 頁。
〔註157〕（清）姚際恒《詩經通論》，第 119 頁。
〔註158〕（清）姚際恒《詩經通論‧自序》，第 9 頁。
〔註159〕（宋）蘇轍《詩集傳》卷六，文淵閣《四庫全書》本。
〔註160〕（清）姚際恒《詩經通論》，第 142 頁。
〔註161〕（清）姚際恒《詩經通論》，第 142 頁。

倉庚。女執懿筐，遵彼微行，爰求柔桑。采蘩祁祁，女心傷悲，殆及公子同歸。」姚氏評道「『公子』，豳公之子，乃女公子也。此採桑之女，在豳公之宮，將隨女公子嫁爲媵，故治蠶以備衣裝之用，而於採桑時胡然悲傷，以其將及公子同歸也。如此，則詩之情景宛合。從來不得其解。其寫小兒女無端哀怨，最爲神肖」〔註162〕。姚氏在眉批中說「閒著淒婉之詞，妙極，妙極」〔註163〕。姚氏涵詠詩篇，領悟詩意，感悟詩人之用意。

（2）《小雅・無羊》中「誰謂爾無羊？三百維羣。誰謂爾無牛？九十其犉。爾羊來思，其角濈濈。爾牛來思，其耳濕濕。或降於阿，或飲於池，或寢或訛。爾牧來思，何蓑何笠，或負其餱。」姚氏涵泳詩章道：「此兩章是群牧圖，或寫物態，或寫人情、深得人、物兩忘之妙」〔註164〕。姚際恒道出了此詩之妙處。

（3）《小雅・蓼莪》篇第四章「父兮生我，母兮鞠我。拊我畜我，長我育我，顧我復我，出入腹我。欲報之德，昊天罔極！」姚氏評道「實言所以『劬勞』、『勞瘁』，勾人眼淚全在此無數『我』字」〔註165〕。姚際恒道出了詩人之深情。

（4）《小雅・大田》篇「有渰萋萋，興雨祁祁。雨我公田，遂及我私。」姚氏云：「正以無理語見其忠懇」〔註166〕，「彼有不穫，穉此有不斂穧。彼有遺秉，此有滯穗，伊寡婦之利」，姚氏云：「描摹收穫之多，全用閒情別致」〔註167〕。姚際恒道出了詩人之忠懇及詩人描摹之妙處。

（5）《豳風・東山》篇，第二章之「町畽鹿場，熠熠宵行」二句，姚氏云「曲盡荒涼之態」〔註168〕。

（6）《唐風・葛生》篇，第四章「夏之日，冬之夜。百歲之後，歸於其居」，姚氏品評道：「言『夏、冬』者，取時變之大，猶今人言『寒暑迭更，裘葛屢易』也，見其無時不思，此一義也。云『日、夜』者，見其無刻不思，此又一義也。以『日』屬『夏』，以『夜』屬『東』，則各以其長者言

〔註162〕（清）姚際恒《詩經通論》，第161頁。
〔註163〕（清）姚際恒《詩經通論》，第159頁。
〔註164〕（清）姚際恒《詩經通論》，第201頁。
〔註165〕（清）姚際恒《詩經通論》，第221頁。
〔註166〕（清）姚際恒《詩經通論》，第235頁。
〔註167〕（清）姚際恒《詩經通論》，第235頁。
〔註168〕（清）姚際恒《詩經通論》，第166頁。

之，此又一義也。末章轉換，亦以見時之轉換，此又一義也。詩義之耐人尋繹如此」〔註169〕。可見，姚際恒在尋求詩篇詩旨的時候，反覆涵泳篇章，希望獲得詩人之意。同時在涵泳詩篇的時候，姚際恒也對《詩》作出了很多精妙的品評。

（四）政教論詩

姚際恒作爲傳統學者，他還不能完全擺脫舊有詩學論述的束縛，在他看來，《詩經》爲封建的道德、邦國服務是理所當然的。因此，在言《詩》的時候，姚際恒不時也有以政教言《詩》的弊端。

如《周南・關雎》，姚際恒云：「此詩只是當時詩人美世子娶妃初昏之作，以見嘉耦之合初非偶然，爲周家發祥之兆，自此可以正邦國，風天下」〔註170〕。可見姚際恒的分析，帶上了濃濃的政教色彩。

再如《召南・摽有梅》，姚氏云：「天下乎地，男求乎女，此天地之大義。乃以爲女求男，此『求』字必不可通。而且憂煩急迫至于如此，廉恥道喪，尚謂之《二南》之風，文王之化，可乎」〔註171〕，姚氏的解釋儼然封建衛道士的話語，捍衛封建倫理道德的態度溢於言表。

對於《詩》，姚際恒用孔子的話，認爲是「思無邪」，同時帶有政教色彩解《詩》的他，硬把一些表現男女天眞活潑的情詩戀歌，變換主題，或定爲朋友之詩，或定爲是「刺淫」之詩。如認爲《衛風・木瓜》是「朋友相贈答。」〔註172〕。認爲《王風・采葛》是「懷朋友之詩」〔註173〕，認爲《鄭風・遵大路》是「故舊於道左言情，相和好之辭，今不可考」〔註174〕，認爲《鄭風・子衿》是「思友之詩」〔註175〕。《鄭風・溱洧》，認爲是「刺淫」之詩〔註176〕，認爲《齊風・東方之日》、《魏風・十畝之間》均是「刺淫」之詩。

可見以政教論詩，是《詩經通論》的《詩》學方法之一，同時也是是書的不足之處。

〔註169〕（清）姚際恒《詩經通論》，第 136 頁。
〔註170〕（清）姚際恒《詩經通論》，第 15 頁。
〔註171〕（清）姚際恒《詩經通論》，第 42 頁。
〔註172〕（清）姚際恒《詩經通論》，第 91 頁。
〔註173〕（清）姚際恒《詩經通論》，第 98 頁。
〔註174〕（清）姚際恒《詩經通論》，第 104 頁。
〔註175〕（清）姚際恒《詩經通論》，第 111 頁。
〔註176〕（清）姚際恒《詩經通論》，第 123 頁。

第六節　《詩經通論》的不足與影響

一、《詩經通論》的不足

姚際恒的《詩經通論》在清代《詩經》學史上佔有重要的地位，但是此書本身也存在一些不足和弱點。方玉潤《詩經原始·自序》就批評姚際恒《詩經通論》「剖析未精，立論未允，識微力淺，義少辨多」，認為《詩經通論》「亦不足以針盲而起廢」〔註177〕。《詩經通論》的弱點和不足概括起來有以下幾點：

第一：作為傳統中國的文人，姚際恒還不能擺脫對《詩經》的過度尊奉。過份尊崇孔子，把孔子論述《詩經》時說過的「思無邪」奉為經典，為了維護《詩經》的純潔性，以致歪曲了《詩經》中的一部分戀情詩。如《衛風·木瓜》，《鄭風》中的《子衿》、《狡童》、《溱洧》等詩，朱熹《詩集傳》早認定為是情詩戀歌，但是為了維護封建的倫理道德的需要，作為理學家的朱熹不得不將其稱作「淫詩」。姚際恒卻對此大做文章，倡言「《集傳》紕謬不少，其大者尤在誤讀夫子『鄭聲淫』一語，妄以《鄭詩》為淫，且及於《衛》，及於他國。是使《三百篇》為訓淫之書，吾夫子為導淫之人，此舉世之所切齒而歎恨者」〔註178〕。正如日本學者村山吉廣所說：「確實地，這種真摯的聖經觀，可以說是在《詩經通論》中決定他的立場最根本的要素。……同時，他不允許《詩經》中一切淫詩的存在的心情也根源於此」〔註179〕。由於這種極端的尊經態度作祟，他有意識地改變了這些戀情詩的詩旨，把一些天真淳樸的戀歌說成是朋友間相互贈答的詩，或「刺淫」之詩，或直接以「不可考」而塞責。如：

《衛風·木瓜》——朋友相贈答。

《鄭風·子衿》——此疑亦思友之詩。

《鄭風·溱洧》——此刺淫之詩。

《秦風·蒹葭》——賢人隱居水濱，而人慕而思見之。

《鄭風·狡童》——有深於憂時之意。

〔註177〕（清）方玉潤《詩經原始·自序》，中華書局，1986年版，第3頁。

〔註178〕（清）姚際恒《詩經通論·自序》，第8頁。

〔註179〕村山吉廣《姚際恒的學問（下）——關於〈詩經通論〉》，載於林慶彰、蔣秋華編的《姚際恒研究論集·中》，臺灣中研院文哲所，1996年初版，第412頁。

《陳風‧東門之楊》——此詩未詳。〔註180〕

另外，姚際恒《詩經通論》對朱熹《詩集傳》還有很多偏頗之辭。如在《詩經論旨》中，姚氏這樣說道：「《集傳》只是反《序》中諸詩為淫詩一著耳，其他更無勝《序》處。夫兩書角立，互有得失，則可並存；今如此，則《詩序》固當存，《集傳》直可廢也」〔註181〕。「姚氏對於《集傳》，是笑罵無不極至的。有時簡直是在鬧意氣」〔註182〕。如《小雅‧魚麗》，姚氏謂「此王者燕饗臣工之樂歌」〔註183〕，卻評價朱熹《詩集傳》「燕、饗通用之樂歌」的說法「謬」〔註184〕。再如《小雅‧車攻》，第二章中「東有甫草」之「甫草」，《通論》云：「鄭氏謂『甫草者，甫田之草也；鄭有甫田』。按『甫』，圃同，鄭說是。田必芟草為防，故有取於圃田之草也。《集傳》直以『甫草』為圃田，謬」〔註185〕。可見姚氏在一些解釋上和朱熹《詩集傳》有意相左，這也是姚際恒解《詩》的不足之處。

第二：姚際恒解《詩》努力做到實事求是，立足《詩》文本，反對穿鑿附會的解釋，但是作為封建文人的他始終不能擺脫時代和階級意識的限制，在解讀一些詩篇的時候，對一些穿鑿附會的舊說，並不能完全否定，如云《周南‧關雎》「為周家發祥之兆，自此可以正邦國，風天下」〔註186〕。如《周南‧葛覃》，他反對《詩序》「后妃之本」說，反對朱熹「此詩后妃所自作」〔註187〕說，而認為「此亦詩人指后妃治葛之事而詠之，以見后妃富貴不忘勤儉也」〔註188〕，姚氏也用「后妃」解詩，且他的「后妃富貴不忘勤儉也」也同於朱熹「於此可以見其已貴而能勤，已富而能儉」〔註189〕之說。如《周南‧卷耳》，他反對《小序》「后妃之志」，《大序》「后妃求賢審官」，朱熹《詩集傳》「后妃以君子不在而思之」的說法，而認為是此詩是「文王求賢官人」

〔註180〕參見本人拙文《試評姚際恒〈詩經通論〉》，發表在《貴州文史叢刊》2007年第3期，第14頁。

〔註181〕（清）姚際恒《詩經通論》卷前之《詩經論旨》，第4頁。

〔註182〕何定生《關於〈詩經通論〉》，載《古史辨》第三冊，上海古籍古籍出版社，1982年版，第422頁。

〔註183〕（清）姚際恒《詩經通論》，第184頁。

〔註184〕（清）姚際恒《詩經通論》，第184頁。

〔註185〕（清）姚際恒《詩經通論》，第192頁。

〔註186〕（清）姚際恒《詩經通論》，第15頁。

〔註187〕（宋）朱熹《詩集傳》，第3頁。

〔註188〕（清）姚際恒《詩經通論》，第18頁。

〔註189〕（宋）朱熹《詩集傳》，第3頁。

〔註190〕，姚氏的解釋仍然是用了《大序》「求賢審官」之意，而把「后妃」換作「文王」，朱熹的解釋比姚氏更符合詩意。可見，「凡是舊說中認爲和周王朝有關的詩，他都不輕易對舊說根本否定」〔註191〕。

第三：姚氏在《詩經通論》中，力爭立足《詩經》文本，實事求是地對《詩經》作出合理的解釋，認眞辨別《詩序》的說法，尊崇「從其是而黜其非」〔註192〕的原則，在一些詩篇的解釋上，姚氏反對《詩序》的解釋，在一些詩篇中，姚氏贊成《詩序》的說法，這集中地體現了姚氏甄別詩義的能力，但是有些《詩序》的說法是不妥的，姚氏沒有能辨別出來，仍從《詩序》的解釋。如《邶風‧柏舟》，《通論》云：「《小序》謂『仁而不遇』，近是」〔註193〕。如《邶風‧匏有苦葉》，《通論》云：「《小序》謂『刺衛宣公』；《大序》謂『公與夫人並爲淫亂』，其說可從」（《通論》第58頁）。在《邶風‧匏有苦葉》篇的詩旨上，姚際恒寧可從《序》，都不贊成朱熹的「刺淫亂之詩」〔註194〕的說法，朱熹雖然以爲是刺淫亂之詩，但朱熹的解《詩》比起《詩序》來是進了一步。再如《邶風‧靜女》，姚際恒云：「《小序》謂『刺時』，是，此刺淫之詩也」〔註195〕。如《鄘風‧君子偕老》，《通論》云：「《小序》謂刺衛夫人宣姜，可從」〔註196〕。可見姚際恒反對《詩序》也不是很徹底。

第四：姚際恒對前人的《詩經》研究成果的評價有時過於輕率，分析不夠全面，有些地方也失之公允。如「呂伯公《詩紀》纂輯舊說，最爲平庸。」（《通論‧詩經論旨》第5頁），「朱郁儀《詩故》，亦平淺，間有一二可採。」（《通論‧詩經論旨》第6頁），對漢、宋、明三代的《詩經》研究成果的批評就更加草率了，將其簡單的概括爲「漢人之失在於固，宋人之失在於妄」，「明人說《詩》之失在於鑿。」（《詩經通論‧自序》），僅僅看到了三代《詩經》研究的部分不足便作這樣的斷語，是十分片面和武斷的。

此外，姚際恒的《詩經通論》在「訓詁名物」方面成就不是特別突出，

〔註190〕（清）姚際恒《詩經通論》，第20頁。
〔註191〕胡念貽《〈詩經通論〉簡評》，見胡念貽《關於文學遺產的批評繼承問題》，第279頁。
〔註192〕（清）姚際恒《詩經通論‧自序》，第9頁。
〔註193〕（清）姚際恒《詩經通論》，第48頁。
〔註194〕（宋）朱熹《詩集傳》，第20頁。
〔註195〕（清）姚際恒《詩經通論》，第67頁。
〔註196〕（清）姚際恒《詩經通論》，第72頁。

與清・陳奐的《詩毛氏傳疏》和清・王先謙的《詩三家義集疏》相比，就可
以看出其不足。

二、《詩經通論》的影響

姚際恒的《詩經通論》一書，大膽疑古而又謹守文本，立論自由而又師
法前賢，開創了清代《詩經》研究的新風尙。姚際恒的這種解《詩》方法和
治學精神影響了後來的崔述、方玉潤、顧頡剛等學者。

梁啓超先生首先將姚際恒、崔述、方玉潤三人相提並論，統稱爲清代《詩
經》學正統派的反對者，姚際恒攻擊正統派所尊奉的《詩序》，在三人之中最
爲徹底堅決，梁啓超云：

> 清學正統派，打著「尊漢」、「好古」的旗號，所以多數著名學
> 者，大率群守《毛序》。然而舉叛旗的人也不少，最凶的便是姚立方，
> 著有《詩經通論》。〔註197〕

胡適在《談談〈詩經〉》中說道：

> 殊不知漢人的思想比宋人的確要迂腐的多呢！但在那個時候研
> 究《詩經》的人，確實出了幾個比漢宋都要高明的，如著《詩經通
> 論》的姚際恒。〔註198〕

胡適以爲姚際恒的《詩經通論》不僅突破了清代漢學家的局限，也一定程度
上糾正了宋學派的許多偏見，代表了清代《詩經》學的新成就。

夏傳才先生在其《詩經研究史概要》中首次以「獨立思考派」稱姚際恒、
崔述和方玉潤〔註199〕，他說：

> 姚際恒、崔述、方玉潤三家著述，不受傳統傳疏束縛，不爲當
> 時潮流所左右，以求實的精神尋繹文義，對各家注疏逐一辨析。他
> 們大膽懷疑，窮委竟原，謹嚴自守，又自由立論，從而打破前人一
> 些謬誤的成說，探求了一部分詩篇的本義。開拓了《詩經》研究的
> 一種新的學風。〔註200〕

姚際恒主張立足《詩》文本的解《詩》立場影響了崔述、方玉潤。姚際恒主

〔註197〕梁啓超《中國近三百年學術史》，第13～14頁。
〔註198〕胡適《談談〈詩經〉》，見顧頡剛編著《古史辨》第三冊下編，上海古籍出版
　　　　社，1982年版，第579頁。
〔註199〕夏傳才《詩經研究史概要》，中州書畫社出版社，1982年版，第187頁。
〔註200〕夏傳才《思無邪齋詩經論稿》，學苑出版社，2000年版，第53頁。

張「涵泳篇章，尋繹文義」〔註201〕，崔述主張「體會經文」〔註202〕，方玉潤
主張「反覆涵泳」，「循文按義」〔註203〕。對《詩》文本的關注是三者一致的
出發點。

　　他們都對前代《詩》說作了大膽的批評。對於朱熹的「淫詩」說，方玉
潤幾乎是完全接受了姚際恒的說法。他認為「《集傳》於詩詞稍涉男女字，即
以為淫奔之詩，說《詩》如此，未免有傷忠厚，恐非詩人意」〔註204〕。

　　方玉潤《詩經原始》受《詩經通論》的影響尤為明顯，《詩經原始・自序》
說：

　　　　最後得姚氏際恒《通論》一書讀之，亦既繁徵遠引，辯論於《序》
　　《傳》二者之間，頗有領悟，十得二三矣。而剖抉未精，立論未允，
　　識微力淺，義少辯多，亦不足以針肓而起廢。乃不揣固陋，反覆涵
　　泳，參論其間，務求得古人作詩本意而止，不顧《序》，不顧《傳》，
　　亦不顧《論》，唯其是者從而非者正，名之曰《原始》，蓋欲原詩人
　　之始意也。〔註205〕

可見方玉潤在作《詩經原始》的時候，對《詩經通論》已經爛熟於心，《詩經
通論》在說詩的方法和內容上都深深地影響了方玉潤。

　　在一些詩篇詩旨的解釋上，方玉潤也明顯的受到姚際恒的影響，如《周
南・關雎》，姚際恒認為「此詩只是當時詩人美世子娶妻初婚之作，以見佳耦
之合初非偶然，為周家發祥之兆，自此可以正邦國，風天下，不必實指出太
姒、文王」〔註206〕。方玉潤云：「此詩蓋周邑之詠初婚者，用之鄉人，用之邦
國，而無不宜焉」〔註207〕。可見方玉潤同意姚際恒把《關雎》解釋為詠初婚
的詩。在《王風・中谷有蓷》、《王風・采葛》、《王風・大車》、《鄭風・緇衣》、
《唐風・杕杜》、《秦風・權輿》、《陳風・宛丘》、《陳風・衡門》、《小雅・鹿
鳴》、《小雅・四牡》、《小雅・皇皇者華》、《小雅・常棣》、《小雅・伐木》、《小
雅・采薇》、《小雅・出車》等諸多篇的詩旨上，方玉潤也都採用了姚際恒的

〔註201〕　（清）姚際恒《詩經通論・自序》，第9頁。
〔註202〕　（清）崔述著，顧頡剛編訂《崔東壁遺書》，上海古籍出版社，1983年版，
　　　　　第524頁。
〔註203〕　（清）方玉潤《詩經原始》，第3頁。
〔註204〕　（清）方玉潤《詩經原始》，第188頁。
〔註205〕　（清）方玉潤《詩經原始》，第3頁。
〔註206〕　（清）姚際恒《詩經通論》，第15頁。
〔註207〕　（清）方玉潤《詩經原始》，第71頁。

觀點。

　　《詩經通論》中的文學思想也深深地影響了方玉潤，如姚際恒在《詩經通論》中對《詩經》的藝術品評運用了科舉文尤其是八股文選本中常用的圈評法，方玉潤也在《詩經原始》中運用這種文學批評方式，日本人村山吉廣認爲「清初姚際恒《詩經通論》中對詩句加了圈評，這一方法爲清末方玉潤作《詩經原始》時所沿襲」〔註208〕。在對一些詩篇作文學性的分析時，也可見方玉潤受姚際恒影響的痕迹，如《唐風・葛生》篇，姚氏評價四、五章時說「此換句特妙，見時光流轉」〔註209〕。方玉潤於此篇的眉評則是：「〔四、五章〕二章句法只一互換，覺時光流轉，瞬息百年，人生幾何，能不傷心」〔註210〕？《周頌・良耜》篇，姚際恒說「田家圖」，〔註211〕方玉潤說「是一幅田家樂圖」〔註212〕。《鄘風・君子偕老》篇，《詩經原始》云：「至其藻采之工，音節之妙，則姚氏際恒謂『爲《神女》、《感甄》之濫觴，山河天帝，廣攬遐觀，驚心動魄，傳神寫意，有非言辭所能釋』者」〔註213〕。《鄘風・定之方中》，方玉潤評價道：「至其詞氣之工，則姚氏所謂『描摹工豔，鋪張亦復淋漓盡致，便爲《長楊》、《羽獵》之祖』，庶幾能識作者苦心云」〔註214〕。可見《詩經通論》對《詩經原始》的影響之深。

　　五四時期開創了中國疑古辨僞的新時代，這一時期的學者大都具有強烈的反傳統的意識。姚際恒除了《詩經通論》外，還有《古今僞書考》，該書考訂群籍，姚際恒強烈的疑古作風，而又不囿於傳統的思維方法，影響了古史辨派的顧頡剛，顧頡剛說道：「我的《古史辨》的指導思想，從遠的說是起源於鄭（樵）、姚（際恒）、崔（述）三人的思想，從近的來說則是受了胡適、錢玄同兩人的啓發和幫助」〔註215〕。

〔註208〕村山吉廣、戴君恩《〈讀風臆評〉與陳繼揆〈讀風臆補〉比較研究》，見林慶彰，蔣秋華主編《明代經學國際研討會論文集》，中研院文哲所，2002年版，第156頁。
〔註209〕（清）姚際恒《詩經通論》，第136頁。
〔註210〕（清）方玉潤《詩經原始》，第263頁。
〔註211〕（清）姚際恒《詩經通論》，第348頁。
〔註212〕（清）方玉潤《詩經原始》，第618頁。
〔註213〕（清）方玉潤《詩經原始》，第158頁。
〔註214〕（清）方玉潤《詩經原始》，第207頁。
〔註215〕顧頡剛《我是怎樣編寫〈古史辨〉的？》見《中國哲學》第二輯，三聯書店出版社，1980年版，第390頁。

　　姚際恒獨立思考，不爲傳統權威所囿，實事求是，大膽辨僞的學術精神集中體現在《詩經通論》中，這些學術思想對後代產生了深遠的影響。

《詩經通論》對《小序》所定詩旨之取捨情況表

類別 詩體　篇名	同意 《小序》	同意並修改 《小序》	駁斥 《小序》	不提 《小序》
周南		《螽斯》、《漢廣》	《關雎》、《葛覃》、《卷耳》、《樛木》、《桃夭》、《兔罝》、《芣苢》、《汝墳》、《麟之趾》	
召南			《鵲巢》、《采蘩》、《草蟲》、《采蘋》、《甘棠》、《羔羊》、《殷其雷》、《摽有梅》、《騶虞》	《江有汜》、《行露》、《小星》、《野有死麕》、《何彼穠矣》
邶風	《柏舟》、《綠衣》、《燕燕》、《匏有苦葉》、《式微》、《簡兮》、《靜女》、《新臺》		《擊鼓》、《凱風》、《雄雉》、《二子乘舟》	《日月》、《終風》、《谷風》、《旄丘》《泉水》、《北門》、《北風》
鄘風	《君子偕老》、《桑中》、《定之方中》	《蝃蝀》、《干旄》	《柏舟》、《鶉之奔奔》	《牆有茨》、《相鼠》、《載馳》
衛風	《淇奧》	《竹竿》、《河廣》	《考槃》、《碩人》、《芄蘭》、《伯兮》、《有狐》、《木瓜》	《氓》
王風	《丘中有麻》	《黍離》	《揚之水》、《葛藟》、《采葛》、《大車》	《君子于役》、《中谷有蓷》、《兔爰》
鄭風	《風雨》		《緇衣》、《叔于田》、《遵大路》、《有女同車》、《山有扶蘇》、《蘀兮》、《狡童》、《褰裳》、《東門之墠》、《子衿》、《揚之水》、《出其東門》、《野有蔓草》、《溱洧》	《大叔于田》、《清人》、《羔裘》、《女曰雞鳴》、《豐》
齊風	《盧令》、《載驅》、《猗嗟》		《雞鳴》、《還》、《著》、《東方未明》、《南山》、《甫田》	《東方之日》、《敝笱》
魏風	《汾沮洳》、《陟岵》		《園有桃》、《伐檀》	《葛屨》、《碩鼠》、《十畝之間》

唐風	《羔裘》、《無衣》、《葛生》、《采苓》		《蟋蟀》、《山有樞》、《綢繆》	《揚之水》、《椒聊》、《杕杜》、《鴇羽》、《有杕之杜》
秦風			《車鄰》、《駟驖》、《小戎》、《終風》、《晨風》、《無衣》、《渭陽》	《蒹葭》、《黃鳥》、《權輿》
陳風	《墓門》、《防有鵲巢》、《月出》		《宛丘》、《澤陂》	《東門之枌》、《衡門》、《東門之池》、《東門之楊》、《株林》
檜風	《羔裘》、《匪風》		《素冠》、《隰有萇楚》	
曹風			《鳲鳩》	《蜉蝣》、《侯人》、《下泉》
豳風	《東山》		《七月》	《鴟鴞》、《伐柯》、《破斧》、《九罭》、《狼跋》
小雅	《皇皇者華》、《湛露》、《彤弓》、《六月》、《沔水》、《鴻雁》、《祈父》、《斯干》、《無羊》、《節南山》、《正月》、《小旻》、《小宛》、《小弁》、《頍弁》、《青蠅》	《庭燎》、《賓之初筵》	《鹿鳴》、《四牡》、《棠棣》、《采薇》、《出車》、《杕杜》、《南山有臺》、《菁菁者莪》、《鶴鳴》、《白駒》、《我行其野》、《十月之交》、《雨無正》、《黃鳥》、《何人斯》、《谷風》、《蓼莪》、《無將大車》、《小明》、《鼓鐘》、《楚茨》、《信南山》、《甫田》、《大田》、《瞻彼洛矣》、《裳裳者華》、《桑扈》、《鴛鴦》、《車舝》、《魚藻》、《采菽》、《角弓》、《菀柳》、《都人士》、《黍苗》、《白華》、《緜蠻》、《瓠葉》、《漸漸之石》	《伐木》、《天保》、《魚麗》、《南有嘉魚》、《蓼蕭》、《采芑》、《車攻》、《吉日》、《巧言》、《大東》、《四月》、《北山》、《采綠》、《隰桑》、《苕之華》、《何草不黃》
大雅	《緜》、《思齊》、《下武》、《板》、《蕩》、《桑柔》	《旱麓》、《民勞》、	《文王》、《棫樸》、《皇矣》、《靈臺》、《文王有聲》、《生民》、《行葦》、《既醉》《鳧鷖》《假樂》、《公劉》、《泂酌》、《卷阿》、《抑》、《雲漢》、《崧高》、《蒸民》、《韓奕》、《常武》、《瞻卬》	《大明》、《江漢》、《召旻》

周頌	《清廟》、《我將》、《思文》、《豐年》、《有瞽》、《有客》、《武》、《閔予小子》、《小毖》、《良耜》、《般》	《載見》、《敬之》	《維天之命》、《維清》、《烈文》、《天作》、《昊天有成命》、《執競》、《臣工》、《噫嘻》、《振鷺》、《潛》、《雝》、《載芟》、《絲衣》、《酌》、《桓》、《賚》	《時邁》、《訪落》
魯頌	《閟宮》		《駉》、《有駜》、《泮水》	
商頌	《那》、《長發》、《殷武》		《烈祖》	《玄鳥》
合計	67	13	152	73

《詩經通論》對《大序》所定詩旨之取捨情況表

詩體 ＼ 類別 篇名	同意《大序》	同意並修改《大序》	駁斥《大序》	不提《大序》
周南	《汝墳》		《關雎》、《葛覃》、《卷耳》、《螽斯》、《桃夭》、《芣苢》、《麟之趾》、《漢廣》	《樛木》、《兔罝》
召南	《江有汜》		《采蘩》、《甘棠》、《羔羊》、《殷其雷》	《草蟲》、《采蘋》、《鵲巢》、《行露》、《摽有梅》《小星》、《野有死麕》、《何彼襛矣》、《騶虞》
邶風	《凱風》、《新臺》	《匏有苦葉》	《柏舟》、《日月》、《雄雉》	《綠衣》、《終風》、《燕燕》、《擊鼓》、《谷風》、《式微》、《旄丘》《簡兮》、《靜女》《泉水》、《北門》、《北風》、《二子乘舟》
鄘風	《牆有茨》		《柏舟》、《桑中》、《蝃蝀》、《相鼠》、《干旄》	《君子偕老》、《定之方中》、《載馳》、《鶉之奔奔》
衛風			《碩人》、《竹竿》、《木瓜》	《淇奧》、《氓》、《考槃》、《芄蘭》、《河廣》、《伯兮》、《有狐》
王風			《君子陽陽》、《揚之水》、《葛藟》、《大車》	《黍離》、《君子于役》、《中谷有蓷》、《兔

				爰》、《采葛》、《丘中有麻》
鄭風			《緇衣》、《叔于田》、《遵大路》、《有女同車》、《山有扶蘇》、《褰裳》、《東門之墠》、《揚之水》、《溱洧》	《將仲子》、《大叔于田》、《清人》、《羔裘》、《女曰雞鳴》、《風雨》、《豐》《蘀兮》、《狡童》、《子衿》、《出其東門》、《野有蔓草》
齊風			《雞鳴》、《甫田》《猗嗟》	《東方之日》、《敝笱》、《還》、《著》、《東方未明》、《南山》、《載驅》《盧令》
魏風			《葛屨》、《園有桃》、《伐檀》	《汾沮洳》、《陟岵》、《碩鼠》、《十畝之間》
唐風	《椒聊》、《鴇羽》、《采苓》		《揚之水》、《綢繆》《無衣》	《蟋蟀》、《山有樞》、《杕杜》、《有杕之杜》、《羔裘》、《葛生》
秦風			《小戎》、《晨風》、《渭陽》	《車鄰》、《駟驖》、《蒹葭》、《黃鳥》、《權輿》、《無衣》、《終南》
陳風		《防有鵲巢》	《東門之枌》、《澤陂》	《宛丘》、《衡門》、《東門之池》、《東門之楊》、《株林》、《墓門》、《月出》
檜風			《羔裘》、《隰有萇楚》	《素冠》、《匪風》
曹風			《蜉蝣》、《侯人》、《下泉》	《鳲鳩》
豳風	《東山》		《七月》《破斧》、《九罭》	《鴟鴞》、《伐柯》、《狼跋》
小雅	《車攻》、《大東》		《棠棣》、《采薇》、《魚麗》、《小弁》、《蓼莪》、《巷伯》、《車舝》、《角弓》、《菀柳》、《白華》	《鹿鳴》、《四牡》、《皇皇者華》、《南山有臺》、《沔水》、《伐木》、《鶴鳴》、《天保》、《出車》、《杕杜》、《南有嘉魚》、《蓼蕭》、《楚茨》、《黍苗》、《湛露》、《彤弓》《菁菁者莪》、《六月》《采芑》、《吉日》、《鴻雁》、《庭燎》、《祈父》《白駒》、《黃鳥》、《我行其野》、《斯干》、《無

				羊》、《節南山》、《正月》《十月之交》、《雨無正》、《小旻》、《小宛》、《巧言》、《何人斯》、《谷風》、《四月》、《北山》、《無將大車》、《小明》、《鼓鐘》、《信南山》、《甫田》、《大田》、《瞻彼洛矣》、《裳裳者華》、《桑扈》、《鴛鴦》、《頍弁》、《青蠅》、《賓之初筵》、《魚藻》、《采菽》、《都人士》、《采綠》、《隰桑》、《緜蠻》、《瓠葉》、《漸漸之石》《苕之華》、《何草不黃》
大雅	《思齊》	《旱麓》	《靈臺》、《生民》、《行葦》、《既醉》《鳧鷖》、《泂酌》、《卷阿》《蕩》、《抑》、《蒸民》、《常武》	《文王》、《大明》、《緜》《棫樸》、《皇矣》《下武》《文王有聲》、《假樂》、《公劉》《民勞》、《板》、《桑柔》、《雲漢》、《崧高》、《韓奕》、《江漢》、《召旻》、《瞻卬》
周頌			《清廟》	《維天之命》、《維清》、《烈文》、《天作》、《昊天有成命》、《我將》《時邁》、《執競》、《思文》《臣工》、《噫嘻》《豐年》、《有瞽》、《潛》、《雝》《載見》《有客》《武》、《閔予小子》《訪落》《敬之》、《小毖》《載芟》、《良耜》、《絲衣》、《酌》、《桓》、《賚》、《般》、《振鷺》
魯頌			《駉》	《有駜》、《泮水》、《閟宮》
商頌				《那》、《烈祖》《玄鳥》、《長發》、《殷武》
合計	12	3	80	210

第七節　姚際恒《詩經通論》述要

姚際恒的《詩經通論》是清初疑古派《詩經》學的代表著作，姚氏以文學的眼光涵泳《詩》篇，用疑古的態度尋繹《詩》旨，在清代《詩經》學上獨樹一幟，對崔述、方玉潤等學者有很大的影響。但是，該書也有一些弱點和不足，需要辯證地分析。

姚際恒（1647～約1715），字立方，號首源，祖籍安徽新安，長期居住在浙江仁和。「少折節讀書，泛濫百家。既而盡棄詞章之學，專事於經。年五十曰：『向平婚嫁畢而遊五嶽，予婚嫁畢而注九經。』遂屏絕人事，閱十四年而書成，名曰《九經通論》」〔註216〕。《詩經通論》即是其中之一。在《詩經通論》中姚際恒以文學的眼光尋繹文義，涵泳篇章；以大膽的疑古態度辨別前說，自由立論；其書體例也不乏創新之處。在清代《詩經》學發展史上具有舉足輕重的地位，其新見卓識給後世論《詩》者以諸多啟示，對崔述、方玉潤等學者影響尤大。本文試從四個方面論述其價值與不足：

一、以文學的眼光涵泳《詩》篇

漢代儒家定於一尊，《詩經》作為儒家六經之一，被奉為經典。自《詩序》以來，歷代論《詩》者大都囿於此種預設，過份關注其中所謂的「微言大義」與「美刺教化」，強調《詩經》的道德價值和教化作用，對《詩經》的文學價值和審美愉悅功能論述較少。姚際恒極力反對這種偏頗的解讀方式，提出了自己迥異於前人的解《詩》方法，即在《詩經通論·自序》中提出的「惟是涵泳篇章，尋繹文義，辨別前說，以從其是而黜其非」；對於「其不可詳者，寧為未定之辭，務為闕遺之訓，俾原詩之真面目悉存」。在此種新解詩方法中，姚氏尤其主張立足詩篇以文學的眼光分析詩章、解析詞句、詳述詩境，將蘊涵於《詩經》中的文學價值發掘出來，給人以美的享受，詩的愉悅。正如清人王寶珊《序》云：「伏而誦之，如歷異境，如獲其珍。」

姚際恒剖析《詩經》的文學價值，首先關注《詩經》的遣詞用語，用圈評的方法闡釋了其用語之妙。他在《詩經通論·詩經論旨》中說：「《詩》何以必加圈評，得無類月峰、竟陵之見乎？曰：非也。予以明《詩》之旨也。知其辭之妙而其義可知，知其義之妙而其旨亦可知。《詩》之為用，與天地而

〔註216〕閔爾昌《清碑傳集補》卷三十九，上海書店，1984年第1版。

無窮，三百篇固始祖也。苟能別出心眼，無妨標舉，忍使千古佳文遂爾埋沒乎。爰是歎賞感激，不能自己，加以圈評，抑亦好學深思之一助爾。」姚際恒認為圈評的批評方法能夠明確的揭示出《詩經》的用辭之妙、意義之妙，並進而探求得詞句之後的詩旨。如《小雅‧蓼莪》篇第四章「父兮生我，母兮鞠我」下，姚氏評曰：「實言所以劬勞、勞瘁。勾人眼淚，全在此無數『我』字，何必王褒。」都是運用圈評之法，抓住其中關鍵字句作精妙的品評，從而揭示了《詩經》的文學意蘊，並巧妙地道出了詩旨。姚氏圈評多是鑑賞性的文字，頗多優美雋永的詞句。如於《七月》篇「七月在野，八月在宇，九月在戶，十月蟋蟀入我床下。」評曰：「無寒字，覺寒氣逼人。」於《碩人》篇「手如柔荑，膚如凝脂」全章之下，評曰：「千古頌美人者無出其右，是為絕唱。」

其次，姚際恒注重《詩經》的章法結構，探討其中所體現的層次美感以及對詩旨的層遞、穿插等作用。如《周南‧關雎》第三章「求之不得，寤寐思服。悠哉悠哉，輾轉反側」。姚氏對此章在全篇中的妙用有精當的闡述，其言曰：「今夾此四句於『寤寐求之』之下，『友之』，『樂之』二章之上，承上遞下，通篇精神全在此處。蓋必著此四句，方使下『友』『樂』二義快足滿意。若無此，則上之云『求』，下之云『友』、『樂』，氣勢弱而不振矣。此古人章法爭扼要法，其調亦迫促，與前後平緩之音別。故此當自為一章，若綴於『寤寐求之』之下共為一章，未免拖沓矣。」。

再次，姚氏非常關注《詩經》的意境美，著力分析了其情景交融的文學美感。如《王風‧采葛》，「彼采葛兮。一日不見，如三月兮！彼采蕭兮。一日不見，如三秋兮！彼采艾兮。一日不見，如三歲兮！」姚氏評之云：「『歲』，『月』，一定字樣，四時而獨言秋，秋風蕭瑟，最易懷人，亦見詩人之善言也。」通過他的評語我們可以清晰的看到一幅秋風蕭瑟的暮秋景色，也能真切地體會到詩人悲秋懷人的思想感情。姚氏通過對此詩意境的重現，巧妙地傳達了詩旨，並給人以感官的刺激和情感的體悟。又如《王風‧君子于役》「雞棲于塒，羊牛下來」下，姚氏曰：「日落懷人，真情實況」。寥寥八個字，已將此詩意境展現無遺。其文辭之精鍊，識見之高遠，絕非一般尋章摘句的腐儒所能道。

最後，姚際恒把《詩經》放在整個中國文學流程中考察其價值，指出了《詩經》對後世文學的巨大影響，肯定了《詩經》在文學史上的開創之功。

在《詩經通論‧自序》中明確指出：「惟詩也旁流而爲騷，爲賦，直接之者漢、魏、六朝，爲四言、五言、七言，唐爲律，以致復旁流爲麼麼之詞、曲，雖同之異派，無非本諸大海，其中於人心，流爲風俗，於天地而無窮，未有若斯之甚也。」他總的論說了《詩經》對後世文學的導源性影響，認爲後世的韻語文學樣式，如騷、賦、四五七言詩、律詩、詞曲等都可以從《詩經》中找到直接性的源頭。在《詩經通論》中，姚際恒又具體分析了特定詩篇對後世文學的影響，如評《鄭風‧大叔于田》曰：「描寫工豔，鋪張，亦復淋漓盡致，便爲《長楊》、《羽獵》之祖。」點出了此詩鋪采文辭的藝術手法開後代賦體之先。再如《唐風‧蟋蟀》「蟋蟀在堂，歲聿其莫。今我不樂，日月其除。」姚氏評曰：「感時惜物詩肇端於此」，將感時惜物詩的源頭追尋至《詩經》。又如《周南‧桃夭》篇末評語，「桃花最豔，故以此取喻女子；開千古詞賦詠美人之祖。」

　　姚際恒從上述四個角度闡釋了《詩經》的文學價值，清代漢學盛行，解《詩》者大都強調文字訓詁而輕視詩旨探求和文學涵泳，正如錢穆所說：「清儒自負在釋經，然皆腐心故紙堆中，與性靈無涉，故與《詩》尤爲遜。」〔註217〕在此種學術背景下，姚氏的《詩經通論》更顯得彌足珍貴。顧頡剛對此有公允的評價，他說：「其以文學說經，置經文於平易近人之境，尤爲直探詩人之深情，開創批評之新徑。」並進一步指出了此一批評方法給方玉潤以直接性的啓示，「雲南方玉潤得之，喜其立說之新，擴而爲《詩經原始》。」〔註218〕

二、用疑古的態度尋繹《詩》旨

　　姚際恒在《詩經通論‧自序》說：「諸經之中《詩》之爲教獨大，而釋《詩》者較諸經爲獨難。」「欲通《詩》教，無論詞意宜詳，而正旨篇題尤爲切要。」他認爲，要通曉《詩經》的教化作用，必須首先明確《詩經》的主旨，這是瞭解《詩經》的基礎和根本。同時，他又進一步考察了《詩經》學史的發展演進，以及其精鍊概括的語言指出了漢、宋、明三代《詩經》研究的缺陷，即「漢人之失在於固，宋人之失在於妄」，「明人說《詩》之失在於鑿。」這

〔註217〕錢穆《續記姚立方〈詩經通論〉》，見林慶彰、蔣秋華編《姚際恒研究論集》，
　　　　臺灣中研院文哲所，1996年初版，第419頁。
〔註218〕顧頡剛《〈詩經通論〉序》，第372頁。

種判斷雖然有其片面之處（見下文論述），但是姚氏卻認爲此三代釋《詩》者都不同程度地誤解甚至歪曲了《詩》旨。因此，欲求《詩經》本旨，必先以疑古的態度肅清前人說《詩》之謬論。那麼，在《詩經》學史上影響巨大的《詩序》和《詩集傳》自然就成了姚際恒首先批判的對象了。

姚際恒批判《詩序》首先指出它的作者是漢代的謝曼卿和衛宏，與孔子和子夏無涉。「《詩序》者，《後漢書》云，『衛宏從謝曼卿受學，作《毛詩序》』，是東漢衛宏作也。」（《詩經通論・詩經論旨》）並進而論述了《詩序》偏離了《詩經》本旨，對《詩經》的解說有很多弊端。「自東漢衛宏始出《詩序》，首惟一語，本之師傳，大抵以簡略示古，以混淪見該，雖不無一二宛合，而固滯、膠結、寬泛、填湊，諸弊叢集。其下宏所自撰，尤爲踳駁皆不待識者而知其非古矣。」（《詩經通論・自序》）他在《詩經通論・詩經論旨》中明確指出《詩序》解釋《詩經》最爲庸謬的兩篇是《大雅・抑》和《周頌・潛》，並以詳實考證論述了其致謬的原因。「《詩序》庸謬者多，而其謬之大及顯露弊竇者，無過《大雅・抑》詩、《周頌・潛》詩兩篇，並詳本文下。《抑》詩前後諸詩，皆爲刺厲王，又以《國語》有武公《懿戒》以自儆之說，故不敢置捨，於是兩存之曰『刺厲王』，又曰『亦以自警』，其首鼠兩端，周章無主，可見矣。《潛》詩則全襲《月令》，故知爲漢人。夫即爲漢人，則其言《三百篇》時事定無可信矣。觀此兩篇，猶必尊信其說，可乎！」姚際恒認爲謝曼卿和衛宏參照《詩經》的編排次序，斷定《詩經》本義，並雜以先秦史書與儒家經書牽強附會的解釋《詩經》的做法是不可取的，並且必然導致首鼠兩端自相矛盾的尷尬境地。

其次，姚際恒極力反對《詩序》提出的《詩》有正變說。《詩序》曰：「王道衰，禮樂廢，政教失，國異政，家殊俗，而變風變雅作矣」，明確提出了《詩》有正變，此說對後世學者影響極大。姚際恒卻認爲《詩》無正變，他據孔子「詩三百，一言以蔽之，曰『思無邪』」，認爲「變則必邪，今皆無邪，何變之有！且曰『可以群，可以怨』，未嘗言變也。」他還據季札觀詩，也未嘗言變。姚氏認爲風雅有正變者，是自後人之說也。《上海博物館藏戰國楚竹書》中的《孔子詩論》也並未言及詩有正變，可以證明詩本無正變。姚際恒是清代學者未曾見到過新出土的《孔子詩論》，可見他否定詩有正變是很有學術眼光的，他對風雅正變的懷疑是經得起時間得考驗的。

不僅如此，姚際恒還反對《詩序》的美刺說。大凡說《詩》，《詩序》好

用美刺，姚氏反對把《詩》當作政治道德的諷諫之書。他在《詩經通論‧自序》中提出了自己的觀點：「惟是涵泳篇章，尋繹文義，辨別前說，以從其是而黜其非，庶使詩義不至大歧，埋沒於若固，若妄，若鑿之中。」如《齊風‧著》，《詩序》謂：「刺時不親迎。」姚氏認為：「按此本言親迎，必欲反之為刺，何居？」再如《邶風‧凱風》，《小序》謂：「美孝子」，姚氏認為是「此孝子自作，豈他人作乎。」打破了《詩序》美刺說詩的局限，更進一步地貼近了《詩經》本義。

姚際恒對朱熹《詩集傳》的批判主要體現在兩個方面。首先，他反對朱熹以道學家之理來解詩。姚氏以為解《詩》應當立足於《詩》本體，不可用所謂的理學來強為之作解，以免喪失《詩經》本義。因此他批評宋人《詩經》學曰：「說詩入理障，宋人之大病也。」這是他優於宋人的地方。如《鄭風‧遵大路》，《集傳》謂：「淫婦為人所棄」。姚氏評道：「夫夫既棄之，何為猶送至大路，使婦執其祛與手乎？又曰『宋玉賦有遵大路攬子祛之句，亦男女相悅之辭』。然則相悅，又非棄婦矣。」一針見血地指出了《詩集傳》的不通和矛盾之處，使得此詩本旨更加清晰。

其次，姚氏還深惡痛絕朱熹的「淫詩說」，在「淫詩」這一問題上，姚際恒遠不如朱熹，反映了姚氏極端尊經的不足。見下文論述。

姚際恒作為辨偽學家，敢於懷疑前人，自由立論。但是他的疑古並非盲目地排斥前人，否定前人。他能夠以科學的態度吸收前人研究《詩經》的正確成果，同時他的疑古是建立在事實基礎上的疑古，他重視證據，不強不知以為知。對於一些《詩》，他大膽提出了質疑之處，但是又沒有根據支持自己的懷疑，他便以「此詩未詳」來注明，在追尋《詩》本旨時，顯示了實事求是的可貴精神。

三、《詩經通論》體例的特點與優點

姚際恒的《詩經通論》一書的編撰，其體例在繼承前人著書的基礎上，又有創新之處，主要體現在以下三個方面：

1、首先，在《自序》中明確表述了寫作主旨，開篇即曰：「諸經中《詩》之為教獨大，而釋《詩》者較諸經為獨難。」下文就對此展開了詳細的論述。並對《詩序》、《鄭箋》和《詩集傳》的不足作了總的概括。

2、《卷前》分《詩經論旨》和《詩韻譜》兩部分。《詩經論旨》對比興作

了明確的解釋。同時旗幟鮮明地表達了他的疑古態度，對《詩序》、《詩集傳》、《毛傳》、蘇轍《詩集傳》，直至明代周忠允的《詩傳闡》都有簡明的品評，可以看作是一部簡略的「詩經學批評小史」。《詩韻譜》分詩韻爲本韻、通韻和?韻三部分，表明了他的《詩》韻立場。

3、《詩經通論》卷一至卷十八對《詩經》三百零五篇都有精當地辯證。首先，錄取原詩，標明韻或無韻。然後指出賦比興的藝術手法，同時在原詩上加「評」，而後對詩作總體的分析。對前人的觀點多加否定，通過詳實的考證提出自己的觀點，不能解者就標明「此詩未詳」。在總評中有對詞語意義的考證、訓詁，也有對其章法的藝術評價。對《詩經》文學價值的肯定與發掘對後世影響很大。另外，姚際恒所採用的圈評法對後人也有很大啓示。

四、《詩經通論》的不足和弱點

姚際恒的《詩經通論》在清代《詩經》上佔有重要的地位，但是此書本身也存在一些不足和弱點。方玉潤《詩經原始‧自序》就批評姚氏「剖析未精，立論未允，識微力淺，義少辨多」，認爲《詩經通論》「亦不足以針盲而起廢。」〔註219〕《詩經通論》的弱點和不足概括起來有以下幾點：

第一，作爲封建時代的文人，姚際恒還不能擺脫對《詩經》的過度尊奉。過份尊崇孔子，把孔子論述《詩經》時說過的「思無邪」奉爲經典，爲了維護《詩經》的純潔性，以致歪曲了《詩經》中的一部分戀情詩。如《衛風‧木瓜》及《鄭風》中的《子衿》、《狡童》、《溱洧》等詩，朱熹《詩集傳》早認定爲是情詩戀歌，但是爲了維護封建的倫理道德的需要，作爲理學家的朱熹不得不將其稱作「淫詩」。姚際恒卻對此大做文章，倡言「《集傳》紕謬不少，其大者尤在誤讀夫子『鄭聲淫』一語，妄以《鄭詩》爲淫，且及於《衛》，及於他國。是使《詩三百篇》爲訓淫之書，吾夫子爲導淫之人，此舉世之所切齒而歎恨者。」（《詩經通論‧自序》）正如日本學者村山吉廣所說：「確實地，這種眞摯的聖經觀，可以說是在《詩經通論》中決定他的立場最根本的要素。……同時，他不允許《詩經》中一切淫詩的存在的心情也根源於此。」〔註220〕由於這種極端的尊經態度作祟，他便有意識地改變了這些戀情詩的詩

〔註219〕方玉潤《詩經原始‧自序》，中華書局，1986 年 2 月第 1 版。
〔註220〕村山吉廣《姚際恒的學問（下）──關於〈詩經通論〉》，第 412 頁。

旨。把一些天眞淳樸的戀歌說成是朋友間相互贈答的詩，或刺淫之詩，或直接以「不可考」而塞責。

《衛風・木瓜》——朋友相贈答

《鄭風・子衿》——此疑亦思友之詩

《鄭風・溱洧》——此刺淫之詩

《秦風・蒹葭》——賢人隱居水濱，而人慕而思見之

《鄭風・狡童》——有深於憂時之意

《陳風・東門之楊》——此詩未詳

第二，姚際恒對前人的《詩經》研究成果的評價過於輕率，分析不夠全面，有時過於絕對，失之公允。如「呂伯公《詩紀》「纂輯舊說，最爲平庸。」「朱鬱儀《詩故》，亦平淺，間有一二可探。」（均見《詩經通論・詩經論旨》）對漢、宋、明三代的《詩經》研究成果的批評就更加草率了，將其簡單的概括爲「「漢人之失在於固，宋人之失在於妄」，「明人說《詩》之失在於鑿。」（《詩經通論・自序》）〔註221〕，僅僅看到了三代《詩經》研究的部分不足便作這樣的斷語，是十分片面和武斷的。

此外，姚際恒的《詩經通論》在「訓詁名物」方面成就不是特別突出，於陳奐的《詩毛氏傳疏》和王先謙的《詩三家義集疏》相比，就可以看出其不足。

五、結　語

姚際恒的《詩經通論》，是清代《詩經》學流派中獨立派的代表著作之一，對崔述的《讀風偶識》、方玉潤的《詩經原始》都有很大的影響，同時對我們今天的《詩經》研究也有很多借鑒意義。但姚氏的《詩經》研究也有一些值得注意的不足和弱點。因而姚際恒在清代的《詩經》研究方面，雖能獨樹一幟，卻始終沒能處於核心的地位。

第八節　《讀風偶識》詩學成就簡論

崔述《讀風偶識》是清代重要的詩經學著作，它堅持實事求是、細讀文本、持平漢宋的解詩方法。以大膽疑古、小心求證的科學態度，解決了關於

〔註221〕文中《詩經通論》引文均見於姚際恒著、顧頡剛標點的《詩經通論》，中華書局，1958 年 12 月第 1 版。

《詩序》的諸種問題，推翻了前人的一些錯誤觀點，一定程度上恢復了《詩經》的本旨。當然，《讀風偶識》也存在疑古過勇的不足。

崔述（1740～1816），字武承，大名人。乾嘉時期疑古派漢學家。乾隆二十七年（1762）舉人，選福建羅源縣知縣。著書三十餘種，而《考信錄》一書，尤生平心力所專注。又有《王政三大典考》三卷、《尚書辨僞》二卷、《論語餘說》一卷、《讀經餘論》二卷，名《考古異錄》。崔述又是乾嘉時期重要的《詩經》學家，其詩學主張，主要體現在《讀風偶識》一書中。下文擬對《讀風偶識》作一簡要分疏，藉此探求崔述的《詩經》學成就。

一、崔述《讀風偶識》的解詩方法

梁啓超《中國近三百年學術史》之《清代學者整理舊學之總成績》指出，元明以降，朱熹《詩集傳》立於學官，定於一尊，宋學佔據了《詩經》學的主要地位，而漢學則日漸邊緣化，值此之故，清代多數學者都是以「光復毛、鄭之學爲職志」，而其最大功勞，既是在解釋訓詁名物上，其中代表性的著作有陳啓源《毛詩稽古篇》、馬瑞辰《毛詩傳箋通釋》、陳奐《詩毛氏傳疏》。在此之外，清代《詩經》學還有一個重要的分支，即「名物訓詁之外，最引人注意的便是作詩的本事和本意了。講到這一點，自然牽連到《詩序》的問題了。清學正統派，打著『尊漢』、『好古』的旗號，最凶的是姚立方，著有《〈詩經〉通論》，次則崔東壁述《讀風偶識》，次則方鴻濛玉潤《詩經原始》。這三部書並不爲清代學者所重，近來才有人鼓吹起來。據我們看，《詩序》問題早晚總須出於革命的解決。這三部書的價值，只怕會一天比一天漲高吧？」梁啓超並進而指出，崔述《讀風偶識》「謹嚴肅穆，純是東壁一派學風」〔註222〕。

清代學術，漢宋分途，兩派宗奉的學術對象和治學方法，有明顯的差異，以至於各不相讓，勢同水火，具體到《詩經》研究，也是如此。清代漢學派和宋學派的《詩經》學研究都取得了很高的成就，但也都存在偏隘之處。漢學以考據名物見長，義理闡發是其所短；宋學以義理探究爲主，涉及名物時又難免時漏粗疏。在《詩序》和詩旨的取捨方面，漢宋兩家也是迥然有別。嚴格師法對象，自然有助於本學派學術成果的傳承，但在具體的操作過程中，也往往會出現泥古過甚的弊端，甚至會歪曲《詩經》本文以遷就師法對象的

〔註222〕梁啓超《中國近三百年學術史》，東方出版社，1996年版，第229～231頁。

成說。這種偏頗的做法，在清代漢宋兩派的《詩經》學研究中均有存在。崔述雖然是乾嘉漢學考據名家，但他對於《詩經》的研究，卻並不爲漢學考據方法所囿，而是突破漢宋堅厚的學術壁壘，回歸《詩經》本文，採用細讀文本，以意逆志的方法來探尋詩旨，他在《讀風偶識・自序》中明確地宣示了這種解詩方法，他說：

> 余於《國風》，惟知體會經文，即詞以求其意，如讀唐宋人詩然者，了然絕無新舊漢宋之念存於胸中，惟合於詩意者則從之，不合者則違之。但朱《傳》合者多，衛《序》之合者少耳。故余於論詩，但主於體會經文，不敢以前人附會之說爲必然。雖不盡合朱子之言，然實本於朱子之意，朱子復起，未必遂以余言爲妄也。〔註223〕

可見，崔述的研究《詩經》，心中不是先存了漢宋此是彼非的先入之見，而是尊重本文，大膽疑古。這就擺脫了許多既有觀念的束縛，思想上就會更加自由，得出的結論也往往更貼近《詩經》本旨，這種科學的解詩方法是崔述能夠超越同時代的許多《詩經》學家，並進而獲得現當代學者認同與青睞的主要原因之一。當然，作爲漢學家，考據學的方法也被崔述引入到了《詩經》研究中。可以說《讀風偶識》是崔述大膽疑古和小心考證相結合的產物，是一部相當優秀的《詩經》學論著。

崔述的《詩經》闡釋原則，除了「以文論文，就事論事」，回歸文本，漢宋兼採的宏通學術方法之外，還有重要的一條，就是「以情論詩」。他說：

> 《詩序》好以詩爲刺時、刺君者，無論其詞何如，務委曲而歸其故於所刺者。夫詩生於情，情生於境，境有安危亨困之殊，情有喜怒哀樂之異，豈刺時、刺君之外，遂無可言之情乎？且即衰世亦何嘗無賢君、賢士大夫？在堯舜之世亦有四凶，殷商之末，尚有三仁。乃見有稱述之頌美之語，必以爲陳古刺今，然則文武成康以後，更無一人可免於刺者矣。〔註224〕

崔述以情論詩是對儒家詩教傳統的一個匡正，有助於袪除籠罩在《詩經》之上的倫理教條，增加《詩經》的情感因素，從而有利於對《詩經》文學性的發掘。當然，以情論詩，從經學的範圍裏把《詩經》分離出來，還《詩經》以文學性的樣態，這在明代《詩經》學研究中已經初露端倪。另外，清代官

〔註223〕崔述《讀風偶識》，《續修四庫全書・經部》第64冊，第228頁。
〔註224〕崔述《讀風偶識》，第233頁。

方學術雖然仍以程朱理學爲正宗，但王學和考據學派對程朱理學的牴觸與排斥卻是接連不斷，在理學向樸學轉變的過程中，新的理學觀也在悄然興起，戴震等學者「情之至於纖微無憾是謂理」的觀點未必不是當時卓越漢學家的共同訴求。崔述值此學術潮流轉折之際，旗幟鮮明地反對美刺之詩教，倡導「以情言詩」，反映了崔述敏感的學術嗅覺。運用這種闡釋方法獲得的詩旨，有時比美刺說更貼近《詩經》文本。如《君子于役》，崔述就指出該詩是「夫行役於外，而妻念之之詩，初未嘗有怨君之意，而以爲刺宣公，抑何其鍛鍊也」〔註225〕？

二、崔述《讀風偶識》的學術成就

崔述《讀風偶識》的學術價值主要體現在以下三點，詳論之如下：

（一）對《詩序》諸種懸而未決的問題進行了較爲徹底的清算

《詩序》可以說是《詩經》研究中聚訟紛紜的話題，也可以說《詩序》問題，是《詩經》研究的重要命題。如果說清代《詩經》學是中國古典《詩經》學的終結，那麼，以總結性爲特色之一的清代《詩經》學必然會對《詩經》學史上一些懸而未決的命題作出整合，而《詩序》即在此整合之中。崔述《讀風偶識·通論詩序》就是對《詩序》的一次全面而系統的總結性批評。關於《詩序》的作者及其成書年代，《四庫全書總目》曾有過簡要的論述：

> 《詩序》之說，紛如聚訟。以爲《大序》子夏作，《小序》子夏、毛公合者者，鄭玄《詩譜》也。以爲子夏所傳詩，即今《毛詩》者，王肅《家語》注也。以爲衛宏受學曼卿作《詩序》者，《後漢書·儒林傳》也。以爲子夏所創，毛公及衛宏又加潤益者，《隋書·經籍志》也。〔註226〕

崔述認爲《詩序》「爲衛宏所作顯然無疑，其稱子夏、毛公作者，特後人猜度言之，非果有所據也」〔註227〕。崔述本著無徵不信的原則，依據《後漢書·儒林傳》所云：「謝曼卿善毛詩，乃爲其訓，宏從謝曼卿受學，因作《毛詩序》，善得風雅之旨，今傳於世。」〔註228〕既然《後漢書》有明文記載《詩序》出

〔註225〕崔述《讀風偶識》，第233頁。

〔註226〕紀昀等《四庫全書總目》，中華書局，1965年版，第119頁。

〔註227〕崔述《讀風偶識》，第230頁。

〔註228〕范曄《後漢書》，中華書局，1973年版，第2575頁。

自衛宏之手，那麼鄭玄以爲《大序》是子夏作，《小序》是子夏、毛公合作；宋代二程夫子認爲孔子作《大序》，當時國史作《小序》，均不可信。崔述甚至對後人的爭論感到困惑，他詰問到：「《後漢書》明文可據，如謂子夏、毛公所作，則《史》、《漢》傳記無一言及之，不知說者何以不從其有徵者，而惟其無徵之言是從也？」〔註229〕

崔述不但對《詩序》的作者問題進行了清算，而且對傳統《詩經》學研究中將《詩序》劃分爲《大序》、《小序》的做法也表示反對。《詩經·周南·關雎》前面有一篇總論性的文章，學者往往將其劃分爲《大序》、《小序》兩個部分，代表性的劃分有兩種。其一，舊說以爲「《關雎》，后妃之德也」至「用之邦國焉」爲《關雎序》，謂之小序，剩餘部分爲《大序》；其二，朱熹將「詩者，志之所之」至「詩之至也」爲《大序》，總論《詩經》綱領，其餘部分爲小序。對這種強分大小序的做法，崔述均表示反對。他從文章章法布局入手，通過研讀這篇文章，指出該篇文章章法井然，不容割裂，他說：

> 余按《詩序》自「關雎，后妃之德也」以下，句相承，字相接，豈得於中割取數百言而以爲別出一手？蓋關雎乃風詩之首，故論關雎而因及全詩，而章末復由全詩歸於二南，而仍結以關雎。章法井然，收尾完密，固不容別分爲一篇也！至「《關雎》、《麟趾》之化，繫之周公」，「《鵲巢》、《騶虞》之德，繫之召公」，明明承上文「一國之事，繫一人之本」而言，故用「然則」字爲轉語，若於「詩之志也」畫斷，則此文上無所承，而「然則」云者，於文義不可通矣。〔註230〕

崔述的分析非常精妙，自古以來，學者都是從內容意涵方面分析這篇《詩序》，崔述從文章內在的邏輯結構、文氣連貫等辭章學觀點入手，指出《詩序》非但不是孔子、子夏所作，並且也無大小序的劃分，後人強分《大序》、《小序》也是猜度臆斷之舉。

傳統《詩經》學研究者還將《詩經》每篇之前解釋詩義的簡單文字定義爲《小序》，《隋書·經籍志》稱《小序》子夏所創，毛公和衛宏作了進一步的潤色引申。後來學者據此將《小序》又分爲兩部分，認爲《小序》的首句是子夏、毛公所作，或以爲太史所題，剩下的部分是衛宏所序。對此崔述也

〔註229〕崔述《讀風偶識》，第 230 頁。
〔註230〕崔述《讀風偶識》，第 231 頁。

極力反對，他說：

> 余按序之首句與下所言相為首尾，斷無止作一句之理。至所云
> 刺時刺亂者，語意未畢，尤不可無下文，則其出於一人一手無疑
> 也。〔註231〕

我們不難看出，崔述認為《詩序》無大小之分，傳統意義上所說的《小序》更是不能割裂為二，它們都是首尾完俱之作，出自一人之首，且《詩序》作者既不是孔子、子夏，也不是毛公，而是東漢儒者衛宏。傳統學者之所以不敢正視這一事實，乃是因為尊崇《詩序》太過，擔心言衛宏所作，會引起學者的輕視，為了增加《詩序》的可信度，往往將其作者附會到更遠古的孔子、子夏等大儒身上。但又無法掩飾范曄《後漢書》衛宏作詩序的歷史記載，只好把《詩序》分為《大序》、《小序》兩個部分，《小序》的首句也被單獨列出，分別冠以不同的作者，就這樣製造出了《詩序》雙重作者的格局，以求可信度和歷史真實的統一，並最終導致了《詩序》的問題愈發複雜攪擾，爭論不清。經過崔述尋源溯流式的清算，《詩序》問題的歷史真相也就更加清晰了。

（二）批評毛詩諸種謬誤，凸顯三家詩的價值

崔述廓清了《詩序》作者問題上的種種誣枉之說，其實也消弱了《詩序》在《詩經》闡釋學上所佔據的霸權地位。他指出《詩經》原本有四家，《毛詩》最為晚出，去歷史真實也最遠，《詩序》也與古作者無涉，其作者衛宏所處之東漢初年距離《詩經》產生的年代有數百年之遙，未必能切合《詩經》本旨，他反問曰：

> 孔子之修《春秋》也，特二百年前事耳，史冊尚在，然已不能
> 盡知，往往闕其所疑。《三百篇》經秦火以後，豈能一一悉其本末？
> 故《史記》稱申公教無傳疑，疑者則缺。是當楚漢之際，居於魯而
> 得孔子之真傳者已不能盡知也。今毛公乃趙人，作序者在後漢之初，
> 乃能篇篇皆悉其為某公之時，某人之事，其將誰欺？〔註232〕

在《讀風偶識・通論詩序》部分，崔述還臚列了《詩序》不足尊奉的五條原因，除了作者的晚出外，還有《詩序》好強不知以為知，以美刺論詩違背了

〔註231〕崔述《讀風偶識》，第 231 頁。
〔註232〕崔述《讀風偶識》，第 232 頁。

詩生於情的詩學原則，《詩序》還好取《左傳》之事附會之，《詩序》以篇次前後確定盛世衰世的做法也無根據可言。

　　與毛詩學派，尤其是《詩序》牽強附會「乖謬特甚」相較，三家詩因爲時代近古，有時反而表現出比毛詩更爲合理，某些觀點也可以用來補毛詩所未備，崔述說：

> 　　齊詩、魯詩皆自漢初即著於世，魯固孔子所居，齊亦魯之毗鄰，蓋皆傳自七十子者。書出既早，則人見之者多，而傳會較難。且當漢初朝廷尚未敦崇經術，則其說本於師傳者爲多。其後經學益重，諸家林立，務期相勝，傳其學者不能無無傳會以逢時者，然大要爲近古。韓詩後起，已非齊魯之比。毛詩之顯又在其後，書出既晚，則師弟子私相授受，雖多增其舊說，傅以己意，世亦無從辨之。嬰，燕人；萇，趙人，亦不能逮齊魯間聞見之眞也。〔註233〕

以文獻的時代先後來區分其價值，即文獻越早，其可信度和價值就越高，反之亦然，這本來就是漢學家慣常運用的考據方法，這種方法有時難免會出現錯誤，但其有效性也是十分明顯。即以崔述的《詩經》研究爲例，他就運用了早出的三家詩訂正了晚出毛詩的一些錯誤之處，比如他說：

> 　　三家之詩雖不傳，然見於漢人所引者尚多，如以《關雎》爲康王時詩，以《采薇》爲懿王時詩，以騶虞爲主鳥獸之官，班氏以南仲爲宣王時人，馬氏以《出車》爲宣王時詩，玩其詞意，考其時勢，皆得之。〔註234〕

在《讀風偶識·通論二南》部分，崔述再陳斯旨，《關雎》篇毛詩學派將其係之文王之士，而齊魯韓三家詩則係之康王之士。對於此詩的創作時代，崔述以爲當從意見較爲統一的三家詩而黜毛詩學派的觀點，畢竟魯地乃是孔子故里，師授更爲純正近理，且《史記》稱申公教無傳疑，疑者必闕，若《史記》記載無誤，那麼魯詩的繫世必定優於毛詩。

　　崔述生活的時期，正是乾嘉漢學日漸隆盛之時，漢學家的《詩經》學研究對象往往是毛詩，代表性的成果有馬瑞辰《毛詩傳箋通釋》和陳奐《詩毛氏傳疏》。崔述敢於在毛詩學派佔據主流之時對其大肆批評，並宣揚三家詩的重要意義，反映了崔述獨立的學術精神，而他對三家詩的推重，也啓示了之

〔註233〕崔述《讀風偶識》，第232頁。
〔註234〕崔述《讀風偶識》，第232頁。

後三家詩的研究者，晚清魏源、王先謙等人致力於三家詩的研究，未嘗沒有受到崔述的影響。

（三）以翔實的文獻考證推翻了前人謬說

梁啓超評價崔述《讀風偶識》「謹嚴肅穆，純是東壁一派學風」，可見，以考據名家的崔述，其《詩經》學論著也不時凸顯出他的考據學功力。

以《詩序》所涉及之《詩經・周南》部分為例，《關雎序》云：「《關雎》、《麟趾》之化，王者之風，故繫之周公。南，言化自北而南也。《鵲巢》、《騶虞》之德，諸侯之風，先王之所以教，故繫之召公。」崔述以為《關雎序》有很多疑點，首先，《周南》之《漢廣》、《汝墳》等詩所言江漢、汝墳都不是周朝舊地，為何可以列入王者之風的範疇之內？而《召南・殷其雷》稱「南山之下」，《何彼襛矣》詠「王姬之車」，明確地顯示是周人所作，為何反將其目為「諸侯之風」？其實鄭玄和朱熹也覺察到了這些矛盾之處，但因為泥古太甚，過於信奉二南為文王時作品，故此不得不輾轉曲折以為調和之論，鄭玄說「得聖人之化者謂之《周南》，得賢人之化者謂之《召南》」。朱熹覺得鄭玄的說法仍未貼切，進一步彌縫說「得之國中者，雜以南國之詩，而謂之《周南》。……其得之南國者，則直謂之《召南》」〔註235〕，但是同樣是南國之詩，為什麼《漢廣》、《汝墳》兩篇可以斷定其雜之國中，而《殷其雷》、《何彼襛矣》明明是周人之詩，卻要說是是得之南國呢？這些問題都是鄭玄、朱熹這些《詩經》學家感到困惑和難以解決的。其癥結皆是由於毛詩學派的誤導，齊魯韓三家詩確認二南是康王時代之詩，如果能夠接受三家詩的觀點，破除對毛詩文王說的迷信，那麼問題就會迎刃而解了。

另外，崔述還指出，古來《詩經》研究者以二南為文王時詩，其原因之一就是不瞭解風、雅劃分的依據。他認為：

> 風、雅之分分於詩體，不以天子與諸侯也。天子之畿未嘗無風，諸侯之國亦間有雅。……且南者乃詩之一體，《序》以為化自北而南，亦非是。江、沱、汝、漢皆在岐周之東，當云自西而東，豈得雲自北而南乎？蓋其體本起於南方，北人傚之，故名以南。若漢人效楚詞之體，亦名之為楚詞者然，故《小雅》云「以雅以南」。自武王之世下逮東周，其詩而雅也，則列之於雅；風也，則列之於風；南也，

〔註235〕朱熹《詩集傳》，鳳凰出版社，2007年版，第1頁。

則列之於南，如是而已，不以天子諸侯分也。由是言之，二南固不必在文王世也。〔註236〕

從地理學入手，否認了文王教化自北而南說；又從詩體的角度闡發了風、雅那是《詩經》的兩種主要體裁，其分體依據與詩作所處之地理位置是天子之畿抑或諸侯之國無涉。通過以上兩個方面的論述，崔述徹底糾正了毛詩將二南繫於文王時的錯誤做法，對《詩經》學研究的進步有積極的貢獻。

三、《讀風偶識》的不足之處

任何一部學術論著，在光彩奪目的成就背後，總有些難以掩飾的白璧微瑕，崔述的《讀風偶識》也不例外。清代學者唐鑒就曾指出崔述爲學中的一些偏失，他說：「先生學主見聞，勇於自信，雖有考證，而從橫軒輊，任意而爲者亦復不少，況其間得者，又強半爲昔賢所已言乎？」〔註237〕《清史稿·儒林傳》繼承了唐鑒對崔述的評價，其詞略有出入，即「述之爲學，考據詳明如漢儒，而未嘗墨守舊說，而不求其心之安；辨析精微如宋儒，而未嘗空談虛理，而不核乎事之實。然勇於自信、任意軒輊者亦多」〔註238〕。疑古過勇，任意軒輊是崔述爲學的缺點，也是《讀風偶識》的不足。至於唐鑒所言「其間得者，又強半爲昔賢所已言」，難免有些失實，但在《讀風偶識》中也未嘗沒有表現，如崔述以爲《關雎序》乃是完整一篇，不分《大序》和《小序》，這一觀點孔穎達在《毛詩注疏》裏也曾論及，只是遠沒有崔述系統辯證罷了。儘管如此，《讀風偶識》的學術成就是主要的，其不足之處不會影響到它的學術價值，正如梁啓超所預測的那樣，隨著清代《詩經》學研究的深入，其學術成就將會得到學界同仁的肯定，價值也會日漸高漲。

第九節　陳奐《詩毛氏傳疏》詩學成就論析

傳統中國詩經學的研究路數有漢學和宋學兩種。漢唐是漢學昌明的時代，宋代以後，宋學逐漸成爲詩經學研究的主流，尤其是朱熹的《詩集傳》被列爲科舉考試的參考書，有政府的強勢推動和科舉的利祿誘導，其影響自不待言，當時學壇的風氣就慢慢地轉移到宋學的一方來。元明兩代，也有少

〔註236〕崔述《讀風偶識》，第237頁。
〔註237〕唐鑒《學案小識》卷十四，道光二十六年四硯齋刻本。
〔註238〕趙爾巽等《清史稿》，中華書局，1977年版，第13295頁。

量堅守漢學路數的學者，不過他們的學術功力無法肩隨漢唐經師，其考證成就，相形之下，未免遜色了很多。另外，八股文的滲透眞是無孔不入，詩經學研究也受此功利主義的衝擊，帖括氣十足的高頭講章充斥天下，而眞正有成就的研究論著卻是極爲罕見。皮錫瑞站在漢學家的立場上來寫《經學歷史》，所以他稱元明兩代是經學的積衰時代。清代學者對明代空疏的學風是十分厭惡的，漢學家篤實的作風又重新獲得了他們的青睞。當然，清代統治者推行的高壓文化政策，也從消極方面推動了學風的潛移。際此風會，學者從訓詁名物角度研究詩經的著作日漸多了起來。其中，陳奐的《詩毛氏傳疏》就是其中最爲突出的一種。

　　陳奐（1786～1863），字碩甫，號師竹，晚號南園老人，江蘇長洲（今吳縣）人。咸豐元年，舉孝廉方正。陳奐受漢學大家段玉裁的影響最大，同時，又與漢學名流王念孫、王引之、郝懿行、胡培翬、胡承珙等締交，時常往來討論，學識益進。陳奐的著作主要有：《詩毛氏傳疏》（以下簡稱《傳疏》）三十卷、《毛詩說》一卷、《毛詩音》四卷、《義類》十九篇一卷、《鄭氏箋考徵》一卷、《詩語助義》三十卷、《公羊逸禮考徵》一卷、《師友淵源記》一卷、《禘郊或問》、《宋本集韻校勘記》若干卷。「尤以《傳疏》專治《毛詩》」，成爲是清代《毛詩》學派的集大成者〔註239〕。

一、《傳疏》是專守《毛詩》的集大成之作

　　西漢設立經學博士，《詩經》原本有齊、魯、韓三家，毛詩是在漢哀帝、平帝時才出現，屬於古文經學派，在當時的地位處於三家之下。後來鄭玄根據毛傳對詩經作了箋注，鄭箋大行，三家日漸衰落。六朝時代，詩學專宗毛、鄭，唐初孔穎達又在鄭箋的基礎上作了《毛詩注疏》，毛詩學派一枝獨秀。宋學興起之後，對毛、鄭的質疑之聲此起彼伏，以至於有程大昌妄改舊文，王柏任意刪詩等過激行爲。朱熹對於《詩序》也是深致不滿，從而有《詩集傳》的傳世。元明兩代獨尊《詩集傳》，毛、鄭學派反而隱沒不彰了。《詩集傳》是以義理闡發和文學鑒賞爲主要特色的，考證訓詁非其所長，疏漏在所不免，這就引起了漢學家的不滿，恢復毛、鄭之學的呼聲也日漸高漲起來。

　　陳奐研究詩經，就是以恢復毛詩學派傳統爲主要目的的。關於此書的成

〔註239〕趙爾巽等《清史稿·儒林三》卷482，中華書局，1979年版，第13295頁。

書經過，陳奐自己說「此《疏》之作，始於嘉慶壬申。從學段氏若膺先生，於蘇郡白蓮橋枝園，親炙函丈，取益難數；而成於道光庚子，杭郡西湖水北樓，友人汪亞虞慫恿爲之。亞虞名適孫，遠孫之弟，有振綺堂，藏書極富。庚子四月六日開雕，丁未八月七日雕成。」據此可知，《傳疏》始作於嘉慶壬申年（1812），成於道光庚子年（1840），是陳奐花費 28 年的時間專治《毛詩》的成果，「沈研鑽極，畢生思慮，薈萃與茲」〔註240〕，是清代《毛詩》學派的集大成者之作。

陳奐《傳疏》的主要特色是惟尊《毛詩》一家之說，對於關乎詩旨的《詩序》和《毛傳》更是推尊有加。《傳疏》之敘錄云：「子夏親受業於孔子之門，遂隱括詩人本志，爲三百十一篇作序。數傳至六國時，魯人毛公依《序》作《傳》。其《序》意有不盡者，《傳》乃補綴之，而訓詁特詳。授趙人小毛公。」〔註241〕陳奐認爲《詩序》是孔子的高足子夏所作，傳至六國時，毛亨依據《詩序》作了《毛傳》，後毛亨又傳授毛萇。陳奐認爲《毛傳》是尊習了子夏所秉承的孔子的詩教，是純粹的孔門詩學。《傳疏》又說：

> 《毛詩》多記古文，倍詳前典，或引申，或假借，或互訓，或通釋，或文生上下而無害，或辭用順逆而不違。要明乎世次得失之迹。而吟詠情性，有以合乎詩人之本志。故讀《詩》不讀《序》，無本之教也。讀《詩》與《序》而不讀《傳》，失守之學也。文簡而義贍，語正而道精，洵乎爲小學之津梁，群書之鈐鍵也。〔註242〕

可見，《傳疏》專守《毛詩》，惟《詩序》、《毛傳》是宗。認爲《毛詩》是詩學研究的唯一正確路徑。

對於《三家詩》，《傳疏》云：

> 詩當秦燔錮禁之際，猶有齊、魯、韓三家詩萌芽間出。三家多采雜說，與《儀禮》、《論語》、《孟子》、《春秋內外傳》論《詩》往往或不合。三家雖出自於七十子之徒，然孔子既沒，微言已絕。大道多歧，異端其作。〔註243〕

陳奐認爲《三家詩》采集雜說，與先秦儒家典籍論《詩》多有不合，且是出於七十子之徒，孔子所傳授的詩教已滋生出不同的派別，歧義紛繁，未必可

〔註240〕陳奐《詩毛氏傳疏·敘錄》，《續修四庫全書》第 70 冊，第 3 頁。
〔註241〕陳奐《詩毛氏傳疏·敘錄》，第 2 頁。
〔註242〕陳奐《詩毛氏傳疏·敘錄》，第 3 頁。
〔註243〕陳奐《詩毛氏傳疏·敘錄》，第 2 頁。

信。《傳疏》又云：「(《三家》) 又或藉以諷勸時君。以正詩爲刺詩，違詩人之本志。故齊、魯、韓可廢。毛不可廢。齊魯韓且不得與毛抗衡，況其下者乎。〔註244〕《三家詩》采集雜說，附會詩旨，借《詩》來諷勸君王，以達到干預政治的目的，在陳奐看來這種解《詩》方法是違背詩人作詩心志的，不符合溫柔敦厚之詩教傳統。故此《三家詩》可廢，而《毛詩》吟詠性情，合乎詩人之本志，應該引起學者的重視和尊崇。

　　陳奐《傳疏》的另一特色是置鄭箋而疏毛傳。嘉慶、道光年間，先後出現三部《毛詩》著作，即：胡承珙的《毛詩後箋》、馬瑞辰的《毛詩傳箋通釋》、陳奐的《詩毛氏傳疏》。梁啓超在《清代學者整理舊學之總成績》中評價這三部書道：「胡、馬爲皆毛、鄭並釋，陳則專於毛；胡、馬皆有新解方標專條，無者闕焉，陳氏則純爲義疏體，逐字逐句訓釋。三書比較，胡、馬貴宏博，而陳尚謹嚴，論者多以陳稱最。……又常能廣採旁徵以證成其義，極挈淨而極通貫，眞可謂疏家模範了。」〔註245〕胡承珙、馬瑞辰釋《詩》的特點是「毛、鄭並釋」，而陳奐則「專於毛」。關於鄭玄作《箋》，《傳疏》云：「鄭康成殿居漢季，初從東郡張師學韓詩。後見毛詩義精好，爲作箋，亦復間雜魯詩，並參己意，固作箋之旨，實不盡同毛義。」鄭玄初習韓詩，所作之《箋》間雜魯詩，並參之己意。所以，陳奐認爲《鄭箋》「實不盡同毛義」。《傳疏》「置箋而疏傳」意在超越《鄭箋》而直接疏解《毛傳》。

二、《詩毛氏傳疏》的學術成就

　　陳奐審視自東漢以降的詩經學研究歷程，指出鄭玄箋《詩》「間雜《魯詩》，並參己意」；魏晉王肅「申毛難鄭，究未得毛之精微」；唐孔穎達作《正義》「傳箋俱疏，於是毛鄭兩家合爲一家之書矣」；至「近代說《詩》，兼習毛、鄭，不分時代，不尚專條。不審鄭氏作箋之旨，而又苦毛義之簡深，猝不得其涯際，漏辭偏解，迄無鉅觀。二千年來，毛雖存而若亡」〔註246〕。毛詩辭義簡明而深奧，一直沒有得到充分的認識，雖存若亡。因此，《傳疏》在疏解《毛詩》時，以《毛傳》爲準，逐字逐句解釋《毛傳》，並爲《毛傳》的解釋尋求根據。

〔註244〕陳奐《詩毛氏傳疏・敍錄》，第2頁。
〔註245〕梁啓超《中國近三百年學術史》，東方出版社，1996年版，第229～230頁。
〔註246〕陳奐《詩毛氏傳疏・敍錄》，第3頁。

（一）《傳疏》從字義、詞義上疏解《毛傳》

陳奐《傳疏》在釋《詩》時，緊緊依隨《毛傳》的解釋，這是因為「《毛詩》文本多記古文，倍詳前典」，文獻價值很高。陳奐指出《毛傳》的釋《詩》方法是「或引申、或假借、或互訓、或通釋、或文生上下而無害，或辭用順逆而不違」〔註247〕。《傳疏》通過梳理這些訓釋方法，從《詩》的字義、詞義著手，對《毛傳》做了更為詳細的解釋。

《毛詩》多用假借字，《毛傳》在解釋時直接以正字解釋之，且沒有一一標注出來，《傳疏》在繼續解釋《毛傳》時都分別指出《毛詩》的假借字，並以之牽合《毛傳》的釋義，如：《東方之日》中：「在我室兮，履我即兮」之「履」，《毛傳》解釋云：「履，禮也。」《傳疏》云：「履者，禮之假借字。」〔註248〕

陳奐還從讀音相同這一方面來確定《毛詩》中的假借字，如《周南・關雎》：「參差荇菜，左右流之」之「流」，《毛傳》云：「流，求也。」《傳疏》云：「古流、求同部，流本不訓求。而《詁訓》云爾者，流讀與求同，其字作流，其意為求。此古人假借之法也。凡依聲託訓者例此。」〔註249〕陳奐以「流」與「求」同部，「流」的讀音與「求」同，古人在所寫之「流」其意是「求」。再如《褰裳》「子不我思，豈無他士」之「士」，《毛傳》云：「士，事也。」《傳疏》云：「古士、事聲同，其字作士，其意為事，此謂假借也。」陳奐用古「士」與「事」聲同，字作「士」而意思卻是「事」之義。陳奐用假借的注釋方法為《毛傳》的解釋尋找到了合理的依據。

再如《周南・卷耳》「采采卷耳」之「采采」，《毛傳》云：「采采，事採之也。」《傳疏》云：「古『采』、『事』聲同。《爾雅》『采，事也』。云『采采』，採之也者，言勤事採之而不已也。」〔註250〕可見，陳奐以「采」、「事」聲同來疏解《毛傳》。

此外陳奐在《傳疏》中還運用雙聲、疊韻來解釋《毛傳》。如《小雅・皇皇者華》「駪駪征夫，每懷靡及」，《毛傳》：「懷，和也。」《傳疏》解釋道：「懷、和，雙聲得義。」〔註251〕《傳疏》指出《毛傳》用「和」來解釋「懷」是由

〔註247〕陳奐《詩毛氏傳疏・敘錄》，第3頁。
〔註248〕陳奐《詩毛氏傳疏》，第121頁。
〔註249〕陳奐《詩毛氏傳疏》，第7頁。
〔註250〕陳奐《詩毛氏傳疏》，第11頁。
〔註251〕陳奐《詩毛氏傳疏》，第192頁。

於「和」與「懷」雙聲，具有相同的意思，因此「懷」即是「和也」。陳奐還運用疊韻來解釋《毛傳》。《小雅‧正月》「既克有定，靡人弗勝」之「勝」，《毛傳》云：「勝，乘也。」《傳疏》云：「勝、乘疊韻。」〔註252〕「勝」與「乘」韻相同，陳奐以疊韻字可以互訓作爲《毛傳》的訓釋的依據。

陳奐指出《毛傳》用今字釋古字。如《風雨》「既見君子，云胡不瘳」之「瘳」，《毛傳》云：「瘳，愈也。」《傳疏》云：「瘳，愈。《瞻卬》同。愈，古瘉字。《說文》云瘉，病瘳也。瘳，疾瘉也。」〔註253〕《毛傳》用「愈」釋「瘳」，《傳疏》引《說文》證明「瘳」是「愈」的古字，指出《毛傳》是用今字解釋古字。

陳奐在《傳疏》中大量使用內證法來疏解《毛傳》的釋義。如《鄭風‧溱洧》「洵訏且樂」之「訏」，《傳》云：「訏，大也。」《傳疏》云：「訏，大。《爾雅》、《釋詁文》、《方言》訏，大也。……《生民》、《抑》、《韓奕》並同。」〔註254〕《傳疏》列舉出《爾雅》、《釋詁文》、《方言》均解釋「訏」爲大。同時舉出《毛傳》對《生民》、《抑》、《韓奕》三詩中「訏」的解釋均是大。再如《周南‧關雎》「窈窕淑女，君子好逑」，《傳》云：「淑，善。」《傳疏》引《毛傳》對《君子偕老》、《韓奕》之「淑」的解釋俱爲「善」。

對《詩》中出現的相同的字詞，《傳疏》經常列出《毛傳》在不同詩篇中對相同字詞的相同的解釋，對這種一致性，《傳疏》認爲是符合《詩》義的解釋。

面對《毛傳》簡而深的釋義，《傳疏》引用其他典籍爲之尋找證據。如：《周南‧關雎》：「窈窕淑女，君子好逑。」之「窈窕」，《毛傳》云：「窈窕，幽閒也。」《傳疏》繼續補充解釋道：「《爾雅》：冥，窈也。幽，深也。窕，肆也。窕，閒也。窈言婦德幽靜也。窕言婦容閒雅也。古者女未嫁，女師教以婦德、婦言、婦容、婦功。后妃在父母家，有如是也。楊雄《方言》云『美心爲窈，美狀爲窕』。《釋文》引王肅《述毛》云『善心曰窈，善容曰窕』。」〔註255〕陳奐稱引《爾雅》、楊雄《方言》等來疏解《毛傳》對「窈窕」的釋義。

〔註252〕陳奐《詩毛氏傳疏》，第 240 頁。
〔註253〕陳奐《詩毛氏傳疏》，第 112 頁。
〔註254〕陳奐《詩毛氏傳疏》，第 116 頁。
〔註255〕陳奐《詩毛氏傳疏》，第 6 頁。

（二）從名物制度上疏解《毛傳》

《毛傳》對《詩》中的名物制度的解釋，往往只有幾個字，由於時代久遠，對《毛傳》所論及的名物制度也因時間懸隔，而顯得朦朧不清，因此在陳奐看來，有必要對《毛傳》所訓釋的名物制度進行詳細的疏解。

在名物方面，《傳疏》對《毛傳》所涉及的人物、動物、植物、禮器、衣帽等均進行了詳細有據的梳理。如《鄭風・溱洧》「伊其相謔，贈之以勺藥」之「勺藥」，《毛傳》云：「勺藥，香草。」《傳疏》云：「勺藥，香草。勺藥，不載於《爾雅》。《釋文》引《韓詩》『云離草也。言將離別贈此草也』。《韓詩》釋經義不言勺藥爲何草。《正義》引《義疏》云『今樂草。勺藥，無香氣』。非是也。未審今何草。《御覽》藥部七引《義疏》云『司馬相如賦云勺藥之和，楊雄賦曰甘䏑之和，勺藥之羹。勺藥，人人食之也』。《廣雅》攣夷，勺藥也。王念孫疏證云『攣夷，即留夷。留、攣聲之轉也』。張揖注《上林賦》云『留夷，新夷也』。新與辛同。王逸注《楚辭・九歌》云『辛夷，香草也』。郭璞注《西山經》云『勺藥，一名辛夷，亦香草』。屬然。則《鄭風》之勺藥，《離騷》之留夷，《九歌》之辛夷，一物耳。……古之勺藥即醫家之藥草。勺藥也，今人畦種之。《離騷》所謂畦，留夷者矣。其根莖及葉無香氣，而花則香。故《毛詩》謂之香草。」〔註256〕陳奐考查《釋文》、《韓詩》、《御覽》、《廣雅》、王逸注《楚辭・九歌》、郭璞注《山海經》中關於「勺藥」的記載，細細考訂「勺藥」爲何物，最後得出了合乎《毛傳》的解釋。

在制度的訓釋上如：《無衣》「豈曰無衣七兮」，《傳》云：「侯伯之禮，七命，冕服七章。」《傳疏》云：「《傳》釋經之七爲七命。七命，故冕服七章。《周禮・典命》云『侯伯七命，其國家、宮室、車旗衣服，禮儀皆以七爲節』。《大行人》云『諸侯之禮，冕服七章』。是謂侯伯之禮也。」〔註257〕陳奐引用《周禮・典命》引證《毛傳》解釋《無衣》之「豈曰無衣七兮」之「七」是侯伯之禮，七命，冕服七章。

《傳疏》在對《毛傳》的疏解時，還涉及到對婚時的闡釋。如《東門之楊》「東門之楊，其葉牂牂」，《毛傳》云：「興也。牂牂然，盛貌，言男女失時，不逮秋冬。」《傳疏》云：「荀子所謂霜降而婦功成，嫁娶者，行焉。是也。然則嫁娶之侯，秋冬爲正時，仲春爲盡期。此常禮也。訪記男女無媒，

〔註256〕陳奐《詩毛氏傳疏》，第116頁。
〔註257〕陳奐《詩毛氏傳疏》，第141頁。

不交。無幣，無相見。此唯秋冬嫁娶，爲得禮之正時。通媒約之言，備五兩之禮。至二月，則無媒不禁矣。其失時則不逮秋冬矣。此外，尚有凶荒多昏之政，無限時月，但不備禮耳。既立常期以定禮。又權變時以便俗。聖人至精至密之制也。」〔註258〕《傳疏》詳細的敘述了婚姻嫁娶得禮之正的條件是的秋冬時節且具媒約之言及聘禮。而「東門之楊，其葉牂牂」之「牂牂」依《毛傳》的解釋卻是「牂牂然，盛貌」。不是秋冬季節的物貌，是不屬於秋冬嫁娶之正時。《毛傳》云：「言男女失時，不逮秋冬」。《傳疏》補充說明是婚姻失時不逮秋冬，可與《毛傳》互參。

（三）對《毛傳》的校勘

《傳疏》在解釋《毛傳》的同時，還對《毛傳》進行了校勘，陳奐試圖呈現一個眞實準確的《毛傳》。《傳疏》對《毛傳》的校勘作了補全《傳》文，糾正《傳》文，指出《傳》文之脫落等工作。

《傳疏》指出《毛傳》有脫文。《野有蔓草》「邂逅相遇，適我願兮」，《毛傳》云：「邂逅，不期而會，適其時願。」《傳疏》云：「《傳》文『邂逅』下奪『相遇適我願兮』六字。」其證據如下：「邂逅相遇，適我願兮。此《傳》復經句也。二句作一氣讀，不期而會，適其時願。此《傳》釋經義也。八字亦作一氣讀。《序》云『思遇時，思不期而會』。隱八年《穀梁傳》云『不期而會，曰遇』。是不期而會謂之遇，非不期而會謂之邂逅也。邂逅有適願之義。《穀梁傳》又云『遇者，志相得也』。志相得即詩所謂適我願也。《綢繆·傳》云『邂逅，解說也』解說猶說懌，亦是。適我願之意。義箸於《綢繆》。於此，則不爲邂逅發傳矣。此徑轉寫者刪去複句。未盡遂。誤以《傳》文不期而會四字專釋邂逅二字，沿譌至今直以邂逅爲塗遇之通稱。學者失其義，久矣。」〔註259〕

又如《出其東門》「出其東門，有女如雲」。「如雲」，《毛傳》云：「如雲，眾多也。」《傳疏》指出《毛傳》「眾多」前脫一「言」字。《傳疏》云：「女，未嫁者之稱。《傳》云『如雲，眾多也者』。眾，多。上當奪『言』字。此釋經義，非釋字訓也。《君子偕老》『如雲』，言美長也。《敝笱》『如雲，言盛也』。韓奕：如雲，言眾多也，傳皆言有言字。」〔註260〕

〔註258〕陳奐《詩毛氏傳疏》，第159頁。
〔註259〕陳奐《詩毛氏傳疏》，第115頁。
〔註260〕陳奐《詩毛氏傳疏》，第114頁。

　　《傳疏》指出《毛傳》的誤寫，如《子衿》「挑兮達兮，在城闕兮」。《傳》云：「挑，達，往來相見貌。」《傳疏》云：「胡承珙云『上經方云不來，此傳不當言相見』。觀《正義》云『故知挑、達爲往來貌』。可識《傳》本無『相見』二字。《釋文》『挑達，往來見貌』。無『相』字。此必陸氏本作往來貌。《傳》寫誤貌爲見。淺人復於見下加貌字。」〔註261〕

三、《詩毛氏傳疏》的不足

　　陳奐《詩毛氏傳疏》是注疏家的典範之作，不過該書也有些不足之處，主要表現在以下三點：

　　第一，《傳疏》專守毛詩一家之說，學術視野不夠開闊，過於拘泥毛傳，對三家詩的評價過低。有時暗用了三家詩的觀點，但礙於門戶之見，不肯坦然地承認，不是實事求是的科學態度。《續修四庫全書總目提要·詩毛氏傳疏提要》就指出了這一點，它說：「其自序謂齊、魯、韓可廢，毛不可廢。然疏於齊、魯、韓三家與毛同字義者，固多用之，且有強齊、魯、韓以牽合毛義者，則齊、魯、韓亦曷可廢乎？」〔註262〕

　　第二，陳奐的學術受段玉裁的影響最大，段玉裁正確地考據成就爲陳奐所繼承與吸收。不過，陳奐的師法觀念很深，門戶之見很重，對於段玉裁的一些錯誤之處，陳奐沒有很好地糾正過來，反而是有意迴護師說，百般彌縫，歪曲事實以曲就師說的例子也是不少。比如「段氏《毛詩故訓傳》言《葛覃》篇《毛傳》『父母在』九字，恐後人所贈。疏守師說，以爲箋語竄入傳文，且爲之說曰：古者有寧父母禮，無歸寧父母禮。《左傳》歸寧春秋時制，《序》以爲可以歸絕句，尤於經不辭。王符《潛夫論·斷訟篇》曰：不枉行以遺憂，故美歸寧之志。又曰：長貞潔而寧父兄者，以言兄則然耳，疏乃易寧父兄爲寧父母，則更屬舞文矣。」又如「《凱風》睍睆黃鳥，亦用段說，破經睍睆爲睍睍，殆如劉顏所譏，是昧師而非往古歟？」〔註263〕

　　第三，《傳疏》於毛傳是篤守不移的，毛傳是陳奐《傳疏》的靈魂，對於毛傳，陳奐是亦步亦趨，不敢稍有逾越，眞是持奉「疏不破注」信條的代表。可是陳奐是繼承的部分多，創新的部分少，毛傳有所疏解的詩篇，陳奐都能

〔註261〕陳奐《詩毛氏傳疏》，第112頁。

〔註262〕中國社會科學院圖書館整理《續修四庫全書總目提要》，中華書局，1993年版，第395頁。

〔註263〕中國社會科學院圖書館整理《續修四庫全書總目提要》，第395頁。

夠進行很好的疏解，但是一遇到毛傳沒有做出解釋的詩作，陳奐就喪失了指導，不知如何是從了，他又不肯採用《詩序》和鄭箋的說法，只好另立新說，不過這些新說有時是不符合史實的。如「《山有扶蘇》篇『狡童』，毛無傳，疏謂狡猶狂也。狡童當指陳佗。蓋陳桓公既為病狂之人，不足侍，陳佗弒立，淫亂之輩不能援救，忽反辭昏於齊，以失大國之助，是為刺耳。今考《左傳》忽如陳逆婦嬀，在隱八年，辭昏在六年，佗之立在桓五年，次年即為蔡人所殺，渺不相及，詩人乃以為刺，殊無是理。」〔註264〕

當然，任何一部著作都不是盡善盡美的，《傳疏》也不例外。《傳疏》儘管還存在一些未盡之處，不過與它的訓詁名物成就相較，成就還是最主要的，梁啓超評價該書說：「其價值與《毛詩》同懸天壤，可斷言也」〔註265〕，這句話可以作為對《傳疏》的定評。

〔註264〕中國社會科學院圖書館整理《續修四庫全書總目提要》，第 395 頁。
〔註265〕梁啓超《中國近三百年學術史》，第 245 頁。

第三章　朝鮮半島詩經學史論稿

第一節　朴世堂《詩思辨錄》謏論

朴世堂（1629～1703），字季肯，少號潛叟，晚號西溪樵叟，潘南世家朴氏的後代。朴世堂少時穎悟絕人，「未及淹博諸書，文理未甚融貫，而發解義趣，時能透得他人見不到處」〔註1〕。顯宗元年（1660），例授成均館典籍，官至吏曹判書。肅宗二十八年（1702），朴世堂爲已故臣相李景奭撰《碑文》，直言峻斥宋時烈，指出宋時烈對李景奭橫加淩辱的一些罪狀，引來了黨宋之人及當時館學儒生的攻擊，他們以朴世堂所作的《四書思辨錄》改易朱子章句，質疑朱子學說爲據，詆毀朴世堂「侮聖醜正」。其中魚有鳳《代太學儒生請罪朴世堂疏》就是其中的代表，他說：

> 竊惟天下之所不容者，莫大於侮聖。王法之所必討者，莫急於
> 醜正。……（朴世堂）拗戾之性，偏滯之見，挾其恬退之一節，矜
> 其文字之小技，聚徒教授，敢以師道自居。而其所以說經解義者，
> 必以務勝前人爲能，聞其於朱夫子《四書章句集注》，多所疑亂改易，
> 著爲成說，積有年所。而近又因撰出故相臣李景奭碑文，誣辱先正
> 臣文正公宋時烈，不遺餘力。〔註2〕

肅宗二十九年（1703），七十五歲的朴世堂被削奪官爵，因門生故舊求情，加

〔註1〕李坦《（西溪先生）年譜》，《西溪集》卷二十二，韓國民族文化推進會編《韓國文集叢刊》第134冊，第435頁。
〔註2〕魚有鳳《杞園集》，《韓國文集叢刊》第184冊，第8頁。

之年事已高，才免於流放素稱病鄉的玉果，同年八月二十一日，朴世堂卒於石泉。

朴世堂潛心儒家與道家的典籍，五十二歲（1680）開始撰著《大學思辨錄》。其著作先後有《大學思辨錄》、《南華經注解刪補》、《中庸思辨錄》、《論語思辨錄》、《孟子思辨錄》、《尚書思辨錄》、《毛詩思辨錄》（下文簡稱《詩思辨錄》）。名之爲「思辨錄」，「蓋取慎思明辨之義也」〔註3〕。《詩思辨錄》是朴世堂六十五歲時撰著的，李坦《（西溪先生）年譜》癸酉年（1693）記載道：

> 是後十年之間，連有疾故。《詩思辨錄》錄至《小雅‧采綠》篇
> 而止。竟未卒業。先生嘗曰：「孰謂解《書》難於《詩》，《書》雖簡
> 奧，然仔細尋繹，則解亦不難。《詩》則本不著其所爲而作，後人有
> 推其詞而得題者，又有反覆其詞而終莫得其何爲而作者，所以解之
> 爲尤難。」〔註4〕

可見，朴世堂之所以選擇最後解釋《詩經》，是因爲他認爲諸經之訓釋，以《詩經》爲最難。《詩思辨錄》傾注了他十年的心血，他將自己一生的思考都投注在對《詩經》的訓釋中，可以說代表了他經學成就的最高峰。

作爲實學啓蒙時期代表人物的朴世堂〔註5〕，其《詩經》研究與同時代專主《詩集傳》的研究旨趣迥然相異，他試圖打破《詩集傳》獨尊的研究格局，並將關注現實的思想感情投注在《詩思辨錄》中，其解《詩》方法主要有四：一是毛與三家，兼收並取；二是漢宋兼採，唯是之求；三是涵詠本文，以情解詩；四是關注現實，嚮往聖治。朴世堂運用這些解《詩》方法糾正了漢唐考據的一些錯誤，對《詩集傳》也有很多補正。對於漢宋《詩經》學的一些弊病，朴世堂有非常清醒的認識，他說：「《（詩）序》說出於傅會，而毛、鄭從而爲穿鑿之辭。」〔註6〕「今《傳》疑於疏。」〔註7〕他指出《詩序》附會，《毛傳》、《鄭箋》穿鑿，而《詩集傳》空疏，認識到《詩經》漢學

〔註3〕崔錫恒《（西溪先生）諡狀》，《西溪集》卷二十一，《韓國文集叢刊》第 134
冊，第 431 頁。

〔註4〕李坦《（西溪先生）年譜》，《西溪集》卷二十二，第 446 頁。

〔註5〕韓國哲學會編《韓國哲學史》，社會科學文獻出版社，1996 年版，第 90 頁。

〔註6〕朴世堂《詩思辨錄》，韓國成均館大學校大東文化研究院主編《韓國經學資料
集成》第 72 冊，成均館大學校出版部，1995 年版，第 224 頁。

〔註7〕朴世堂《詩思辨錄》，第 604 頁。朴世堂《詩思辨錄》中所云的「今《傳》」
是指明胡廣竊元代劉瑾《詩傳通釋》而成的《詩傳大全》，該書羽翼朱熹《詩
集傳》，是對朱熹《詩集傳》的箋注。

與宋學的不足之處。值得注意的是，朴世堂的這些認識與同時代的中國學者姚際恒異域同調〔註 8〕，姚際恒說：「漢人之失在於固，宋人之失在於妄……明人說《詩》之失在於鑿。」〔註9〕姚際恒反對唐宋門戶之見，主張獨立思考，對《詩序》、《詩集傳》都有激烈的批評，他的這種研究方法又影響到了方玉潤、崔述等人，後世學者將這一學派命名爲「獨立思考派」，並且認爲他們「開拓了《詩經》研究的一種新的學風」〔註 10〕。朴世堂《詩思辨錄》也給朝鮮《詩經》研究帶來了新的學風。

一、《詩思辨錄》之解《詩》方法

（一）毛與三家，兼收並取

漢代《詩經》學分齊、魯、韓、毛四家。《齊詩》、《魯詩》、《韓詩》在西漢均被列爲學官，盛極一時，但由於三家詩具有與政治緊密聯繫，以讖緯解《詩》等特點，最終與漢王朝一同走向衰落。《毛詩》在漢代未被列爲學官，僅在民間流傳。自東漢末鄭玄箋釋《毛詩》，加之《毛詩》自身所具有的學術品格，使得《毛詩》不斷發展，並在唐代被確定爲《詩經》研究之定本，治《詩經》者幾乎都奉《毛詩》爲圭臬。朴世堂《詩思辨錄》以《毛詩》爲主，同時，他還兼採三家詩之《韓詩》。朴世堂是朝鮮最先關注三家詩的學者，爲後來申綽等吸收三家詩研究《詩經》起了先導的作用，其《詩經》研究的眼光與態度難能可貴。

朴世堂重視《韓詩》，運用《韓詩》的異文來分析了《韓詩》與《毛詩》的文本差異。如《衛風・考槃》首章「考槃在澗，碩人之寬」之「澗」字，《詩思辨錄》云：「《韓詩》『澗』作『干』，云境埆也。」〔註 11〕朴世堂簡單列出

〔註 8〕朴世堂與清儒姚際恒海天懸隔，生前從未晤面，也不可能看到彼此的著作，因爲朴世堂 1693 年始著《詩思辨錄》，至死（1703）尚未完成，刊刻時間更晚。姚際恒 1696 年始著《九經通論》（含《詩經通論》），1710 年完成，此時朴世堂已離開人世七年。可見，兩人的《詩經》學觀點趨同，乃是《詩經》研究發展的必然趨勢，姚際恒和朴世堂是 17 世紀末 18 世紀初中國和韓國《詩經》研究中高舉反叛旗幟的代表，他們從《詩經》文本出發，以歷代《詩經》研究的成果作爲吸收和批評的對象，是漢宋《詩經》學在世紀之交的自我反思的必然結果。

〔註 9〕姚際恒《詩經通論・自序》，中華書局，1958 年版，第 8 頁。

〔註 10〕夏傳才《詩經研究史概要》，清華大學出版社，2007 年版，第 156 頁。

〔註 11〕朴世堂《詩思辨錄》，第 177 頁。

《韓詩》之異文及其釋義，沒有作進一步的闡釋，是其不足之處。但是朴世堂引《韓詩》傳達出「澗」與「干」只是文字差異，意思相通的學術判斷卻是正確的，如《小雅・斯干》「秩秩斯干」之「干」《毛傳》云：「干，澗也。」〔註12〕再如，《衛風・考槃》「考槃在澗」之「澗」，王先謙云：「《韓》『澗』作『干』，云境埆之處也者。……《傳》：『山夾水曰澗。』……胡承珙云：『《小雅》秩秩斯干，《傳》：干，澗也。二字通。《易》鴻漸於干，《釋文》引荀、王並云：干，山間澗水也。虞注：小水從山流下稱干。翟注云：山厓也。此皆謂干即澗也。』陳喬樅云：『《韓》云境埆之處者，干為山澗厓岸之地，故以境埆言之，謂土地瘠薄者也。《丘中有麻・傳》謂丘中為境埆之處，與此同義。』」〔註13〕

再如《小雅・小宛》第五章「哀我填寡，宜岸宜獄」之「填」，《毛傳》云：「盡。」〔註14〕朴世堂云：「《韓詩》填作疹，苦也。」〔註15〕參之王先謙《詩三家義集疏》可知「《韓詩》『疹苦』之訓，其義當為窮苦，猶毛詩『填盡』之訓，其義亦為窮盡。」〔註16〕可見「填」與「疹」二字亦通。王先謙等三家詩學者的研究表明，這些異文是由《毛詩》好用假借字，三家詩多用本字所致，文字雖別，意則相通。當然，通過這些異文可以看出，《毛詩》和三家詩是同源而異流的，不應該獨尊《毛詩》而鄙夷三家詩。

朴世堂解釋《詩經》，在經文上列舉《韓詩》與《毛詩》在文本上的一些異文，體現了不專主《毛詩》，兼採三家詩的研究特點。另外，朴世堂在一些詩句的訓釋上，認為《韓詩》優於《毛詩》。如《邶風・新臺》「新臺有灑，河水浼浼」之「灑」，《毛傳》云：「灑，高峻也。浼浼，平地也。」〔註17〕朴

〔註12〕孔穎達《毛詩正義》，第681頁。

〔註13〕王先謙《詩三家義集疏》，中華書局，1987年版，第274～275頁。

〔註14〕孔穎達《毛詩正義》，第746頁。

〔註15〕朴世堂《詩思辨錄》，第535頁。

〔註16〕王先謙云：「《韓》『填』作『疹』，疹，苦也。……胡承珙云：『古從真，從今之字互相假借，《毛》訓『填』為『盡』，蓋以『填』為『殄』之借字。《瞻卬詩》『邦國殄瘁』，《傳》云『殄，盡也。』《韓》作疹』者，『疹』，乃籀文『胗』字。胗，脣傷也。非其義。《韓》蓋以『疹』為『瘨』之借字。《說文》：『瘨，病也。』《雲漢》、《召旻》箋並云：『瘨，病也。』《雲漢》，《釋文》：『瘨，《韓詩》亦作瘨。』陳喬樅云：『古以病、苦互訓。……然則《韓詩》疹苦之訓，其義當為窮苦，猶毛詩填盡之訓，其義亦為窮盡。』」王先謙《詩三家義集疏》，第695～696頁。

〔註17〕孔穎達《毛詩正義》，第177頁。

世堂曰：「《韓詩》云：『灑』作『漼』，鮮貌。『浼』作『浘』，盛貌。」〔註18〕
朴世堂認為：「恐當以《韓詩》訓為得也。」〔註19〕這個推測也可以在王先謙
的論述中得到印證：

> 段玉裁云：「此必首章『新臺有泚，河水瀰瀰』之異文。漼、浘
> 字與泚、瀰同部，與灑、浼不同部。」……馬瑞辰云：「灑、洗雙聲，
> 古通用。《白虎通》：『洗者，鮮也。』《呂覽》高注：『洗，新也。』……
> 《毛》訓高峻，不若《韓》訓鮮貌為確。」〔註20〕

此外，朴世堂在訓釋詩句時，還同時錄用《韓詩》與《毛詩》相左或相近的
解釋，互相參考而不作是非評價。如《邶風・北門》之「王事敦我」之「敦」，
朴世堂云：「《毛傳》，敦，厚。……《韓詩》云：敦，迫。」〔註21〕再如《邶
風・谷風》之「有洸有潰」，朴世堂云：「《毛傳》潰潰，怒也。……《韓詩》
潰潰，不善之貌。」〔註22〕

　　朴世堂在《詩思辨錄》中利用《韓詩》來補充《毛詩》，雖然數量不是很
多，但意義較大，體現了兼收並取的《詩》學研究。

（二）漢宋兼採，唯是之求

　　《詩經》漢學和宋學之學術取徑不同，致力方向迥異，爭鬥非常激烈，
大有此消彼長之勢。漢唐是漢學昌明的時代，尤其唐代《毛詩正義》的頒
佈，確立了《詩經》漢學的權威地位，終唐之世，罕有非議之聲。宋代是「經
學變古時代」〔註23〕，歐陽修、鄭樵等開始懷疑《毛傳》、《鄭箋》，朱熹《詩
集傳》問世，成為宋代《詩經》學的集大成之作。元代科舉考試，將《詩集
傳》懸為令甲。明代，胡廣等所編《詩傳大全》，專宗朱熹《詩集傳》。至此
宋學壓倒漢學，成為學術主潮，《詩集傳》風行天下，而《毛詩正義》則寂寞
無聞。清代漢學復興，尊漢學者又起來攻擊宋學，爭鬥不休，勢同水火。當
然，不同學術派別之間的正常論爭可以深化對問題的認識，促進學術的進

〔註18〕朴世堂《詩思辨錄》，第 148 頁。

〔註19〕朴世堂《詩思辨錄》，第 148 頁。

〔註20〕王先謙《詩三家義集疏》，第 211 頁。

〔註21〕朴世堂《詩思辨錄》，第 143～144 頁。

〔註22〕朴世堂《詩思辨錄》，第 133 頁。《詩三家義集疏》引陳喬樅云：「《傳》『潰
潰，怒也』，怒亦不善貌，義與《韓》同。」王先謙《詩三家義集疏》，第 179
頁。

〔註23〕皮錫瑞《經學歷史》，中華書局，2008 年版，第 220 頁。

步。但是，漢學和宋學之間的論爭，有時羼雜了一些非學術的因素，這對於學術研究無益，所以四庫館臣說：「攻漢學者，意不盡在於經義，務勝漢儒而已；伸漢學者，意亦不盡在於經義，憤宋儒之詆漢儒而已。」〔註24〕四庫館臣也呼籲消除畛域，一準至公，但是四庫館是漢學家的大本營，雖然他們意識到了漢宋之爭的危害性，但是在具體的操作過程中，又難免迴護漢學而批評宋學。

在朴世堂所處的時代，朝鮮學者尊奉朱熹《詩集傳》，眾口一詞，少有不同之見。朴世堂的《詩經》研究，在汲取《詩集傳》釋義的同時，對《詩集傳》也有不少駁正，這不是說朴世堂反對《詩集傳》，而是說朴世堂在尊《詩集傳》的同時，又客觀地接受了漢唐考據學的成果，朦朧地意識到《詩經》研究應該漢宋兼採，不能存在獨尊一家的偏見。對於漢學和宋學都無法解決的問題，朴世堂本人一時也難以找到答案者，他都以「闕疑」等標識，這種謹慎的態度，也應予以表彰。

《詩序》是《詩經》學史上聚訟紛紜的話題，《詩序》解釋符合詩旨者很多，但牽強附會者亦不在少數。《毛詩正義》幾乎全採《詩序》，朱熹《詩集傳》則反對《詩序》，以至於有廢序之舉，朱熹的做法稍嫌武斷。朴世堂訓釋《詩經》時，斟酌文本，考察史實，他對《詩序》的解釋，也多加以採用。

如《邶風·擊鼓》，《詩序》云：「《擊鼓》，怨州吁也。衛州吁用兵暴亂，使公孫文仲將而平陳與宋，國人怨其勇而無禮也。」〔註25〕對於《詩序》，朱熹將信將疑，所以他說：「舊說以此為春秋隱公四年，州吁自立之時，宋衛陳蔡伐鄭之事，恐或然也。」〔註26〕朱熹以「恐或然也」志其謹慎，朴世堂對於此詩的詩旨完全抄錄《詩序》，其云：「此詩，《序》當為得其實也。」〔註27〕

再如《王風·君子陽陽》，《詩序》云：「閔周也。君子遭亂，相招為祿仕，全身遠害而已。」〔註28〕《詩集傳》云：「此詩疑亦前篇婦人所作。蓋其夫既歸，不以行役為勞，而安於貧賤以自樂，其家人又識其意而深歎美之，皆可

〔註24〕紀昀等《四庫全書總目（整理本）》，中華書局，1997年版，第186頁。

〔註25〕孔穎達《毛詩正義》，第128頁。

〔註26〕朱熹《詩集傳》，第18頁。

〔註27〕朴世堂《詩思辨錄》，第119頁。

〔註28〕孔穎達《毛詩正義》，第256頁。

謂賢矣。豈非先王之澤哉。或曰：《序》說亦通。宜更詳之。」〔註29〕朴世堂
認爲：「此詩之義，舊說如此，理趣似長，當從之。」〔註30〕因此朴世堂錄
《詩序》、《毛傳》、《鄭箋》、《毛詩正義》的解釋，不錄《詩集傳》模淩兩可
的解釋。

　　同時，對於漢學的迂拘蕪雜之弊〔註31〕，朴世堂也能根據朱熹《詩集傳》
的觀點予以修正。如《召南・草蟲》，朴世堂云：「此篇舊說甚穿鑿，大失本
旨，今《傳》正之，是矣。」〔註32〕

　　再如《王風・君子于役》，《詩序》云：「刺平王也。君子行役無期度，大
夫思其危難以風焉。」〔註33〕朱熹《詩集傳》云：

> 　　大夫久役於外，其室家思而賦之曰：君子行役，不知其還反之
> 期，且今亦何所至哉。雞則棲於塒矣，日則夕矣，牛羊則下來矣。
> 是則畜產出入，尚有旦暮之節，而行役之君子乃無休息之時，使我
> 如何而不思也哉。〔註34〕

朴世堂云：「《序》謂君子行役無期度，大夫思其危難。今《傳》正其謬者，
得之。」〔註35〕朴世堂取《詩集傳》而不從《詩序》。

　　此外，朴世堂對於一些暫時得不到確解，但又認爲各家的解釋都有合理
之處的詩篇，他就採取了兼採共存的態度。如《鄭風・山有扶蘇》，朴世堂
云：「此詩之義，亦當以今《傳》爲近，然《序》說又未可以遽斷其必不然
也。」〔註36〕

〔註29〕朱熹《詩集傳》，第43頁。
〔註30〕朴世堂《詩思辨錄》，第205頁。
〔註31〕《四庫全書總目・經部總敘》云：「自漢京以後，垂二千年，儒者沿波，學凡
　　　　六變：其初專門授受，遞稟師承，非惟詁訓相傳，莫敢同異，即篇章字句，
　　　　亦恪守所聞，其學篤實謹嚴，及其弊端也拘。王弼、王肅稍持異議，流風所
　　　　扇，或信或疑，越孔、賈、啖、趙以及北宋孫復、劉敞等，各自論說，不相
　　　　統攝，及其弊也雜。」《四庫全書總目》，第1頁。
〔註32〕朴世堂《詩思辨錄》，第85頁。
〔註33〕孔穎達《毛詩正義》，第256頁。
〔註34〕朱熹《詩集傳》，第43頁。
〔註35〕朴世堂《詩思辨錄》，第203〜204頁。
〔註36〕朴世堂《詩思辨錄》，第224頁。《鄭風・山有扶蘇》，《詩序》云：「刺忽也。」
　　　　孔穎達《毛詩正義》，第299頁。《鄭箋》云：「以興忽好善不任用賢者，反任
　　　　用小人。」孔穎達《毛詩正義》，第300頁。朱熹《詩集傳》云：「淫女戲其
　　　　所私者。」朱熹《詩集傳》，第61頁。此外再如《邶風・北風》末章，朴世
　　　　堂云：「愚謂舊說如此，今亦未見其爲必不然，宜兩存之，不可獨廢也。」朴

朴世堂對一些難以理解的詩句，採取了闕疑的態度。如《小雅·甫田》第三章之「曾孫」，他說：「曾孫之爲王侯、爲公卿，皆無可指明者，則宜闕疑矣。」〔註37〕再如，《鄘風·干旄》詩中的「良馬五之」、「良馬六之」，朴世堂云：

> 今、舊諸說皆不同，《毛》以爲驂馬四馬之彎數，《鄭》以爲就見之數，朱《傳》以爲車馬之盛。夫上章既言四馬，則二章又不當侈其文而損其實，此《毛》之失也。就見之數，不當直繫之於良馬之下，若爾者，殆不成語，此《鄭》之失也。五馬始於漢世，而六馬乃天子所備，衛之大夫所不得僭，雖欲誇車馬之盛，豈應若是，此朱《傳》之失也。此三說者皆求其義而不得強爲之辭耳，義終難詳，不如闕之。〔註38〕

朴世堂仔細斟酌《毛傳》、《鄭箋》、《詩集傳》的解釋，指出他們的不妥當之處，但是他自己也提不出更好的解釋來，就以闕疑示之，體現了他實事求是的治《詩》態度。

（三）涵詠本文，以情解詩

《詩經》是先民生活情感的表達，不是無情之物。《詩經》在漢代被列爲官學，與政治的關係密切，學者更強調《詩經》的政治教化功能，反而對其抒情性有所忽略。宋代《詩經》學出現了一股疑古思潮，反思漢唐《詩經》研究的諸種弊端，對於《詩經》的言情功能有了新的認識與發掘。朱熹《詩集傳》就是這種思潮的代表，雖然《詩集傳》在《周南·關雎》篇末云：「然學者姑即其詞而玩其理以養心焉，則亦可以得學詩之本矣。」〔註39〕但是通觀整部《詩集傳》，「玩理」只是少數，「言情」較多，這正如朱熹本人所言：「大抵古人作詩，與今人作詩一般，其間亦自有感物道情，吟詠情性，幾時盡是譏刺？」〔註40〕可惜朱熹之後，許多《詩經》學著作又回到了詩教的故轍上來，並且又加入了很多性理學的闡釋，《詩經》的抒情性又隱晦不彰了。朱子理學思想在朝鮮時代具有崇高的地位，以「理」解《詩》的現象在朝鮮也是非常

世堂《詩思辨錄》，第 146 頁。《鄭風·子衿》，朴世堂云：「此章之義，今舊說不同，亦當兩存之。」朴世堂《詩思辨錄》，第 231 頁。
〔註37〕朴世堂《詩思辨錄》，第 647 頁。
〔註38〕朴世堂《詩思辨錄》，第 169～170 頁。
〔註39〕朱熹《詩集傳》，第 2 頁。
〔註40〕朱熹《朱子語類》卷八十，北京：中華書局，1986 年版，第 2076 頁。

普遍〔註41〕，朴世堂則與這種流行的做法不同，他從《詩經》文本出發，以情解《詩》，發揚了《詩經》研究的抒情傳統，識見高出同時學者很多。

朴世堂把現實人生的感情投注於《詩經》訓釋中，品味詩人所傳達的感情。如《周南·汝墳》第二章云：「遵彼汝墳，伐其條肄。既見君子，不我遐棄。」《詩思辨錄》云：「未見則心困，而不堪其憂思懸望之切。既見則又自深幸，而若得其不遺出於意望之外也。此見人情之至也。」〔註42〕朴世堂認為此詩傳達了夫婦離別的相思。

再如《召南·草蟲》，《詩序》云：「《草蟲》，大夫妻能以禮自防也。」〔註43〕《詩序》解釋此詩的著眼點在夫婦之禮，教化意味十足。《詩集傳》云：「南國被文王之化，諸侯大夫行役在外，其妻獨居，感時物之變，而思其君子如此。」〔註44〕朱熹不同意《詩序》的教化說，而主張言情說，以為該詩是妻子思念行役的丈夫，與禮樂教化無涉。朴世堂云：

> 以為諸侯之夫人，以為大夫之妻，無所不可，又安從而明其為
> 何人而遽斷之也？只當闕所難明，論所可知。此篇之所可知者，丈
> 夫在外，經時未歸，而婦人思念之情耳，其他皆非所詳，又何必強
> 為說云云也。〔註45〕

朴世堂反對《詩序》的禮樂之防，贊成朱熹的夫婦思念之情，不過朴世堂對於朱熹的觀點也不是完全接受，他認為朱熹的解釋縮小了該詩所指的言情範圍，將詩中夫婦僅界定為諸侯與大夫夫婦，顯然過於拘謹，他認為該詩的言情範圍遠非諸侯、大夫夫婦之一端，詩中所言之情帶有普遍性，涵蓋了普天之下妻子對外出丈夫的思念。朴世堂的觀點，通達合理。

朴世堂還注意《詩經》中所蘊涵的父母、兄弟之情。如《小雅·小明》前三章均有「念彼共人」，《鄭箋》云：「靖共爾位以待賢者之君。」〔註46〕孔

〔註41〕許穆（1595～1682）《詩說》云：「故論《詩》，本之性情，達之聲音。先王有以厚人倫、重禮儀，使讀之者感發其良心，懲創其逸志。」見《韓國經學資料集成》第71冊，第84頁。白鳳來（1717～1799）《三經通義·詩傳》云：「性情為《三百篇》之體用耶。……《詩》以正變，以理性情，則彌論天地之道者。」許穆《詩說》，《韓國經學資料集成》第71冊，第441～444頁。
〔註42〕朴世堂《詩思辨錄》，第78頁。
〔註43〕孔穎達《毛詩正義》，第69頁。
〔註44〕朱熹《詩集傳》，第9頁。
〔註45〕朴世堂《詩思辨錄》，第85～86頁。
〔註46〕孔穎達《毛詩正義》，第800頁。

穎達《疏》云:「念彼明德供具賢者爵位之人君。」〔註47〕《詩集傳》云:「共人,僚友之處者也。」〔註48〕朴世堂不贊同以上諸說,其針對該詩第三章「昔我往矣,日月方奧。曷云其還,政事愈蹙?歲聿云莫,采蕭穫菽。心之憂矣,自詒伊戚。念彼共人,興言出宿。豈不懷歸,畏此反覆」,解釋云:

> 愚謂「反覆」言,恐小人反覆其間,為譖構也。已上三章所稱
> 「共人」,詳味詩意,恐是指其父母,而思念之切,至於涕零如雨,
> 寢不能安也。其情之懇惻如此,即可推知矣。嘗見他書亦引此語為
> 念親之辭者,但記之不能詳耳。若舊說以為是靖共爾位之明君,今
> 《傳》以為僚友之處者,皆據下兩章所言「靖共爾位」而為之說,
> 但所取以為義者,各不同焉。抑此文有偶同耳。詩人之意,未必然
> 也。舊說近於鑿,今《傳》疑於疏。念之而泣涕,懷歸夜不安寢者,
> 擬之二說,俱不甚合。〔註49〕

朴世堂認為《鄭箋》等思念明君之說失於穿鑿,而《詩集傳》思念僚友的解釋疏漏而不實,他將「共人」解釋為父母,認為此詩抒發的是思念父母之情。朴世堂的解釋貼近詩義,可備一說。

再如《唐風·杕杜》,《詩序》云:「刺時也。君不能親其宗族,骨肉離散,獨居而無兄弟,將無沃所併爾。」〔註50〕《詩集傳》云:「此無兄弟者自傷其孤特而求助於人之詞。」〔註51〕此詩首章云「有杕之杜,其葉湑湑。獨行踽踽,豈無他人?不如我同父。嗟行之人,胡不比焉?人無兄弟,胡不佽焉?」朴世堂解釋云:

> 「豈無他人」,言所與行者非無他人,但不如我之兄弟,故自歎
> 其獨行而踽踽然,似乎無與共行也。「比」,親也。使行路之人皆相
> 親比,又憐其孤特而見助,則何至自傷之如此,言至於是,情甚憾
> 矣。〔註52〕

朴世堂與《詩集傳》相同,以兄弟之情來解釋此詩,明顯勝過《詩序》的「刺時」說。

〔註47〕孔穎達《毛詩正義》,第 800 頁。

〔註48〕朱熹《詩集傳》,第 151 頁。

〔註49〕朴世堂《詩思辨錄》,第 604~605 頁。

〔註50〕孔穎達《毛詩正義》,第 391 頁。

〔註51〕朱熹《詩集傳》,第 71 頁。

〔註52〕朴世堂《詩思辨錄》,第 264 頁。

朴世堂除了以情解詩之外，還注意到了「詩可以怨」的傳統。如《鄘風‧載馳》，朴世堂云：「此詩蓋夫人將歸衛以唁兄弟，既在途矣，而許之大夫追及而止其行，故述己之意，以紓其憂懣也。」〔註53〕

（四）關注現實，嚮往聖治

朴世堂是朝鮮實學啓蒙時期的代表人物，他關注社會民生，並提出了很多興利除弊的措施，崔錫恒《（西溪先生）謚狀》記載云：

> 丁未夏（1667），以修撰召還時，上憫旱，有求言之教，公應旨陳疏。首以立聖志爲刻勵圖治、轉衰爲盛之本。次論視事稀闊之失，仍及大臣厭事之弊，請自今廓然奮發，日御法殿，召接臣僚，責勵大臣，以盡其職。又言鄰族侵征之怨，軍制變通之宜，縷縷五六千言，無非明白切實，痛中時病。〔註54〕

雖然朴世堂的這些建議都沒有得到國王的採納，無法見諸實踐，但是朴世堂將實學家積極入世、經世致用的熱情融於著作中，如《詩思辨錄》中融會了他關注現實社會，嚮往聖明政治的苦心。

如《王風‧丘中有麻》，《詩序》云：「思賢也。莊王不明，賢人放逐，國人思之，而作是詩也。」〔註55〕朱熹《詩集傳》云：「婦人望其所與私者而不來，故疑丘中有麻之處，復有與之私而留之者，今安得其施施然而來乎。」〔註56〕朴世堂不同意朱熹將此詩解釋爲戀詩，是因爲《詩序》思賢的主旨使他產生了共鳴，他繼續申釋《詩序》說：

> 丘，猶言山也。留，猶言住也。將，期望之意。施施，委遲貌。此篇見賢人之隱遯者多。末章至曰「彼留之子」，則雖不言其名，而蓋不止上所稱二人而已。主昏國亂，賢人隱處，而其慕之之深，望之之切如此。則詩人憫世惜賢之意，又可見矣。〔註57〕

朴世堂以飽含感情的筆墨詮釋了詩人的憫世惜賢之意，大有借《詩經》訓釋抒發個人情懷的意味。

再如《鄭風‧蘀兮》，《詩序》云：「刺忽也。君弱臣強，不倡而和也。」

〔註53〕朴世堂《詩思辨錄》，第 171 頁。
〔註54〕崔錫恒《（西溪先生）謚狀》，《西溪集》卷二十一，《韓國文集叢刊》第 134 冊，第 425 頁。
〔註55〕孔穎達《毛詩正義》，第 270 頁。
〔註56〕朱熹《詩集傳》，第 47 頁。
〔註57〕朴世堂《詩思辨錄》，第 213～214 頁。

〔註58〕《詩集傳》云：「此淫女之詞。」〔註59〕朴世堂云：

> 此詩之義，《(毛詩)序》說出於傅會而毛鄭從而爲穿鑿之辭。
> ……愚謂此詩有懼夫時過而事不及，欲早謀之之意。若非如《唐風》
> 「今我不樂，日月其除」之指，則必是大夫憂國之危而禍之將及，
> 欲與諸大夫同心共力以早圖之也。〔註60〕

朴世堂在《蘀兮》飛逝的落花中，讀出的是國家禍亂將至，大夫思治的急切心理。他把自己憂慮社稷民生的感情投入到注《詩》中，所以產生這樣獨創的解釋。

《詩思辨錄》還傳達了朴世堂對社稷民生的憂慮。如《小雅·十月之交》，此詩末章云：「悠悠我里，亦孔之痗。四方有羨，我獨居憂。民莫不逸，我獨不敢休。天命不徹，我不敢傚我友自逸。」朴世堂解釋云：

> 愚謂此章言人皆饒樂，而我獨憂，「民莫不逸，我不敢休」，所
> 以病之甚，而其憂之悠悠也。然天命既不均，則逸者自逸耳，我又
> 豈可傚彼也？「黽勉從事」而「不敢告勞」者，爲此故也。〔註61〕

朴世堂的注釋有他對民生不倦的關懷。再如《小雅·采菽》第四章云：「維柞之枝，其葉蓬蓬。樂只君子，殿天子之邦。樂只君子，萬福攸同。平平左右，亦是率從。」朴世堂云：

> 愚謂此章之意，蓋以「柞」喻天子，「枝」以喻諸侯，「葉之蓬
> 蓬」喻諸侯之功勞茂盛，所以能殿天子之邦，而爲之後，其宣力王
> 室如此，故萬福於是而聚歸之，所與從行左右之臣，又皆爲平平辨
> 治之賢才也。〔註62〕

朴世堂的解釋傳遞出對社稷民生的憂慮，對明君賢臣政治的嚮往。

《詩思辨錄》還凸顯出朴世堂生於亂世，仍然加強自我修養的操守。如《魏風·伐檀》，朴世堂云：

> 此詩之指，蓋傷君子之不遇時，而又美其能修身蓄德，不以其
> 不見用而或自沮也。「坎坎伐檀」，喻孜孜於爲善修行也。「寘之河干，
> 河水清漣」，喻才不遇時而無所施也。「不稼不狩，胡取胡瞻」，喻茍

〔註58〕孔穎達《毛詩正義》，第 303 頁。
〔註59〕朱熹《詩集傳》，第 52 頁。
〔註60〕朴世堂《詩思辨錄》，第 224～225 頁。
〔註61〕朴世堂《詩思辨錄》，第 508～509 頁。
〔註62〕朴世堂《詩思辨錄》，第 713 頁。

　　不能勤修天爵，將無以使人爵而至，君子之不肯無事而食，如此深
　　歎賢者遭無道之世，能不變其守也。〔註63〕

再如《小雅・白駒》，朴世堂云：

　　愚謂彼賢者終去，而不可復留矣，則又歎其能潔身不污於亂世，
　　爲不可及。然國必待賢人而昌，扶世救民，我之所望者，深矣。毋
　　自愛重其身而有退遠之心。蓋猶冀其反覆審度，謂不當果於忘世而
　　決之一行也。〔註64〕

朴世堂表露了君子不因外在的紛亂而改變內在修養的情操，讚揚賢人不因不
遇而沮喪的心智，從而也隱隱傳達出自己不易操守的執著。

二、《詩思辨錄》對漢唐《詩經》學的批評

　　朴世堂《詩思辨錄》在採擷漢唐《詩經》學成果的同時還認識到其不足
之處，他說：「《序》出於傅會，而毛、鄭從而爲穿鑿之辭。」〔註65〕道出了
漢唐《詩經》學研究的弊端，並對於這些弊端作了一些糾正。

　　首先，對於一些詩篇的詩旨，朴世堂不滿意《詩序》、《毛傳》、《鄭箋》、
《毛詩正義》等舊說的解釋。其中較爲突出的例子是，朴世堂反對《詩序》
以文王、后妃等附會《詩》意。他認爲《詩序》將《周南・關雎》繫之文
王、太姒是「非有明據，亦皆出於意度。故舊說則又以此爲美后妃之不妒
忌而作，至朱子始正其失」〔註66〕。他認爲《關雎》之作「蓋喜其君得賢
女爲之匹配，以助其內治，因述其事而詠歌之」〔註67〕。再如《周南・葛
覃》，《詩序》云：「后妃之本也。后妃在父母家，則志在於女功之事，躬儉節
用，服澣濯之衣，尊敬師傅，則可以歸安父母，化天下以婦道也。」〔註68〕
朴世堂認爲《詩序》的訓釋是「無可以指據」〔註69〕。此外，《詩思辨錄》還
指出《詩序》對一些詩篇的解釋不確。茲舉例如下，如《邶風・柏舟》，朴世
堂云：

　　此章之指，今舊說俱失，孔、鄭則失上二句之義。朱《傳》則

〔註63〕朴世堂《詩思辨錄》，第254頁。
〔註64〕朴世堂《詩思辨錄》，第448頁。
〔註65〕朴世堂《詩思辨錄》，第224頁。
〔註66〕朴世堂《詩思辨錄》，第66頁。
〔註67〕朴世堂《詩思辨錄》，第65～66頁。
〔註68〕孔穎達《毛詩正義》，第30頁。
〔註69〕朴世堂《詩思辨錄》，第69頁。

其曰既曰又者，亦失於分上下爲兩義也。〔註70〕

《邶風·終風》，朴世堂云：

> 毛、鄭皆失，爲《序》所誤故耳。〔註71〕

《邶風·雄雉》，朴世堂云：

> 舊說從《小序》，故牽強乖舛。〔註72〕

《衛風·竹竿》，朴世堂云：

> 此篇舊說穿鑿，當從今《傳》。〔註73〕

《王風·大車》，朴世堂云：

> 《序》：「刺周大夫也。禮義陵遲，男女淫奔，故陳古以刺今大
> 夫不能聽男女之訟焉。」《毛傳》以下皆用《序》說，解經者失之，
> 當從今《傳》爲是。舊說解第三章尤穿鑿。〔註74〕

《鄭風·有女同車》，朴世堂云：

> 舊說牽合舛辟，今《傳》不從者，是。然又不見其爲淫奔之
> 詩。……若此詩者，宜姑闕之也。〔註75〕

《鄭風·揚之水》，朴世堂云：

> 愚謂此詩之義，今舊說皆未可指據，而信其爲然者，恐只是朋
> 友親戚之素有恩者，爲人所間，中更乖疏，故傷怨之而作也。揚者，
> 水之盛也，而不能流漂一束楚之輕，則實非平昔之所意也。夫以素
> 親有恩之人，而不能通達其情私，亦豈是平昔之所自意者也。此其
> 託興之端歟？〔註76〕

另外，朴世堂在《召南·鵲巢》、《召南·行露》、《齊風·載驅》、《鄭風·女
曰雞鳴》、《魏風·伐檀》、《陳風·澤陂》、《豳風·伐柯》、《小雅·杕杜》等
詩的詩旨上也都表達了自己不同於漢唐的解釋。

其次，朴世堂在一些字詞的訓釋上，也不同於漢唐諸家。朴世堂糾正《毛
傳》，如《邶風·擊鼓》第四章之「死生契闊，與子成說。執子之手，與子偕

〔註70〕朴世堂《詩思辨錄》，第 105 頁。
〔註71〕朴世堂《詩思辨錄》，第 117 頁。
〔註72〕朴世堂《詩思辨錄》，第 122 頁。
〔註73〕朴世堂《詩思辨錄》，第 189 頁。
〔註74〕朴世堂《詩思辨錄》，第 212 頁。
〔註75〕朴世堂《詩思辨錄》，第 223 頁。
〔註76〕朴世堂《詩思辨錄》，第 232～233 頁。

老」之「契闊」。朴世堂說：「《毛傳》『契闊，勤苦也』。鄭云：『相與處勤苦之中。』今《傳》，『契闊，隔遠之意。』恐皆失之。『契闊』，猶曰離合。契者，契合；闊者，離闊。謂於平日與其室家嘗成誓言，期以死生離合不相背棄也。若云死生隔遠，亦不成語耳。」〔註77〕

朴世堂指出孔穎達《毛詩正義》在釋字上的不妥，如《邶風・匏有苦葉》第二章「有瀰濟盈，有鷕雉鳴。濟盈不濡軌，雉鳴求其牡」。朴世堂云：「愚謂『濟之瀰盈』，喻禮之甚嚴。『雉之鷕鳴』，喻女之思淫不濡軌，喻其謂犯禮而無傷也。『求其牡』，喻所求者非其匹。孔氏直以濟爲渡水，失之矣」。〔註78〕朴世堂反對《毛詩正義》以渡水來解釋「濟」字。

再如《王風・采葛》之「一日不見，如三秋兮」。朴世堂認爲三秋應爲三歲，而非孔穎達《毛詩正義》以九個月來解釋三秋。〔註79〕

朴世堂在部分《詩經》詩旨和字詞的釋義上對漢唐《詩經》學作了質疑。對這些問題，他或拋棄前說，提出己見，或在朱《傳》的啓發下另有深發，對一些暫時不能解決的問題，則以闕疑示之讀者。雖然朴世堂的釋義也存在一些問題，但是作爲異域學者，能夠指出漢唐考據之失，也足以反映朴世堂對《詩經》的思考，他所糾正的不妥之處，也有助於《詩經》研究的深入。

三、對朱熹《詩集傳》的批評

朴世堂批評朱熹《詩集傳》云：「今《傳》疑於疏」，大膽地指出了《詩集傳》疏漏之弊。在朱子學獨尊的朝鮮時代，能提出這樣的觀點，需要有很大的學術勇氣，這也反映了朴世堂獨立思考，敢於懷疑的治學精神。朴世堂反對朱熹的「淫詩」說，並指出《詩集傳》對《詩序》的沿襲之處。另外，《詩集傳》的長處在於從文學、義理的層面解釋《詩經》，但是在考據訓詁方面較爲薄弱。朴世堂在訓釋《詩經》時，就注意到了朱熹的這個不足之處，於是藉助漢唐《詩經》研究的考據成果來補足《詩集傳》。再者，作爲實學思潮代表人物的朴世堂，不滿意朱子性理之學，他藉助漢唐《詩經》學糾正朱熹之失，也起到了消解朱子學在朝鮮獨尊地位的客觀作用。

〔註77〕朴世堂《詩思辨錄》，第118～119頁。
〔註78〕朴世堂《詩思辨錄》，第125頁。
〔註79〕朴世堂《詩思辨錄》，第211頁。

（一）反對朱熹的「淫詩」說

《詩集傳》是宋代《詩經》學的集大成之作，強調涵詠詩篇，以情解詩。一定程度上擺脫了漢代詩教傳統，把一些詩篇的詩旨從教化說更正爲戀情說，認識到《詩經》的抒情性，將一些詩篇界定爲男女愛情詩，這是朱熹的進步之處。不過，作爲理學家的朱熹由於對《詩經》抒情性的認識還不夠徹底，於是將一些愛情詩貶抑爲「淫詩」。對於朱熹所認定的二十四首淫詩，朴世堂認同朱熹解釋爲「淫詩」的詩篇只有《鄭風·出其東門》、《陳風·月出》兩首。朴世堂認爲《詩集傳》關於《鄭風·遵大路》、《山有扶蘇》、《褰裳》、《子衿》、《陳風·東門之楊》五首詩的解釋可與《詩序》並存。另外，對於《鄭風·豐》詩，朴世堂難以判斷《詩序》和朱《傳》的解釋孰得孰失。對於《邶風·靜女》、《鄘風·桑中》、《衛風·木瓜》、《王風·采葛》、《丘中有麻》、《鄭風·將仲子》、《有女同車》、《蘀兮》、《狡童》、《東門之墠》、《風雨》、《揚之水》、《野有蔓草》、《溱洧》、《陳風·東門之枌》、《東門之池》，朴世堂認爲《詩集傳》的解釋均不合理。

如《衛風·木瓜》，《詩集傳》云：「疑亦男女相贈答之詞。」〔註80〕朴世堂反對《詩集傳》的解釋，其云：「今《傳》以此詩爲疑亦男女相贈答之詞，如《靜女》之類。愚謂此詩意深而指遠，是識道理者所作，恐非男女一時相誘說之辭。」〔註81〕

再如《鄭風·將仲子》，《詩集傳》認爲是淫奔之辭〔註82〕。朴世堂云：「此淫奔者之辭，又未免爲誣。唯新安胡氏謂有所畏而不輕身以從，其所懷亦庶幾止乎禮義者近之。」〔註83〕

又如《鄭風·有女同車》，《詩集傳》云：「此疑亦淫奔之詩。」〔註84〕朴世堂云：「不見其爲淫奔之詩。且『有女同車』，安知非謂二女之同車，而必爲男與女同也。若此詩者宜姑闕之也。」〔註85〕

（二）指出《詩集傳》對《詩序》的沿襲之處

《詩集傳》反對《詩序》，但是又在解《詩》中屢屢沿用《詩序》的解

〔註80〕 朱熹《詩集傳》，第 41 頁。
〔註81〕 朴世堂《詩思辨錄》，第 198 頁。
〔註82〕 朱熹《詩集傳》，第 48 頁。
〔註83〕 朴世堂《詩思辨錄》，第 218 頁。
〔註84〕 朱熹《詩集傳》，第 52 頁。
〔註85〕 朴世堂《詩思辨錄》，第 223 頁。

釋，據向熹先生的統計，「《詩集傳》所釋 305 篇詩旨，有 161 篇完全採用或基本採用《詩序》。」〔註86〕朴世堂指出《詩集傳》的一些解釋不脫《詩序》藩籬，沒有把《詩序》的傅會之處一一更正過來。比如《周南‧葛覃》，朴世堂云：

> 《周南‧葛覃》三章，《注》（《詩集傳》）：「此詩后妃所自作。」
> 上文亦云：「后妃既成絺綌而賦其事。」此亦沿《小序》舊說耳。然
> 此等詩皆無可以指據，知此必爲王者之后妃，而不爲諸侯之夫人，
> 知彼必爲諸侯之夫人，而不爲大夫之妻矣，猶復云云者，不過爲臆
> 測而已，無足取也。朱子嘗力攻《小序》之謬，而終亦不能無循襲。
> 如此則嚮之攻之者，亦五十步之類也。愚竊以爲非有顯據，可以無
> 失者，則不如只就見文高下其義，以存闕疑之意，爲能謹篤而無鑿
> 空之病也。〔註87〕

朴世堂認爲《詩序》關於《葛覃》的解釋缺乏證據，而力主攻擊《詩序》傅會之弊的《詩集傳》在此詩詩旨上仍然遵循《詩序》。朴世堂不贊同《詩集傳》的做法，他認爲對於詩旨難以考證，又缺乏證據的詩篇，如《葛覃》篇者，應該以闕疑的方式來處理，而不可作穿鑿傅會的解釋。

再如《周南‧卷耳》，《詩序》云：「后妃之志也，又當輔佐君子，求賢審官，知臣下之勤勞。內有進賢之志，而無險詖私謁之心，朝夕思念，至於憂勤也。」〔註88〕《詩集傳》云：「后妃以君子不在而思念之，故賦此詩。託言方採卷耳，未滿頃筐，而心適念其君子，故不能復採，而寘之大道之旁也。」〔註89〕朴世堂云：

> 此章《小序》極舛謬。朱子既深斥之，猶守其后妃之說而不能
> 改，至曰：「豈當文王朝會征伐之時，羑里拘幽之日而作歟？然不可
> 考矣。」既無以考，則又何以知此必爲太姒之所作也。當時諸侯之
> 夫人，皆不可以有此作乎？是未可知也。抑所深惑者，當文王朝會
> 征伐及拘幽之時，太姒豈宜遽據后妃之尊也？〔註90〕

朴世堂指出朱熹懷疑《詩序》不徹底，此詩創作時間既然難以確考，朱熹卻

〔註86〕向熹《〈詩經〉語文論集》，四川民族出版社，2002 年版，第 335 頁。
〔註87〕朴世堂《詩思辨錄》，第 68～69 頁。
〔註88〕孔穎達《毛詩正義》，第 36 頁。
〔註89〕朱熹《詩集傳》，第 3 頁。
〔註90〕朴世堂《詩思辨錄》，第 70～71 頁。

認定是太姒所作，顯然是出於臆斷，無據可言。對於此詩詩旨，朴世堂認爲與其輕信《詩序》，毋寧存疑。

此外，朱熹在《周南・樛木》、《芣苢》、《召南・羔羊》等詩的詩旨界定上，也未完全擺脫《詩序》的影響，朴世堂都一一指出，並爲之辯證。

（三）用漢唐《詩經》學補正《詩集傳》之失

在詩旨的界定上，朴世堂駁正朱熹者很多。同時，朴世堂還重視詩篇章句字詞的訓詁，他大量採用《詩序》、《毛傳》、《鄭箋》、《毛詩正義》來補正《詩集傳》。

朴世堂還指出《詩集傳》在一些詩篇詩旨的把握上，不及《詩序》合理，如《邶風・擊鼓》，《詩序》云：「怨州吁也。衞州吁用兵暴亂，使公孫文仲將而平陳與宋，國人怨其勇而無禮也。」〔註91〕朱熹云：「衛人從軍者自言其所爲，因言衛國之民或役土功於國，或築城於漕，而我獨南行，有鋒鏑死亡之憂，危苦尤甚也。」〔註92〕朴世堂認爲：「此詩《序》當爲得其實也。」〔註93〕

再如《小雅・南山有臺》，朱熹《詩集傳》云：「此亦燕饗通用之樂。」〔註94〕《詩序》云：「樂得賢也。得賢則能爲邦家立太平之基矣。」〔註95〕朴世堂不贊同《詩集傳》僅以燕饗解釋此詩，他更贊同《詩序》與國家政治狀況相聯繫的解釋，其云：「愚謂此詩，雖爲燕賓所用之歌，而其意實主於美國家之得賢而祝其壽者，則當以《序》說爲是，恐不可但以爲燕饗通用祈祝之辭而已也。」〔註96〕

朴世堂用《毛傳》補充《詩集傳》，如《召南・摽有梅》首章「摽有梅，其實七兮」之「其實七兮」，《詩集傳》疏導大意曰：「梅落而在樹者少，以見時過而太晚矣。」〔註97〕沒有具體的訓釋，朴世堂採用《毛傳》的解釋以資補充，他說：「《毛傳》釋『其實七』云：在樹者七。釋『今』云急辭也。釋『謂』之云不待備禮也。三十之男，二十之女，禮未備則不待禮會而行之者，

〔註91〕孔穎達《毛詩正義》，第 128 頁。
〔註92〕朱熹《詩集傳》，第 18 頁。
〔註93〕朴世堂《詩思辨錄》，第 119 頁。
〔註94〕朱熹《詩集傳》，第 111 頁。
〔註95〕孔穎達《毛詩正義》，第 614 頁。
〔註96〕朴世堂《詩思辨錄》，第 402 頁。
〔註97〕朱熹《詩集傳》，第 11 頁。

所以蓄育人民也。」〔註98〕

　　朴世堂還採用《鄭箋》的說法，如《鄘風・定之方中》：「定之方中，作於楚宮。揆之以日，作於楚室」之「宮」與「室」，《毛傳》云：「楚丘之宮也。仲梁子曰：『初立楚宮也。』……室猶宮也。」〔註99〕《詩集傳》的解釋與《毛傳》相同，《詩集傳》云：「楚宮，楚丘之宮也。……楚室，猶楚宮，互文以協韻耳。」〔註100〕《鄭箋》與《毛傳》的解釋相異，其云：「楚宮，謂宗廟也。……楚室，居室也。君子將營宮室，宗廟爲先，廐庫爲次，居室爲後。」〔註101〕朴世堂贊同《鄭箋》的解釋，他在《詩思辨錄》中遍引《毛傳》、《鄭箋》、《詩集傳》後說：「愚謂宮室之義，《毛傳》與今《傳》同，獨鄭氏爲異，然恐當以鄭爲長。」〔註102〕參考諸家對於「楚宮」與「楚室」的解釋，《鄭箋》的解釋較之《毛傳》爲憂，其更爲細緻地體現了古代宮室建築先建宮廟，後建居室的先後順序是對祖先神靈的尊重。朴世堂的取捨是有獨到眼光的。

四、結　語

　　通過上文論述，可以看出《詩思辨錄》之解詩方法及其價值約有四點，此處略作總結：

　　一曰毛與三家，兼收並取。《詩》分四家，《毛詩》獨盛，治《詩》者往往奉《毛詩》爲圭臬，三家詩少有人問津，朴世堂卻不存此是彼非的偏見，對於四家詩兼收並取，尤其是多次徵引《韓詩》，訂補了《毛詩》之不足，學術胸懷較爲開闊。

　　二曰漢宋兼採，唯是之求。傳統《詩經》學漢宋分途，各家持一不相下之心，負氣相爭，勢同水火。朴世堂則無意軒輊漢宋，而主持平之論，著中不乏以漢學補宋學空疏處，也有以宋學糾漢學拘迂處。漢宋兩家均無確解，亦不解處，朴世堂則以闕疑識其謹愼。

　　三曰涵詠本文，以情解詩。歷代《詩》學家之疏解，有得其本旨，解釋明通合理者，亦有牽強附會，愈解愈晦者。朴世堂力破前人解《詩》之迷障，一以文本爲主，反覆涵詠，以意逆志，多能度越考據與義理而直透本旨。此

〔註98〕朴世堂《詩思辨錄》，第92頁。
〔註99〕孔穎達《毛詩正義》，第196頁。
〔註100〕朱熹《詩集傳》，第31頁。
〔註101〕孔穎達《毛詩正義》，第196頁。
〔註102〕朴世堂《詩思辨錄》，第160頁。

種解《詩》方法，與姚際恒之《詩經通論》有不謀而合處，異域同調，值得玩味。

四曰關注現實，嚮往聖治。朴世堂生當壬辰倭亂與丙子胡亂之後，朝鮮國勢日頹，民生艱難，他目睹國難，關注民生，嘗犯言直諫，未被國君採納。朴世堂在《詩思辨錄》中再陳斯旨，關注社會現實，嚮往聖明政治，故《詩思辨錄》有經世致用之特色。

朴世堂嘗言：「《序》出於傅會，而《毛》從而爲穿鑿之辭。」「今《傳》疑於疏。」故他對漢宋《詩經》學之不足有所補正。尤可注意者，《詩集傳》乃是朝鮮時代奉爲楷模之著作，樸氏敢於指謫朱子之闕失，並進而糾正之，非具極大之學術勇氣而不能，其補正亦有助於破除時人對《集傳》之迷信，開啓了朝鮮《詩經》研究的新風氣。當然，《詩思辨錄》也存在一些缺點，如不能脫離《詩序》之藩籬，教化闡釋過多。對於一些詩篇的訓釋流於情緒化，以意逆志法運用過當，以一己之情，失之客觀。對《詩集傳》的一些批評，有時也過於草率。但是瑕不掩瑜，《詩思辨錄》有較大的學術價值，是朝鮮《詩經》學史上一部重要的著作，應該引起研究者的重視。

第二節　正祖《詩經講義》與《詩經》的政教論述

正祖作爲朝鮮時代後期的賢明君主，他不僅在政治上建樹卓著，而且在學術上也頗多新見。由經筵講《詩》集結而成的《詩經講義》系統地反映了正祖的《詩經》學成就，其成就主要集中在以下三個方面：首先，正祖兼有帝王與經師之雙重身份，這種特殊的身份使他在《詩經》闡釋方法的選擇上，更爲宏通開明。既能擺脫經師家法師法的方法束縛，也能自覺地疏離帝王治經的過度功利化弊端，表現出融匯眾長而又緊密聯繫現實政治的特質。其次，作爲帝王的正祖雖然也強調漢宋兼採，但是在具體的《詩經》接受與闡釋過程中，還是有意識地恢復漢代《詩經》學強調現實、重視教化的傳統。因此，在《詩序》的存廢問題，六義之興的釋讀問題等方面，正祖力圖打破朱熹《詩集傳》籠罩學壇的單一學術構型，一定程度上破除了朝鮮儒者對《詩集傳》的迷信，重新接續發揚漢代經學傳統，拓展了朝鮮後期《詩經》學研究的格局。最後，正祖還從《詩經》中抽取出日常人生的倫理法則，比如從《碩人》、《燕燕》關於莊姜的歌詠中萃取出夫婦之道，從《芣苢》中引

申出婦女宜勤勞不宜嬉遊的婦功規訓等，藉此實現移風易俗、化成天下的治
國理念。

一、正祖與《詩經講義》

正祖（1752～1800），名祘，字亨運，號弘齋，是朝鮮時代後期的賢明君
主。

正祖自幼酷愛讀書，八歲獲得世孫資格。正祖在祖父英祖大王的親自指
導下研習儒家典籍，參加經筵日講，如《承政院日記》英祖四十四年（1768）
云：

> 致仁曰：「王世孫書筵所講《詩傳》，方將垂畢矣。以次序言，
> 則似當講《周易》，而考之舊例，輒皆捨《周易》，而重講《四書》。
> 今番則何以爲之乎？」上曰：「《周易》則姑似徑先，《四書》重講好
> 矣。」〔註103〕

可見，正祖的學習內容和學習次序，均由英祖親自規定。在英祖的悉心指導
和朝廷大儒的培育下，正祖獲得了良好的儒家傳統文化教育。在十七歲的時
候業已完成了對《詩經》的研習。如 1768 年《承政院日記》云：「嚴璘以侍
講院言啓曰：『王世孫《詩傳》，今已畢講。因傳教以《孟子》重講之意，敢
啓。』」〔註104〕又據《承政院日記》英祖四十六年（1770）云：「李萬恢以侍
講院言啓曰：『王世孫重講《書傳》，今已畢講，依傳教以《詩傳》繼講之
意，敢啓。』」〔註105〕次年《承政院日記》記載云：「李在簡以侍講（院）言
啓曰：『王世孫重講《詩傳》，今已畢講，依傳教以《大學衍義》繼講之意，
敢啓。』」〔註106〕可知，正祖對《詩集傳》的系統學習達三年之久，他對《詩
經》有了較爲深入的理解。

正祖在英祖朝的經筵活動中多次講習《詩經》，這爲他日後組織經筵講
《詩》做了知識上的準備。正祖即位之後，延續了經筵日講的傳統，《詩經》
也是經筵日講的重要內容。「經筵」一詞產生於中國宋代，「經」，指經書，「筵」，
指竹席，引申爲座席。「經筵」字面意思是爲講經而設的講席。經筵講經最初

〔註103〕《承政院日記》第一二八〇冊，英祖四十四年（1768）五月十一日，大韓民
國文教部、國史編纂委員會編纂兼發行，1970 年版，第 556 頁。
〔註104〕《承政院日記》第一二八二冊，第 709 頁。
〔註105〕《承政院日記》第一三〇五冊，第 36 頁。
〔註106〕《承政院日記》第一三一五冊，第 563 頁。

出現在中國，指漢唐以來爲帝王講解經史及治國道理而特設的御前講席，在宋代被正式制度化，爲元、明、清三代所沿襲〔註107〕。古代中國作爲周邊國家的文化宗主國，在文化制度上影響周邊國家。朝鮮吸收並模仿中國的經筵制度，在高麗朝睿宗十一年（1116）設置寶文閣，招引有學之士爲國王講解經史典籍〔註108〕，朝鮮的經筵制度肇始於此。

　　雖然經筵講經在高麗朝就已經出現，但是由於高麗朝重佛排儒，導致經筵活動並未盛行。李朝太祖李成桂於1392年立國，標誌著朝鮮時代的開始，經筵講經制度的也最終確立，並日漸繁興。《太祖實錄》太祖元年（1392）云：「經筵官：皆兼掌進講經史。領事一，侍中已上；知事二，正二品；同知事二，從二品；參贊官五，正三品；講讀官四，從三品；檢討官二，正四品；副檢討官，正五品；書吏，七品去官。世子官屬，皆掌講學侍衛等事。」〔註109〕又本年《太祖實錄》記載到：「諫官請日開經筵。上曰：『鬚鬢既白，不必會諸儒聽講。』諫官上疏曰：『恭惟殿下，自在潛邸，好觀書史；洎登大位，日講孜孜。其於窮理正心之學，修己治人之方，固已知之明，講之熟矣。臣等寡昧，何敢有所擬議哉？然而經筵之設，徒有其名而未聞進講之時。』」〔註110〕可見太祖李成桂開國之初就已經恢復了經筵制度，但是卻並未付諸實踐。定宗李曔才開始眞正實踐經筵制度，至世宗李祹即位之後，經筵制度才眞正繁盛起來，世宗朝的經筵講經次數達一千八百九十八次之多〔註111〕。金秀炅博士對朝鮮時期經筵制度有系統而精確的介紹，她將朝鮮時代的經筵講經分作三個階段，即太祖、世宗、成宗朝是經筵制度的確立期；宣祖、孝宗、肅宗朝是經筵制度的坎坷期；英祖朝是經筵制度的成熟期；正祖朝是經筵制度的變用期。〔註112〕

〔註107〕陳東《清代經筵制度研究》，山東大學，2006年博士學位論文，第1頁。
〔註108〕《高麗史》卷七十六《百官志一》「寶文閣」條記載：「寶文閣，睿宗十一年，禁中作清燕閣，選置學士、直學士、直閣各一人，朝夕講論經書。學士視從三品，直學士視從四品，直閣視從六品。」《高麗史》中冊，首爾亞細亞文化社，1972年版，第669頁。
〔註109〕《朝鮮王朝實錄一・太祖實錄》卷一，太祖元年（1392）七月，（韓國）國史編纂委員會編纂，1968年版，第23頁。
〔註110〕《朝鮮王朝實錄一・太祖實錄》卷二，太祖元年（1392）十一月，第35頁。
〔註111〕南智大《朝鮮初期的經筵制度》，《韓國史論》第6輯，第163頁。
〔註112〕金秀炅《韓國朝鮮時期〈詩經〉學研究》，北京大學，2010年博士學位論文，第28～41頁。

正祖 1776 年即位，仍沿襲英祖朝經筵講經的制度，但正祖朝的經筵制度與傳統的經筵制度具有很大的差異。經筵的內容由以前針對帝王的教育與警戒變成了學術討論；經筵條問的對象在傳統經筵官的基礎上，增設抄啓文臣、奎章閣文士及地方儒生〔註113〕。抄啓文臣主要負責條對正祖關於《四書》、三經及《春秋左傳》的問題，是經筵條問的主要對象。對抄啓文臣的教育主要分為「講」和「制」，「講」是由奎章閣閣臣或正祖主持，抄啓文臣講論經史；「制」是由奎章閣閣臣或正祖主持，抄啓文臣以論辯的方式進行寫作。正祖經史講義所涉及的科目包括經學、史學和理學：經學有《四書》、三經和十三經總論；史學有《春秋左傳》、《通鑑綱目》；理學有《近思錄》、《心經》。

《經史講義》由正祖的「條問」和抄啓文臣的「條對」組成。《經史講義》中的《詩經》部分就是《詩經講義》。收錄了 1781 年、1783 年、1784 年、1789 年、1790 年間，四次經筵活動中正祖的《詩經》「條問」和抄啓文臣的部分「條對」。

正祖所進行的四次經筵講《詩》，所選拔的抄啓文臣和條問數如下：1781 年的抄啓文臣有：洪履健、李益運、李宗燮、李東稷、李顯默、朴宗正、徐龍輔、金載瓚、李祖承、李錫夏、洪仁浩、曹允大、李魯春，共計 13 名。正祖的條問為 98 條。1783 年的抄啓文臣有：李顯道、鄭萬始、金啓洛、金熙朝、李昆秀、尹行恁、成種仁、李晴、李翼晉、沈晉賢、徐瀅修、申馥、姜世綸，共計 13 名，正祖的條問為 52 條。1984 年的抄啓文臣有：李書九、韓商新、韓致應、鄭東觀、洪義浩，共計 5 名，條問為 61 條。1789 年的抄啓文臣有丁若鏞、尹寅基、沈能迪、金羲淳、金履喬、安廷善，共計 6 名。1790 年的抄啓文臣有：趙得永、崔璧、宋知濂、李羲甲、鄭魯榮、金履載、李明淵、徐有榘、嚴耆、金達淳、洪秀晚、朴宗京。共計 12 名。1789 至 1790 年間，正祖的條問共計 587 條。此外《詩經講義》還收錄了正祖總經講義中的《詩經》提問，共計 15 條。

〔註113〕按：「抄啓文臣」，是正祖 1781 年開始選拔的一批年輕才俊，選拔標準以學術實力為基礎，不為黨派、門閥所限。這些抄啓文臣是正祖振興學術，改革科舉制度和推行政治改革的得力助手。另外，這些不同的經筵講員所條對的科目也有所區分，抄啓文臣主要負責條對正祖在《四書》、三經及《春秋左傳》上的問題；奎章閣閣臣回答正祖關於《近思錄》的問題；成均館儒生回答正祖關於《通鑑綱目》的問題；關東、湖南、關西、關北的儒生回答正祖總經部分的問題。

　　《詩經講義》中的《詩經》注本是朱熹《詩集傳》和胡廣等所編之《詩傳大全》,正祖依據這兩個《詩經》注本,對《詩經》的基本問題、釋義、訓詁、名物、制度作了詳細的提問。

　　正祖對《詩經》的關注點是以「條問」的方式呈現,但這些「條問」反映了正祖對於《詩經》的基本立場和態度,表現出濃鬱的政治興味,是作爲政治論述的經典詮釋學。「所謂『作爲政治論述的經典詮釋學』,至少有兩種表現方式:第一是經由對經典進行詮釋而對當前政治現實有所褒貶或回應;第二是採政治之觀點而對經典進行新的閱讀。」〔註114〕正祖《詩經講義》條問的政治化論述具體表現在:匡正《詩經》研究的學術領域,將多元的《詩經》釋義方法引入《詩經》研究。希冀開啓一種更爲宏通的《詩經》研究風氣。其次,恢復漢代《詩經》學強調現實、重視教化的經學傳統。再次,將《詩經》與現實政治關聯,通過《詩經》釋讀來傳達政教思想。

二、宏通多元的《詩經》闡釋

　　正祖的條問大多是針對《詩集傳》而提出的,臺灣學者張寶三將正祖圍繞《詩集傳》的提問爲六類:僅據朱《傳》之說以設問,未加以評論;指出朱子解《詩》自相歧異之現象;引他說與朱《傳》相較,未論其優劣,而以之設問;引他說與朱《傳》相較,謂朱《傳》爲優,且以之設問;引他說與朱《傳》相較,批評朱《傳》之說,且以之設問;直指朱《傳》之說可疑,並以之設問。〔註115〕張寶三指出正祖時代《詩集傳》是科舉考試的標準,因此《詩經》研究以《詩集傳》爲主,正祖以《詩集傳》爲據設問也是此種《詩經》研究之常態的反映,但是正祖在部分條問中對《詩集傳》的批評與懷疑透露出正祖並不以《詩集傳》爲《詩經》解釋的唯一標準。〔註116〕本文認爲正祖《詩經》研究具有宏通多元的闡釋取向:他懷疑《詩集傳》,但不摒棄《詩集傳》;回歸《詩經》經學研究,但並又不專主經學研究,表現出漢宋兼採的《詩經》學闡釋取向。此外,正祖還廣泛吸收朝鮮本土學者的《詩經》研究成果。

〔註114〕黃俊傑《德川日本〈論語〉詮釋史論》,第174頁。
〔註115〕張寶三《朝鮮正祖〈詩經講義〉論考》,《東亞〈詩經〉學論集》,第439～459頁。
〔註116〕張寶三《朝鮮正祖〈詩經講義〉論考》,《東亞〈詩經〉學論集》,第457～458頁。

　　正祖懷疑《詩集傳》的諸多解釋，但不廢棄《詩集傳》，而是將《詩集傳》作爲《詩經》研習的重要本子。如他根據《詩集傳》的釋義還發現朝鮮《詩集傳》經文誤刻的情況。如《王風・君子于役》，正祖云：「羊牛下來，《注》曰：『羊先歸，而牛次之。』然則下章先言牛何歟？」〔註117〕正祖根據《詩集傳》「日夕則羊先歸而牛次之」〔註118〕，認爲此詩第二章所云「牛羊下來」相矛盾。正祖參照《詩集傳》經文與注釋之不符，判定兩者必有一誤。抄啓文臣金達淳作了正確的回答：「下章之先牛後羊，坊本之誤也。古本則上下二章皆作『羊牛下來』矣。」〔註119〕指出朝鮮《詩集傳》刻本將第二章之「羊牛下括」誤刻爲「牛羊下括」。

　　正祖在《詩集傳》之外引用《毛傳》、《鄭箋》等《詩經》漢學的解釋。如《邶風・靜女》「靜女其孌，貽我彤管」之「彤管」，《毛傳》、《鄭箋》相同，將彤管解釋爲女史記事的赤管筆〔註120〕。而《詩集傳》卻以「未詳何物，蓋相贈以結殷勤之意耳」〔註121〕來解釋彤管，正祖對此表示不理解，並提出疑問云：

　　　　「彤管」之爲赤管筆，女史之所執而記事者，已見於《左傳》
　　　所引此詩之三章杜預注〔註122〕，而《集傳》以彤管爲未詳者，何歟？
　　　小注或稱鍼管，或稱樂管，又何所據歟？〔註123〕

徐有榘對此回答道：

　　　　此詩舊說以爲陳靜女之德，以示法戒，故彤管之爲女史之筆，
　　　自無可疑。至於《集傳》定爲淫詩，則彤管二字於義無當，不得不

〔註117〕正祖《詩經講義》，第386頁。
〔註118〕朱熹《詩集傳》，第43頁。
〔註119〕正祖《詩經講義》，第386頁。
〔註120〕《毛傳》釋「彤管」云：「既有靜德，又有美色，又能遺我以古人之法，可以配人君也。古者后夫人必有女史，彤管之法，史不記過，其罪殺之。后妃、群妾以禮御於君所，女史書其日月，授之以環，以進退之。生子月辰，則以金環退之。當御者，以銀環進之，著於左手；既御，著於右手。事無大小，記以成法。」《鄭箋》云：「彤管，筆赤管也。」孔穎達《毛詩正義》，第174頁。
〔註121〕朱熹《詩集傳》，第26頁。
〔註122〕《左傳・定公九年》云：「《靜女》之三章，取彤管焉。」杜預注云：「《詩・邶風》也。言《靜女》三章之詩，雖說美女，義在彤管。彤管，赤管筆。女史記事規誨之所執。」左丘明傳、杜預注、孔穎達正義《春秋左傳注疏》，北京大學出版社，1999年版，第1579～1580頁。
〔註123〕正祖《詩經講義》，第357頁。

以未詳爲釋矣。至於鍼管、樂管之說，秖因管字傅會，未必有的據。〔註124〕

徐有榘從詩旨的角度分析諸家解釋，得出毛鄭重在闡釋靜女之德，所以將「彤管」解釋爲女史之彤管；《詩集傳》將《靜女》詩定爲「此淫奔期會之詩也」〔註125〕，如果仍以女史充滿法誡的赤管筆來解釋彤管，就不合乎淫詩的詩旨。徐有榘的解釋是合理的，而正祖的提問，也在《詩集傳》之外提出了更多的釋義可能。

再如《王風・揚之水》，正祖問：

蒲，毛詩以爲草，鄭氏以爲蒲柳，《集傳》取鄭不取毛，何歟？

二說皆可通，則不爲並載者，又何歟？〔註126〕

《王風・揚之水》詩三章的前兩句分別爲：「揚之水，不流束薪」；「揚之水，不留束楚」；「揚之水，不流束蒲」。《毛傳》釋第三章「揚之水，不流束蒲」之「蒲」云：「蒲，草也。」〔註127〕《鄭箋》云：「蒲，蒲柳也。」〔註128〕《鄭箋》與《毛傳》相異，孔穎達解釋云：「以首章言薪，下言蒲、楚，則蒲、楚是薪之木名，不宜爲草，故易《傳》以蒲爲柳。」〔註129〕朱熹也認爲「蒲」當爲木名，所以從《鄭箋》云：「蒲，蒲柳。」〔註130〕正祖認爲「蒲」的兩種解釋是「二說皆可通」，此可見他兼採各家釋義的研究態度。

正祖引入焦延壽的《詩經》學觀點。如《周南・卷耳》，正祖云：

《卷耳》從朱子說，作后妃思文王之詩。則「陟彼崔嵬，我馬虺隤」是后妃之登高望遠也。或曰婦人之乘馬登山，無亦有未可者歟。夫卷耳，非后妃之所自採，而託言採之矣。乘馬、登山亦是託言，則無害歟？或曰：我所懷之人，苦行邁也，山可陟也，我馬可念也。此我，我人也。下我，我也。蓋以僕馬疲頓爲文王之驅馳歷險也，此說何如？《焦氏易林》云：「玄黃虺隤，行者勞疲，

〔註124〕正祖《詩經講義》，第358頁。

〔註125〕朱熹《詩集傳》，第26頁。

〔註126〕正祖《詩經講義》，第387頁。此條，金履喬回答云：「上章之曰薪曰楚，皆是木屬，則不應於此章獨言柔弱之草，此《集傳》所以捨毛取鄭也。」正祖《詩經講義》，第388頁。

〔註127〕孔穎達《毛詩正義》，第259頁。

〔註128〕孔穎達《毛詩正義》，第259頁。

〔註129〕孔穎達《毛詩正義》，第259～260頁。

〔註130〕朱熹《詩集傳》，第44頁。

役夫憔悴，踰時不歸」，以僕馬疲頓爲行役者之辭，厥惟久矣。我
東先儒亦以爲文王之僕馬疲頓，而曰「如欲登高望遠，則語勢不
宜」。如是拖長其言，似有味，而朱子《集傳》恐不可遽易，未知如
何？〔註131〕

正祖在《詩集傳》之外增加了漢儒焦延壽與朝鮮儒者的理解，將《詩集傳》
所確定的抒情主體由后妃轉換爲行役之人，將託言轉換爲自道之詞。正祖引
入的意見，也得到了文臣的相應，如金達淳答云：「僕馬疲頓之屬，之於后妃
終有拖長之嫌。觀於末章僕痛云云，尤可知其非遠望，姑存或說，以備一義
恐，未爲不可。」〔註132〕

　　正祖引用宋儒的《詩經》解釋〔註133〕。如《周南·關雎》「參差荇菜」
之「荇」，《毛傳》云：「荇，接餘也。……后妃有關雎之德，乃能供荇菜，備
庶物，以事宗廟也。」〔註134〕《詩集傳》的解釋與《毛傳》相同，亦云：「荇，
接餘也。」〔註135〕但是正祖認爲以「柔順」解釋「荇菜」〔註136〕，更爲貼近

〔註131〕正祖《詩經講義》，第 275～276 頁。

〔註132〕正祖《詩經講義》，第 276 頁。

〔註133〕正祖在《召南·野有死麕》、《鄘風·柏舟》、《邶風·谷風》等詩中引入了嚴
　　　　粲的《詩經》解釋。如《召南·野有死麕》，正祖云：「朱子嘗曰：《野有死麕》，
　　　　潘叔恭謂強暴欲以不備之禮爲侵陵之具者，得之，而大旨則無此意，只以因
　　　　所見以興其事而美之爲言，何歟？華谷嚴氏云：《野有死麕》，人欲取其肉，
　　　　猶以白茅包裹，有女懷春，彼吉士何不以禮取之，乃誘之乎？此說與潘說，
　　　　孰優歟？」沈能迪答云：「從潘說，則當作賦體；從嚴說，則當作興體。而《集
　　　　傳》以興爲正義，以賦爲附說，潘嚴之優劣即此可決。」正祖《詩經講義》，
　　　　第 313～314 頁。《邶風·谷風》正祖云：「『德音莫違』，是婦人之德音歟？是
　　　　其夫之德音歟？以葑菲之根惡，喻色衰；以其莖之美，喻德善，則似是言己
　　　　之德音。而《日月》章『德音無良』，《小註》嚴華谷並此章德音而言皆其夫
　　　　待己之意。則是作其夫之德音，當如何看爲是歟？」李明淵回答云：「『德音
　　　　莫違』，專屬婦人；『德音無良』，專屬良人。嚴說恐不可從。」正祖《詩經講
　　　　義》，第 337 頁。《鄘風·柏舟》，正祖云：「嚴華谷以爲二《柏舟》用意皆在
　　　　下句，《邶·柏舟》在於『亦汎其流』，《鄘·柏舟》在於『在彼中河』。《邶·
　　　　柏舟》之『亦汎其流』，即無所依薄之意，可以興耿耿之隱憂。《鄘·柏舟》
　　　　之『在彼中河』，於兩髦之我儀，何所當歟？似無意味，未知如何？」朴宗京
　　　　答云：「《柏舟》之汎而在中河，猶女子之嫁而在夫家，如是看，則嚴說亦自
　　　　有味。」正祖《詩經講義》，第 365 頁。

〔註134〕孔穎達《毛詩正義》，第 25 頁。

〔註135〕朱熹《詩集傳》，第 2 頁。

〔註136〕《二程遺書》云：「荇菜以興后妃之柔順。左右流之左右者，隨水之貌；左右
　　　　採之者，順水而採之；左右芼之者，順水而芼之；皆是言荇菜柔順之貌，以

詩義，但是《詩集傳》並沒有吸收程子的解釋，正祖對此提問云：

> 荇菜，先儒多言取其柔順潔淨，比后妃之德，而《集傳》不言
> 者，何耶？〔註137〕

徐有榘回答云：

> 諸儒所謂取其柔順潔淨者，蓋本於程子之說，而《集傳》之不
> 載，非謂其說之不可從也，蓋以非此詩大意而略之也。〔註138〕

徐有榘認爲《詩集傳》不採用「柔順潔淨」之意，是因爲朱熹認爲「柔順潔淨」與《關雎》的主旨沒有太大關聯。《詩集傳》不取程子的解釋，但是不能代表朱熹反對此說。徐有榘的解釋可以舉朱熹在《朱子語類》中援引程子的解釋爲據，他說：「荇菜是潔淨和柔之物，引此起興，猶不甚遠。其他亦有全不相類，只借他物而起吾意者，雖皆是興，與《關雎》又略不同也。」〔註139〕朱熹強調的是此處起興的荇菜具有柔順潔淨之意，這與別處沒有比喻意義的興是有區別的。可見，徐有榘的回答雖然語焉不詳，但是是有根據的。正祖在《詩集傳》之外引入程子的解釋，打開了文臣的思考範圍，同時呈現了不主一家一說的解釋方法。

正祖引用明代《詩經》學研究成果。如他在討論《周南‧兔罝》之人是否爲文武兼備之士時引入了豐坊《申培詩說》的釋義。正祖云：

> 《兔罝》之野人，思皇之多士，其才之高下，有可言者，而干
> 城也，楨幹也，亦有輕重之等歟？濟濟多士，文德之人；赳赳武
> 夫，猛勇之姿，則各專文武而不得相通歟？抑秉文德者，兼敵愾之
> 威；執枚伐者，備承佐之才歟？《申培詩說》云：「《兔罝》，文王聞
> 太顚、閎天、散宜生之賢，而舉之。國人詠其事而美之。」弦三人
> 者，名與十亂，才並四鄰，則《兔罝》之武夫，豈非文武備具之士
> 歟？〔註140〕

此處正祖所引《申培詩說》的觀點遭到了丁若鏞的反對〔註141〕，但是他引入

興后妃之德。」朱熹編《二程遺書》卷十九。

〔註137〕正祖《詩經講義》，《韓國經學資料集成》第75冊，成均館大學校出版部，1995年版，第270頁。

〔註138〕正祖《詩經講義》，第271頁。

〔註139〕黎靖德《朱子語類》卷八十一，第2096~2097頁。

〔註140〕正祖《詩經講義》，第284~285頁。

〔註141〕丁若鏞反對《申培詩說》云：「古之人身兼六藝，《兔罝》之人，未必非思皇

新的釋義，對於擴大朝鮮《詩經》研究的視域，提升朝鮮學者對於《詩經》
的思考力度都是大有助益的。

　　正祖還引入朝鮮學者的《詩經》研究成果。如《王風・葛藟》，《詩集傳》
釋《葛藟》云：「興也。綿綿，長而不絕之貌。」〔註 142〕正祖引用朝鮮學者釋
義云：

　　　　　　我東先儒有云：「葛藟當在山谷，施延於河邊，以比離親戚託他

　　人。」於取興曲折甚有味，朱子於此，略不言之者，何歟？〔註 143〕

「我東先儒」指的是金昌翕，金昌翕論此詩云：「綿綿葛藟，當在山谷，施延
於河邊，以比離親戚託他人，意義諧恊。」〔註 144〕金昌翕從詩句「綿綿葛藟，
在河之滸」中讀出本應該生長在山谷之中的葛藟，今蔓延於河邊之地，比喻
與親人離別。結合《葛藟》詩，朝鮮儒者的解釋是對《詩經》釋義的深層次
探求，亦如丁若鏞的答語所云：「東儒之說，取義恰當，可補《集傳》不盡釋
之義矣。」〔註 145〕此外，正祖還在《邶風・終風》〔註 146〕、《衛風・淇奧》
〔註 147〕、《鄭風・子衿》〔註 148〕等詩中引入了朝鮮學者的解釋。正祖細心探

　　之士：楨幹之材，未必非干城之器。高下輕重，有不須論。至若《申培詩說》，
　　顛天、散宜之說，蓋因墨子舉置網之說而巧爲傅會者，恐不足據。」正祖《詩
　　經講義》，第 285 頁。

〔註 142〕朱熹《詩集傳》，第 46 頁。

〔註 143〕正祖《詩經講義》，第 388 頁。

〔註 144〕金鐘正《詩傳箚錄》，第 696 頁。

〔註 145〕正祖《詩經講義》，第 389 頁。

〔註 146〕正祖云：「『不日有曀』，《集傳》以『有』作『又』，又『曀』亦比人之狂暫開
　　而復蔽也。莊公之狂果有暫開之時歟？其惠然肯來，亦可謂暫開之時歟？我
　　東先儒以爲將有作，又未必然。不日，是非一日，言其久也，此說何如？」
　　徐有榘答云：「顧笑惠來，雖是暫開之時，而不日旋蔽，則正可見其狂蕩無常
　　也。『有』之爲『又』，可徵於《尚書》『十有三年』之文，不日之爲，不終日，
　　可證於《大雅》『不日成之』之句，《集傳》所釋，恐不可易。」正祖《詩經
　　講義》，第 329～330 頁。

〔註 147〕正祖云：「『重較』爲卿士之車，朱子用毛、鄭說。而我東先儒以爲未然，其
　　說曰：重者，厚重也；較者，博大也。以其寬綽，故有弛張之時；以其重厚
　　博大，故雖戲謔而不至於輕佻。今以卿士車插著於其間，脈理不貫，且『猗』
　　字亦無安頓，此說似爲有理，未知何如？」丁若鏞答云：「字書『較』訓甚多，
　　而獨無博大之訓。且『較』之音角，本取車上角立之義，若訓博大，則當音
　　校，不當音角，而今四句中綽、謔、虐，皆與角叶韻，則重較之爲車制無疑，
　　東儒之說恐不可從。」正祖《詩經講義》，第 377 頁。

〔註 148〕正祖云：「青青子衿，雖未見其必爲學校之詩，而亦未知其必爲淫奔之詩，我
　　東先儒亦嘗疑之，未知如何？」安廷善答云：「《集傳》雖以此篇爲淫詩，而

求《詩集傳》與諸家的不同之處，讓朝鮮文臣在《詩集傳》的釋義之外，關注更多的《詩經》解釋，打破了《詩集傳》一家獨尊的學術態勢。

三、《詩經》經學研究的回歸

《詩經》最遲在戰國時期被確立爲儒家的經典著作〔註149〕，「經也者，恒久之至道，不刊之鴻教也。故象天地，效鬼神，參物序，制人紀；洞性靈之奧區，極文章之骨髓者也。」〔註150〕將《詩經》與經國之大業相聯繫，是《詩經》由「詩」的文本而進入「經」的層面的關鍵，因此在古代中國《詩經》作爲「經學」的意義遠遠大於作爲「文學」的意義。《毛詩序》、《毛傳》、《鄭箋》、《毛詩正義》等是《詩經》經學研究的主體，強調《詩經》「經夫婦，成孝敬，厚人倫，美教化，移風俗」〔註151〕的政治功用。「美刺」亦成爲《詩經》經學研究的重要元素。但是自魏晉南北朝以降，經學開始衰落，文學走向自覺。文人學士對《詩經》的態度從「經」的層面逐漸轉入「詩」的層面，開始從文學的角度來賞析評價《詩經》〔註152〕。

至宋代，朱熹《詩集傳》雖然在內容上肯定《詩經》的經學意義，但是在研究方法上較爲偏重文學闡釋而減弱經學闡發，其最大的表徵就是廢除《詩序》〔註153〕，從《詩經》文本出發，以詩解《詩》。《詩集傳》自延祐以後被

後著白鹿洞賦有云『廣青衿之疑問』，則未始不取舊說也。」正祖《詩經講義》，第 399 頁。

〔註149〕按《莊子·天運篇》：「孔子謂老聃曰：『丘治《詩》、《書》、《禮》、《樂》、《易》、《春秋》六經。』」王先謙《莊子集解》，中華書局，1987 年版，第 130 頁。又《荀子·勸學》云：「學惡乎始？惡乎終？曰：其數則始乎誦經，終乎讀禮。」王先謙《荀子集解》，中華書局，1988 年版，第 11 頁。又湖北荊門郭店楚簡《六德》篇云：「觀諸《詩》、《書》，則亦在矣：觀諸《禮》、《樂》，則亦在矣：觀諸《易》、《春秋》，則亦在矣。」

〔註150〕黃叔琳注、李詳補注、楊明照校注拾遺《增訂文心雕龍校注》，中華書局，2000 年版，第 26 頁。

〔註151〕孔穎達《毛詩正義》，第 10 頁。

〔註152〕張啓成教授將此一階段《詩經》文學研究的特徵概括四個方面，即「注重學習《詩經》的藝術技巧，賞析《詩經》的名篇佳句；從詩言志到詩緣情的轉化；對《詩經》部分詩旨的新探索；對後世文學與文體的影響。」張啓成《詩經研究史論稿新編》，貴州人民出版社，2011 年版，第 127 頁。

〔註153〕按：朱熹早年尊奉《詩序》，後來受鄭樵《詩辯妄》的影響，對《詩序》的態度大變，以爲《詩序》乃村野妄人之所作，於是就把主張《詩序》的《詩集解》修改成罷黜《詩序》的《詩集傳》。朱熹云：「舊曾有一老儒鄭漁仲更不信《小序》，只依古本與疊在後面。某今亦只如此，令人虛心看正文，久之其

指定爲科擧考試的教科書，中國的士人出於功名俸祿的立場，奉《詩集傳》爲珍寶，不加指謫。明清以降，《詩集傳》藉助科擧的威權，籠罩學壇，漸成獨尊之勢。

朝鮮時代尊崇程朱理學，朝鮮學人在《詩經》研究上亦尊奉《詩集傳》爲不刊之宏論，並以崇仰的態度來研習《詩集傳》，謹遵朱氏家法，鮮有不同意見，《詩經》研究的方法較爲單一。正祖在文化上推行「文藝復興」，接續被遺忘的《詩經》經學傳統，以《詩經》的經學研究來對抗以《詩集傳》爲中心的文學研究，試圖打破《詩集傳》一家獨尊的研究格局。下面擬以《詩序》的存廢之爭、六義之「興」來探討正祖對《詩經》經學研究的回歸。

（一）《詩序》存廢之爭

正祖《詩經》研究貫穿了對《詩序》的思考。在正祖十四（1789）年至十五（1790）年所進行的詩經講義活動中，他對《詩序》的基本問題題作了系統地提問。正祖云：

> 《詩》其難解乎？曰難解也。朱子《集傳》訓釋備矣，而猶有難解者，何也？非風雅之體之難解也，非興比之義之難解也，非正變之調之難解也，非字句音韻之難解也，非鳥獸草木之名之難解也，惟《詩》中美刺之事有異同是非爲難解。舊説之可考據者有《小序》，而先儒之取捨，從違不同，當何所折衷而憑信歟？此其最難解者也。〔註154〕

正祖認爲較諸《詩經》的章句字詞、風雅頌體例、比興、正變、音韻、名物而言，《詩經》中所承載的美刺之事，是最難也是最關鍵的問題，朱熹《詩集傳》在《詩經》訓釋上作了較爲完備的解釋，但是對於美刺之事卻未作詳細的探究。正祖認爲《詩經》確實爲美刺之事的載體，但是作爲《詩經》美刺研究主體的《詩序》，被漢代以後的儒者作了不同面向的取捨，正祖希望找出

義自見。蓋所謂《序》者，類多世儒之誤，不解詩人本意處甚多。且如『止乎禮義』，果能止禮義否？《桑中》之詩，禮義在何處？」黎靖德《朱子語類》卷八十，中華書局，1999 年版，第 2068 頁。又朱熹云：「《詩序》實不足信。向見鄭漁仲有《詩辨妄》，力詆《詩序》，其間言語太甚，以爲皆是村野妄人所作。始亦疑之，後來子細看一兩篇，因質之《史記》、《國語》，然後知《詩序》之果不足信。因是看《行葦》、《賓之初筵》、《抑》數篇，《序》與《詩》全不相似。」《朱子語類》卷八十，第 2076 頁。

〔註154〕正祖《詩經講義》，第 253～254 頁。

一條正確理解並折中《詩序》的方法。他通過《詩序》探求《詩經》中的美刺隱喻，在方法論上，是漢代經學傳統的延續。同條正祖繼續問道：

> 夫詩人之有讚美之語者，固好賢樂善之心；而若其譏刺人者，非所謂敦厚溫柔之教也。然以《序》中所說觀之，何其多譏刺之作歟？男女相悅之詩，亦以爲譏刺之詩，以《狡童》爲刺鄭忽，《將仲子》爲刺祭仲，青青子衿爲刺學校，若此類甚多，皆不可信歟？以讚美之辭而言，則漢之廣矣，不可作德廣之喻，《行葦》之牛羊勿踐履，不可作仁及草木歟？《魚藻》之王在在鎬，終不可作思武王之詩，《昊天有成命》終不可作周公告成功之詩歟？《碩人》、《載馳》、《定之方中》之外，《序》說皆不可從歟？〔註155〕

《詩序》對《衛風·碩人》、《鄘風·載馳》、《鄘風·定之方中》等詩解釋可以通過《左傳》的記載來證明其釋義是有根據的，且《詩序》關於這些詩篇的解釋也得到了《詩集傳》的接受。正祖的疑問是，對於《詩序》中不能在《左傳》等史籍中找到印證材料的解釋，是不是都不可從呢？並列舉《鄭風·狡童》、《將仲子》、《子衿》、《周南·漢廣》、《大雅·行葦》、《小雅·魚藻》、《周頌·昊天有成命》等詩，說明僅僅通過經文文字，難以知曉其中所蘊藏的美刺。

同條正祖又問曰：

> 朱子以爲，當以詩解《詩》，不可以《序》解《詩》。夫《小序》世傳子夏所作，子夏是親受於夫子者，則宜若可信，而朱子不取者，何也？朱子以《小序》謂非子夏作，何以知其非子夏所作歟？以文體之不類《樂記》、《儀禮》傳歟？以義理之謬戾非當日起余之見識歟？朱子嘗曰質之《史記》、《國語》，然後知詩《序》之不足信。《史記》、《國語》之文可辨《詩序》之誤者，果指何語歟？又曰古人已不曉《詩》意，《左傳》所載歌詩多與本意元不相關。夫《史記》、《國語》、《左傳》同是古史，而在《史記》、《國語》則信之，在《左傳》則不信，抑又何歟？呂東萊《讀詩記》專信《詩序》，而朱子非之，至以爲毛、鄭之佞臣。後學之所尊信莫如朱子，則當從朱子，而且朱子之前不從《詩序》者歐陽公、蘇潁濱、鄭漁仲，從《詩序》者呂東萊一人，以眾寡而可決其得失歟？《小序》非子夏

〔註155〕正祖《詩經講義》，第254頁。

所作，則果是誰作歟？東漢《儒林傳》云《小序》是衞宏作，而朱子以爲亦不是衞宏作，是二三人手而合成一序者。蓋以其零湊附會也，衞宏猶不爲，則況子夏乎？朱子之論至此益嚴，而《小序》於是乎廢矣。近見一文字自燕中出來者，載其論詩說而曰：「漢魯國毛享〔註156〕作《訓詁傳》以授趙國毛萇，時人謂之大小毛公，所由授受，則得之趙人荀卿而逆泝於根牟子、孟仲子、李克、曾申以及於卜氏子夏。子夏親見聖人者，總其刪述之旨，爲之序論，以授門弟子。今世所習三百篇小序，雖繫毛公，實本諸子夏氏而立說者也。」觀此說則其敍來歷似爲該備，而與朱子說不同，且所謂毛享之作訓詁得之荀卿者，果何所據耶？《小序》眞僞，固爲《詩》之一大疑案，然自朱子斷棄之後，宜可以破疑，而猶有後來紛紜，何以則痛加辨正，使讀《詩》者瞭然無惑歟？願博古之君子，其詳講而明陳之。〔註157〕

正祖首先指出《詩集傳》以詩解《詩》的方法是從文本出發，將《詩經》解釋的重心放在詩歌的層面，這與《詩序》旨在挖掘《詩經》背後之美刺意義具有很大的不同。正祖探尋朱熹廢《詩序》的原因大致有三：《詩序》非子夏所作；《詩序》文體非《樂記》之傳，義理又不精；《詩序》不合《史記》、《國語》的記載。正祖對朱熹的以上原因均有所懷疑，並在條問之末，引用對《詩序》的看法與《詩集傳》相異的毛奇齡的說法。毛奇齡認爲《詩序》與《詩故訓傳》之作者同爲毛公〔註158〕。毛公師從荀卿，荀卿以上的師從可以倒溯爲根牟子、孟仲子、李克、曾申以及於子夏，得出出於毛公之手的《詩序》其實淵源於子夏。正祖對朱熹與毛奇齡的說法，提出了很多質疑，而其中他最關心的則是《詩序》的作者是否爲子夏的問題，因爲子夏是孔子弟子中文學類的代表，而且《論語》中記載了孔子與子夏談論《詩經》的篇章，如果《詩序》果眞爲子夏所作，那麼《詩序》就是孔子聖學之遺教，是不可廢除的。

　　以上正祖對《詩序》的基本問題作了提問，首先是如何折中《詩序》之

〔註156〕按「享」當爲「亨」字之誤。
〔註157〕正祖《詩經講義》，第254～257頁。
〔註158〕毛奇齡《詩箚》云：「魯人大毛公毛享作故訓，傳授之趙人小毛公萇，既而河間獻王得以獻之，始以萇爲博士，則是毛享作《毛傳》，詎萇作耳？」文淵閣《四庫全書》本。

美刺，其次《詩序》是否可從，再次是《詩序》的作者爲誰。抄啓文臣徐有榘回答道：

> 辨《詩》之道，當先辨《序》說之眞僞。蓋《小序》之作久矣，傳授既遠，論說多歧，至今爲一大疑案。而臣則竊謂《序》說決不可廢。試以《序》說考之，其釋《鰭鴞》與《金縢》合，釋《烝民》與《孟子》合，釋《由庚》六篇與《儀禮》合，釋《清人》、《皇矣》與左氏合。當漢之初，左氏諸書未盡行，而《序》說先與之合，其爲先秦之文，章章可明，而雖謂源流於子夏，亦可矣。且就聖問言之，《狡童》之指鄭忽，箕子《漸漸之歌》可參證也；《將仲子》之刺鄭莊，《左傳》、子展之賦可旁引也；青衿爲學者之服，則《子衿》之學校不修，自是實傳；祭畢無燕射之禮，則《行葦》之養老、行射未易遽斥；《魚藻》果非思武王之詩，則何以曰王在在〔註159〕鎬；《昊天有成命》定是頌成王之作，則何以在《我將》之前乎？至於《漢廣・序》德廣之喻，雖似臨文巧撰，而其下所謂化行江漢，固未始不見取於《集傳》。引而伸之、觸類長之，則三百十一篇之旨，無往非舊解之可從，而不但止於《碩人》、《載馳》之類而已也。若以爲文體冗雜，義理謬盭，則程子豈不曰：「其文似《繫辭》，其義非聖人不能言也乎。」若以爲稽諸《史記》、《國語》，可知《序》說之誤，則抑《序》之與《國語》有異，雖是千慮之一失，而《那・序》之合於《國語》，《無衣・序》之合於《史記》，獨非朱子之所已許者乎？又若論從違之眾寡，則毛、鄭以下說詩之家莫不以《序》說爲主，而《集傳》之前，別立門户者惟蘇、鄭、歐陽數家而已，此多彼寡，一按可見。而《序》說之未易廢，抑亦百世之公議也。然則朱子所謂後儒傳會，特指其每篇首句下續申之說，或出於毛公、衞宏，而非眞以《大序》、《小序》全歸之杜撰。況《柏舟》之仁人，《子衿》之學校，皆《辨說》之所深斥者，而及夫注《孟子》、作《洞賦》，並皆仍用舊說，則《辨說》一篇猶屬初年未定之論，苟或因此而遽廢《序》說，則恐非朱子意也。臣故曰：善讀《詩》者，必主之《集傳》，以求義理；本之《序》說，以考實蹟驗。之於詞氣，參之以比興，而以意逆志，不泥不虛，則自可以融然怡然，而《序》

〔註159〕按：後「在」字當爲衍文。

者之名字時世雖不論可也，何必如毛奇齡之徒，徒規規於傳授來歷

爲哉！〔註 160〕

徐有榘的回答表達出《詩序》不可廢的觀點，認爲善讀《詩經》的良方是參酌《詩集傳》與《詩序》，既主《詩集傳》以求義理，又主《詩序》以考實蹟驗。徐有榘不滿正祖對朱熹的批評，但作爲臣子，又不敢明斥其非，只能紆徐委婉地提出《詩集傳》、《詩序》同收並取的折中之策，這種折中其實還是在維護《詩集傳》。通過君臣兩人的問答，也可以看出，朱熹《詩集傳》在當時朝鮮學界具有霸權地位，即使正祖以君王之尊，也不易改變尊朱的《詩經》研究風潮，正祖回歸漢代經學傳統的努力，確實也遇到了尊朱學者的阻力。正祖君臣關於漢宋學術之爭的背後，其實還隱藏著治統與學統的較量。

其次正祖對朱熹暗自從《詩序》的釋義作了提問。正祖認爲《詩序》不可廢，而《詩集傳》表面上廢除《詩序》，實則又沿用《詩序》的解釋。《詩集傳》陽反陰從《詩序》的態度，也曾遭到清儒姚際恒的尖銳批評〔註 161〕。正祖對朱熹這種暗從《詩序》的例子加以提問，如《鄭風・子衿》，正祖條問云：

《子衿》，《小序》以爲刺學校之作，朱子改作淫詩，而及作

《白鹿洞賦》，則曰廣青衿之疑問，有若仍用《小序》之說者，何

歟？〔註 162〕

《子衿》，《詩序》云：「刺學校廢也。亂世則學校不修焉。」〔註 163〕《詩集傳》云：「此亦淫奔之詩。」〔註 164〕又朱熹《白鹿洞賦》云：「玢黃卷以置郵，廣青衿之疑問。」〔註 165〕正祖認爲朱熹在《詩集傳》中以「淫奔」之詩釋《子衿》，而其《白鹿洞賦》中「廣青衿之疑問」卻是用了《詩序》的意思。朱熹

〔註 160〕正祖《詩經講義》，第 257～261 頁。

〔註 161〕姚際恒著、顧頡剛點校《詩經通論・詩經論旨》云：「（《詩集傳》）況其從《序》者十之五，又有外示不從而陰合之者，又有意實不然之而終不能出其範圍者，十之二三。故愚謂遵《序》者莫若《集傳》。」姚際恒《詩經通論》，中華書局，1958 年版，第 4 頁。

〔註 162〕正祖《詩經講義》，第 55 頁。

〔註 163〕孔穎達《毛詩正義》，第 313 頁。

〔註 164〕朱熹《詩集傳》，第 54 頁。

〔註 165〕朱傑人等主編《朱子全書》，《晦庵先生朱文公文集》卷一，上海古籍出版社、安徽教育出版社，2002 年版，第 221 頁。

在二書中對《詩序》的態度截然相反，對此抄啓文臣李宗燮回答云：

> 《子衿》之詩，朱子所以改正舊說者，只以其詞氣儇薄，有非
> 學校之詩也。至若「青衿」二字施之於章甫之士，亦無不可，而後
> 儒之襲用既多，便成學宮應用之文字，則朱子以斷章取義之意，引
> 用於鹿洞之賦者，恐無足怪矣。〔註166〕

李宗燮用《朱子語類》中「《子衿》詞意輕儇，亦豈刺學校之辭」〔註167〕來作
答，並認爲以「青衿」指代章甫之士是後世的一種習慣性稱謂，而非朱熹援
引《詩序》的釋義。李宗燮對此問題的婉曲回答，仍表現出對《詩集傳》
的迷信，但並沒有完全解除正祖的疑問，正祖又在十四年（1789）「條問」中
問道：

> 青青子衿，雖未見其必爲學校之詩，而亦未知其必爲淫奔之
> 詩。我東先儒亦嘗疑之，未知如何？〔註168〕

抄起文臣安廷善答云：

> 《集傳》雖以此篇爲淫詩，而後著《白鹿洞賦》有云「廣青衿
> 之疑問」則未始不取舊說也。〔註169〕

對比安廷善與李宗燮的回答，可以看到安廷善的答案正是正祖四年前問題的
另外一半，也就是說，在四年中，學者的學術態度已經發生了微妙的變化。
安廷善將《子衿》的釋義重新引到《詩序》上，正祖雖沒有對《子衿》詩旨
應從《詩序》作必然之肯定，但是他的學術暗示卻是達到了動搖《詩集傳》
爲不刊之論的目的。正如金興圭所云：「正祖所代表的官方的開放性釋經態
度，對朝鮮時代後期的《詩經》解釋具有不可忽略的轉折意義。」〔註170〕

再如《魏風‧伐檀》，正祖指出朱熹在《詩集傳》中不用《詩序》，而在
《孟子集注》中援引《詩序》。如正祖九年（1784），條問云：

> 《伐檀》之《詩序》以爲在位貪鄙，無功受祿，故詩人刺之之
> 詞。而《集傳》則謂：伐檀之人欲自食其力而不可得，寧窮餓而不
> 悔，故詩人述其事而歎美之。且引徐穉之事以證之。蓋朱子之意全

〔註166〕正祖《詩經講義》，第55～56頁。
〔註167〕黎靖德《朱子語類》卷八十，中華書局，1999年版，第2075頁。
〔註168〕正祖《詩經講義》，第399頁。
〔註169〕正祖《詩經講義》，第399頁。
〔註170〕金興圭《正祖時代的「詩經講義」》，《韓國學報》1981年第7卷第2號，第
　　　　107頁。

就一人屬志上說，而以《序》說爲未穩也。然其注《孟子》之「不
素餐兮」，云《詩・魏風・伐檀》之篇，無功而食祿，謂之素餐，則
乃又引用《序》說矣。同出於朱子，而有此參商，學者將何所適從
耶？且使此詩果爲一人屬志食力之辭，則古者一夫所受之田不過一
廛百畝而已，安得曰「三百廛」、「三百億」、「三百囷」云爾乎，執
此以究，則舊說所謂貪鄙受祿，庶或近之，而當以《孟子集注》爲
朱子晚年定論耶？〔註171〕

抄啓文臣韓商新對曰：「考之朱子年譜，《集注》之成在《集傳》既成後十二
年，當以《集注》爲晚年定論，誠如聖教矣。」〔註172〕在此問題上，抄啓文
臣不再百般迴護《詩集傳》，而是承認《詩集傳》中存在一些未成熟的思想，
而這可以用朱熹稍晚的著作來校訂。可見，正祖通過他的政治權威和學術修
養，促成了朝鮮文臣學術觀念的轉移，這在一定程度上，解除了《詩集傳》
對當時學界的籠罩，促進了朝鮮學者對《詩集傳》態度的轉變，達到了重新
樹立《詩序》經典詮釋地位的《詩》學階段。

（二）「興」的論爭

「興」是《詩經》六義中爭論最多的一類，正祖在《詩經講義》中很關
注「興」的問題，並對之多次提問，這些提問大多數都是出於對「經學之興」
與「文學之興」的模糊思考，因此本文試從《詩經》經學研究的角度來探討
正祖條問中的「興」義問題。在正式引入正祖「興」義問題之前，先簡單梳
理《詩經》學中「經學之興」與「文學之興」的嬗變。

1、「經學之興」與「文學之興」的嬗變

《文心雕龍・比興》篇云：「詩文弘奧，包韞六義，毛公述傳，獨標興體。」
〔註173〕《毛傳》注《詩》，首次標「興」116 處。《鄭箋》以「興者，喻」的
方式來解釋《毛傳》所標之興。孔穎達在《周南・螽斯》篇關中對「興」有
詳細的解釋，他說：

> 《傳》言興也，《箋》言興者喻，言《傳》所興者，欲以喻此事
> 也，興、喻名異而實同。或與《傳》興同而義異，亦云興者喻，《摽
> 有梅》之類也。亦有興也，不言興者，或鄭不爲興，若「厭浥行露」

〔註171〕正祖《詩經講義》，第 224～225 頁。
〔註172〕正祖《詩經講義》，第 225 頁。
〔註173〕黃叔琳注、李詳補注、楊明照校注拾遺《增訂文心雕龍校注》，第 456 頁。

之類。或便文徑喻，若「褖衣」之類。或同興，《箋》略不言喻者，若《邶風》「習習谷風」之類也。或疊傳之文，若《葛覃》箋云「興焉」之類是也。然有興也，不必要有興者，而有興者，必有興也。亦有毛不言興，自言興者，若《四月》《箋》云「興人為惡有漸」是也。或興喻並不言，直云猶亦若者。雖大局有準，而應機無定。<u>鄭云喻者，喻猶曉也，取事比方以曉人，故謂之為喻也</u>。〔註174〕

孔穎達認為《毛傳》、《鄭箋》關於「興」的解釋其實是「喻」的意思。如《周南・樛木》，《毛傳》釋章首「南有樛木，葛藟纍之」云：「興也。南，南土也。木下曲曰樛。南土之葛藟茂盛。」〔註175〕《鄭箋》云：「木枝以下垂之故，故葛也藟得纍而蔓之，而上下俱盛。興者，喻后妃能以意下逮眾妾，使得其次序，則眾妾上附事之，而禮義亦俱盛。」〔註176〕《毛傳》和《鄭箋》通過「興」的方式將《詩經》的經文與深刻弘大的道理相聯繫，正如劉毓慶所說：「在經典解釋系統中，興是一種解經方式，一個意義轉化機制。……如果從『詩』的角度看，《詩經》所表現的只是一種情懷。而要作為『經』，則它必須具體有深刻的內涵，與大事業、大道理聯繫起來，才能體現出她超越一般文學、文獻的價值意義。」〔註177〕《毛傳》標「興」，《鄭箋》以喻釋「興」是《詩經》經典解釋的一種方式，是透過《詩經》平常的文字與深刻的社會國家之道德倫理相聯繫的一種詮釋方法，此是《詩經》學上的「經學之興」。

作為經學詮釋的「興」，鄭玄並沒有作過多的說明，只是以「興者，喻」的方式呈現。鄭玄《周禮》注中關於「六詩」〔註178〕的注釋往往被用來解釋《詩經》學上的「六義」〔註179〕。鄭玄《周禮注》「六詩」云：

> 教，教瞽矇也。風，言賢聖治道之遺化也。賦之言鋪，直鋪陳今之政教善惡。<u>比，見今之失，不敢斥言，取比類以言之。興，</u>

〔註174〕孔穎達《毛詩正義》，第44頁。

〔註175〕孔穎達《毛詩正義》，第41頁。

〔註176〕孔穎達《毛詩正義》，第41頁。

〔註177〕劉毓慶《〈詩〉學之「興」的還原與背離》，《文學評論》2008年第4期，第22頁。

〔註178〕賈公彥《周禮注疏》：「教六詩：曰風，曰賦，曰比，曰興，曰雅，曰頌」。北京大學出版社，1999年版，第610頁。

〔註179〕《詩大序》：「故詩有六義焉：一曰風，二曰賦，三曰比，四曰興，五曰雅，六曰頌。」孔穎達《毛詩正義》，第11頁。

見今之美，嫌於媚諛，取善事以喻勸之。雅，正也，言今之正者，以爲後世法。頌之言誦也，容也，誦今之德，廣以美之。鄭司農云：「古而自有風雅頌之名，……時禮樂自諸侯出，頗有謬亂不正，孔子正之，曰比、曰興。比者，比方於物也；興者，託事於物。」〔註180〕

《毛詩正義》運用鄭玄「六詩」注來解釋《詩大序》之「六義」云：

《大師》上文未有「詩」字，不得徑云「六義」，故言「六詩」。各自爲文，其實一也。彼注云：「風，言聖賢治道之遺化。賦之言鋪，直鋪陳今之政教善惡。比，見今之失，不敢斥言，取比類以言之。興，見今之美，嫌於媚諛，取善事以喻勸之。」……鄭司農云：「比者，比方於物。」〔註181〕諸言如者，皆比辭也。」司農又云：「興者，託事於物。」〔註182〕則興者起也，取譬引類，起發己心，詩文諸舉草木鳥獸以見意者，皆興辭也。……比之與興，雖同是附託外物，比顯而興隱。〔註183〕

孔穎達認爲《周禮》之「六詩」與《詩經》之「六義」是由於「各自爲文」的緣故，所以產生了「六詩」與「六義」在文字上的不同，但其實一也。鄭玄《周禮注》「比」與「興」的區別在於詩歌表現的內容不同，一是「見今之失」，一是「見今之美」，但是把這樣一個注釋原則投諸於《毛傳》所標之「興」處，卻不能盡符合「見今之美」的表述，如《邶風・柏舟》，《詩序》云：「言仁而不遇也。衛頃公之時，仁人不遇，小人在側。」〔註184〕《毛傳》和《鄭箋》都是圍繞《詩序》而言，《毛傳》於「汎彼柏舟，亦汎其流」下注云：「興也。汎，渡貌。柏，木，所以宜爲舟也。亦汎汎其流，不以濟度也。」〔註185〕

〔註180〕賈公彥《周禮注疏》，第 610 頁。

〔註181〕按：此處龔抗雲等整理標點的《毛詩正義》鄭司農引文標點：「比者，比方於物。諸言如者，皆比辭也。」據鄭玄《周禮注》引鄭司農的話只有「比者，比方於物。」「諸言如者，皆比辭也。」此應爲孔穎達的疏文，據改。

〔註182〕按：此處龔抗雲等整理標點的《毛詩正義》鄭司農引文標點：「興者，託事於物則興者起也。取譬引類，起發己心，詩文諸舉草木鳥獸以見意者，皆興辭也。」據鄭玄《周禮注》引鄭司農的話只有「興者，託事於物。」因此，「則興者起也。取譬引類，起發己心，詩文諸舉草木鳥獸以見意者，皆興辭也。」是孔穎達的疏文，據改。

〔註183〕孔穎達《毛詩正義》，第 11～12 頁。

〔註184〕孔穎達《毛詩正義》，第 113 頁。

〔註185〕孔穎達《毛詩正義》，第 113～114 頁。

《鄭箋》云：「舟，載物者，今不用，而與汎汎然俱流水中。興者，喻仁人之不見用，而與群小人並列，亦猶是也。」〔註186〕《柏舟》詩屬於「興」，但是全無良好政治可言，與《周禮注》「見今之美」不符。《毛傳》所標「興」的詩篇，如《邶風‧綠衣》、《邶風‧終風》、《鄘風‧雄雉》、《鄘風‧匏有苦葉》、《鄘風‧谷風》、《小雅‧節南山》、《小雅‧小弁》、《小雅‧谷風》、《小雅‧蓼莪》等詩，《鄭箋》的解釋都沒有「見今之美」之意。

徐復觀和現代大多數學者認為這是鄭玄自相矛盾之處。〔註187〕但是從常理上來說，作為經學大儒的鄭玄，不可能存在這樣明顯的疏漏之處。筆者懷疑《周禮》中的「六詩」不能等同於《詩經》學中的「六義」，劉毓慶也有這樣的認識，他說：「在鄭玄那裡，『六詩』之『興』與《毛傳》之『興』是有嚴格區別的。」〔註188〕學者移用《周禮注》中的「興」來解釋《詩經》學中的「興」，對其中的矛盾和不合之處繼續探索，這種探索的結果是將《毛傳》、《鄭箋》中具有經學性質的「興」轉向創作角度的文學之「興」。所以孔穎達云：「興者，起也。取譬引類，起發己心，詩文諸舉草木鳥獸以見意者，皆興辭也。……比之與興，雖同是附託外物，比顯而興隱。」〔註189〕宋儒進一步將「興」的特質定位在啟發人心的功效上，如呂祖謙《呂氏家塾讀詩記》云：「『興』，孔氏曰：興者，起也。程氏曰：因物而起興，『關關雎鳩』、『瞻彼淇奧』之類是也。」〔註190〕黃櫄《毛詩集解》：「興者，因物而感之謂也。」〔註191〕范處義《詩補傳》云：「因感而興者，興也。」〔註192〕強調的是「興」

〔註186〕孔穎達《毛詩正義》，第 114 頁。
〔註187〕徐復觀《釋詩的比興——重現奠定中國詩的欣賞基礎》云：「（鄭玄）他通常用一個『喻』字來說明興的意義。如葛覃『興者葛覃、延蔓於谷中，喻女在父母家，形體浸浸日長大也。』所謂『喻』，即是『比』，其間並無分別；於是他只好在詩的內容是『見今之失』或『見今之美』上作分別，這分明和毛傳所說的興，乃至默認的比，不能相應的。例如緊接在二南之後的《邶風》的《柏舟》、《綠衣》、毛傳皆以為是興。但從毛傳，則一是歎仁人之不遇，一是莊姜之自傷，有什麼『見今之美』呢？除二南以外的興體詩，皆以為怨悱之詞，佔絕對多數，而《周南》的《螽斯》，分明是比，但絕非是『見今之失』的。」載林慶彰編著《詩經研究論集（一）》，臺灣學生書局，1982 年版，第 69～70 頁。
〔註188〕劉毓慶《〈詩〉學之「興」的還原與背離》，《文學評論》2008 年第 4 期，第 23 頁。
〔註189〕孔穎達《毛詩正義》，第 11～12 頁。
〔註190〕呂祖謙《呂氏家塾讀詩記》，文淵閣《四庫全書》卷一。
〔註191〕黃櫄《毛詩集解》，文淵閣《四庫全書》卷一。

感發詩人創作的作用。朱熹將「興」定位在是文學創作的層面，《詩集傳》云：「興者，先言他物以引起所詠之詞也。」〔註193〕《朱子語類》云：「《詩》之興，全無巴鼻。(振錄云：『多是假他物舉起，全不取其義。』)」〔註194〕又云：「說出那物事來是興，不說出那物事是比」〔註195〕，「比是以一物比一物，而所指之事，常在言外。興是借彼一物以引起此事，而其事常在下句。但比意雖切而卻淺，興意雖闊而味長。」〔註196〕朱熹關於「興」的理解亦不再是《毛傳》、《鄭箋》所用來詮釋經典的解釋方法，而成為文學創作中的技巧。這是「興」從「經學之興」向「文學之興」的嬗變。現代學者徐復觀甚至將「興」解釋為類似文學創作中的「靈感」〔註197〕，也是屬於「文學之興」的研究。

2、正祖關於「興」的提問

正祖《詩經講義》條問很關注「興」的問題，如在《周南·關雎》、《葛覃》、《桃夭》、《漢廣》、《邶風·燕燕》、《簡兮》、《新臺》、《鄘風·柏舟》、《衛風·河廣》《陳風·東門之楊》、《墓門》、《曹風·候人》《小雅·伐木》、《南有嘉魚》、《采芑》、《周頌·振鷺》、《魯頌·有駜》等詩篇中，正祖就「興」的問題向群臣提問。

正祖關於「興」的發問大多是針對《詩集傳》而發，如《周南·葛覃》，《詩集傳》云：

> 賦也。……賦者，敷陳其事而直言之者也。蓋后妃既成絺綌而賦其事，追敘初夏之時，葛葉方盛，而有黃鳥鳴於其上也。〔註198〕

《毛傳》云：

> 興也。覃，延也。葛所以為絺綌，女功之事煩辱者。施，移也。

〔註192〕范處義《詩補傳》，文淵閣《四庫全書》卷一。
〔註193〕朱熹《詩集傳》，第1頁。
〔註194〕黎靖德《朱子語類》，卷八十，第2070頁。
〔註195〕黎靖德《朱子語類》，卷八十，第2069頁。
〔註196〕黎靖德《朱子語類》，卷八十，第2069～2070頁。
〔註197〕徐復觀《釋詩的比興——重現奠定中國詩的欣賞基礎》云：「興是一種『觸發』，即朱傳的所謂『引起』。……興是內蘊的感情，偶然被某一事物所觸發，因而某一事物便在感情的震盪中，與內蘊感情直接有關的事物，融合在一起，亦即是與詩之豬蹄融合在一起。」載林慶彰編著《詩經研究論集（一）》，第77～79頁。
〔註198〕朱熹《詩集傳》，第3頁。

中谷，谷中也。萋萋，茂盛貌。〔註199〕

《鄭箋》云：

> 葛者，婦人之所有事也，此因葛之性以興焉。興者，葛延蔓於谷中，喻女在父母之家，形體浸浸日長大也。葉萋萋然，喻其容色美盛。〔註200〕

《詩集傳》以《葛覃》詩為賦，而《毛傳》卻以之為「興」，各自為異，正祖就這個問題問道：

> 此章《注疏》則以為興，而《集傳》則以為賦。蓋賦、比、興，《詩》之大義，而毛、朱之說率多相牾，其異同得失之旨，可以詳論歟？」〔註201〕

《詩集傳》認為《葛覃》是后妃完成絺與綌兩種布的紡織後，追敘織布之前采葛的情景，那時正值初夏，葛葉茂盛，時有黃鳥鳴於其上。《詩集傳》認為此詩是對事情的直接陳述，具有敷陳其事而直言之的性質，因此定為「賦」，這樣的判斷是從詩歌創作的角度而定的。而《毛傳》和《鄭箋》理解此詩的角度與《詩集傳》完全不同，毛、鄭直接以葛生長的狀態，即「葛兮覃兮，施於中谷」，以葛葉茂盛而蔓延的樣子，來比喻后妃在父母之家逐漸長成的情景，正如孔穎達疏所云：「言葛之漸長，稍稍延蔓兮而移於谷中，非直枝幹漸長，維葉則萋萋然茂盛，以興后妃之生，浸浸日大，而長於父母之家，非直形體日大，其容色又美盛當。」〔註202〕著眼點不在文學創作而在道德生發。

正祖就《葛覃》詩《毛傳》與《詩集傳》一為「興」，一為「賦」的不同進行提問，但遺憾的是，應對的文臣並沒有將此問題作詳細的疏解，僅僅是盲目地遵奉《詩集傳》為不刊之論〔註203〕。

正祖對《詩集傳》中的「興」義提問，傳達出對《詩集傳》文學性「興」義的懷疑和思考，且有回歸《毛傳》等經學之興的趨向。下文以正祖對《周

〔註199〕孔穎達《毛詩正義》，第30頁。
〔註200〕孔穎達《毛詩正義》，第30頁。
〔註201〕正祖《詩經講義》，第9頁。
〔註202〕孔穎達《毛詩正義》，第31頁。
〔註203〕此條洪仁浩回答云：「《葛覃》章之為賦、為興，《疏》、《箋》、《集註》各有所主，而采葛即后妃儉德，則實是直陳其事者也。葛施、鳥鳴強引以后妃容色之漸盛，才美之漸達者，雖若起興，實則淺拙。朱子之不為苟同，棄其純繆者，槩於此等處分曉矣。」正祖《詩經講義》，第9～10頁。

南‧桃夭》的提問爲例，正祖在 1781 年、1783 年、1784 年之三次「條問」
中都涉及到了《桃夭》詩「興」的問題。《桃夭》，《毛傳》和《詩集傳》都認
爲此詩屬於興，但二者對「興」的解釋卻不盡相同。爲了便於分析，茲分別
輯錄《詩集傳》、《毛傳》、《鄭箋》對《桃夭》詩的注釋，製表如下：

詩章	《詩集傳》	《毛傳》	《鄭箋》
桃之夭夭，灼灼其華。	興也。桃，木名，華紅，實可食。夭夭，少好貌。灼灼，華之盛也。木少則華盛。	興也。桃有華之盛者。夭夭，其少壯也。灼灼，華之盛也。	興者，喻時婦人皆得以年盛時行也。
之子于歸，宜其室家。	之子，是子也，此指嫁者而言也。婦人謂嫁曰歸。周禮仲春令會男女。然則桃之有華，正婚姻之時也。宜者，和順之意。室，謂夫婦所居。家，謂一門之內。	之子，嫁子也。於，往也。宜，以有室家無踰時者。	宜者，謂男女年時俱當。
桃之夭夭，有蕡其實。	興也。蕡，實之盛也。	蕡，實貌。非但有華色，又有婦德。	
之子于歸，宜其家室。	家室，猶室家也。	家室，猶室家也。	
桃之夭夭，其葉蓁蓁。	興也。蓁蓁，葉之盛也。	蓁蓁，至盛貌。有色有德，形體至盛也。	
之子于歸，宜其家人。	家人，一家之人也。	一家之人盡以爲宜。	家人，猶室家也。

正祖六年（1781），辛丑「條問」云：

　　（《周南‧桃夭》）注說謂以灼灼喻婦人年盛，有蕡喻其有德，
蓁蓁喻其容體之盛，此說似無害於理，而《集傳》並不取，只作因
所見而起興，其故何歟？〔註204〕

正祖八年（1783），癸卯「條問」云：

　　《關雎》之起興，取其摯而有別也。《樛木》之起興，取其下曲
上附也。此以桃夭興之子者，亦必有所指，而《集傳》不言起興之
義，直曰：因所見者，何也？《集傳》以爲《周禮》仲春會男女，
然則仲春之時可以起興者，何物不可？而詩人之必取桃夭者，亦何
義歟？〔註205〕

〔註204〕正祖《詩經講義》，第 13 頁。
〔註205〕正祖《詩經講義》，第 150 頁。

正祖九年（1784），甲辰「條問」云：

> 《桃夭》，《集傳》引《周禮》仲春令會男女之文，以《桃夭》
> 爲昏姻之時，然則此詩當作賦，而乃以爲興者何也？〔註206〕

正祖就《詩集傳》關於《桃夭》興義的解釋，三次提問，提問的焦點主要集中在兩個方面。首先，是關於《桃夭》詩之桃、桃華、桃實、桃葉是否有特定意義的問題。《毛傳》認爲此四者是喻出嫁之女子，以「桃之夭夭，灼灼其華」比喻正直美好年華的女子恰逢吉時歸於夫家，以「有蕡其實」、「其葉蓁蓁」喻該女子不僅有美麗的容顏還有美好的德行。《毛傳》以比喻的解釋方式賦予了「桃夭」以特定的內涵，奠定了《桃夭》詩的經典意義。與之不同的是，《詩集傳》並沒有以桃、桃華、桃實、桃葉來喻女子，沒有將此四者與出嫁女子的容貌德行作意義上的勾連，只是作爲詩人「因所見而起興」的偶然之物來處理，袪除了《毛傳》所賦予桃、桃華、桃實、桃葉的經典意義。所以《詩集傳》所探索的角度是從詩人創作的角度進行的，是興的文學性解釋，這種解釋是對經學之興的否定，提升了《詩經》的文學價值，當然也削弱了漢儒賦予《詩經》的道德教化功能。

正祖對朱熹「因所見以起興」的說法表示懷疑，他認爲「此以桃夭興之子者，亦必有所指」〔註207〕，正祖又云：「《集傳》以爲《周禮》仲春會男女，然則仲春之時可以起興者，何物不可？而詩人之必取桃夭者，亦何義歟」？〔註208〕可見，正祖還是贊同《毛傳》的解釋，認爲《桃夭》以桃、桃華、桃實、桃葉作爲起興之物，是有具體而特定的象徵意義的，桃、桃華、桃實、桃葉都不是隨意選取的事物，因此正祖認爲：「以灼灼喻婦人年盛，有蕡喻其有德，蓁蓁喻其容體之盛，此說似無害於理。」〔註209〕

其次，正祖認爲《詩集傳》對《桃夭》的解釋與「興」的創作手法不相符，正祖問道：

> 《桃夭》，《集傳》引《周禮》仲春令會男女之文，以《桃夭》
> 爲昏姻之時，然則此詩當作賦，而乃以爲興者何也？且經傳所著昏
> 姻之時，多有牴牾。《孔子家語》曰：「霜降而婦功成，嫁娶者行焉。」
> 韓嬰曰：「霜降逆女。」此則以秋冬爲期也。《夏小正》曰：「二月綏

〔註206〕正祖《詩經講義》，第 189 頁。
〔註207〕正祖《詩經講義》，第 150 頁。
〔註208〕正祖《詩經講義》，第 150 頁。
〔註209〕正祖《詩經講義》，第 13 頁。

多女士。」《白虎通》曰：「嫁娶以春者，爲其天地始通，陰陽交接
之時也。」此則以仲春爲期也。後之論者或主《家語》、韓嬰之説，
或主《夏小正》、《白虎通》之文，所據各異，莫之能一，今可以詳
辨其得失耶？〔註210〕

《詩集傳》云：「《周禮》，仲春令會男女。然則桃之有華，正婚姻之時。」
〔註211〕又云：「詩人因所見以起興，而歎其女子之賢，知其必有以宜其室家
也。」〔註212〕《詩集傳》所理解的《桃夭》是對婚禮場面的描述，並包涵有
仲春令會男女的規定、盛開的桃華、出嫁的女子三個要素。再據《詩集傳》
在《關雎》篇中所云：「興者，先言他物以引起所詠之詞也。」〔註213〕又《朱
子語類》云：「詩之興，全無巴鼻。」〔註214〕朱熹對「興」的界定是從引起創
作的角度而言，起興之物也是偶然之物，不參與詩篇意義的構成。《詩集傳》
中「灼灼其華」的桃花是整個婚禮的重要組成部分，具有突出和表明婚姻時
間的作用，即仲春時節爲「桃之有華，正婚姻之時」。正祖由此提出疑問，認
爲《詩集傳》對《桃夭》的解釋更符合「賦」的性質，即「賦者，敷陳其事
而直言之者也」〔註215〕。此與《詩集傳》關於「興」的解釋不符，對此正祖
繼續探討《桃夭》之詩是屬於「興」，還是屬於「賦」的問題，並將此問題引
申到《詩經》時代正常的婚配時間是秋冬之時還是仲春時節。只有確認婚姻
的正常時間才能解決《桃夭》是桃花盛開的婚禮場面的如實描述，還是以桃
夭寄託喻意。如果是前者，那麼《桃夭》在創作手法上應該是「賦」而不是
「興」。

　　對於《詩經》中的正常婚配時間，有秋冬與仲春兩種不同的觀點。《毛
傳》以秋冬行嫁爲婚姻正時。如《陳風・東門之楊》首章前二句「東門之楊，
其葉牂牂」，《毛傳》云：「興也。牂牂然，盛貌言男女失時，不逮秋冬。」
〔註216〕又《毛傳》以《桃夭》之「夭夭」爲少壯，「以有室家無逾時者」釋
「宜其室家」之「宜」，孔穎達疏云：「毛以爲少壯之桃夭夭然，復有灼灼

〔註210〕正祖《詩經講義》，第 189～190 頁。
〔註211〕朱熹《詩集傳》，第 5 頁。
〔註212〕朱熹《詩集傳》，第 5 頁。
〔註213〕朱熹《詩集傳》，第 1 頁。
〔註214〕黎靖德《朱子語類》，第 2070 頁。
〔註215〕朱熹《詩集傳》，第 3 頁。
〔註216〕孔穎達《毛詩正義》，第 446 頁。

然。此桃之盛華，以興有十五之十九少壯之女亦夭夭然，復有灼灼之美色，正於秋冬行嫁然。是此行嫁之子，往歸嫁於夫，正得善時，宜其爲室家矣。」〔註217〕《毛傳》認爲婚嫁的正時是秋冬時節，且婚嫁女子年齡是在十五至十九歲之間。而對於因各種原因錯過婚期的大齡男女，則是採用《周禮·媒氏》所規定的時間，即「仲春之月，令會男女。於是時也，奔者不禁」〔註218〕。《毛傳》認爲仲春行嫁非婚姻之正時，只是是爲了繁育後代而採取的變通之策，而秋冬時節才是婚嫁的正常時間。

但是《周禮》「仲春之月，令會男女」，卻被後世儒者誤以爲是婚姻之正時，《鄭箋》與《詩集傳》皆是信奉《周禮》之說的代表。如《鄭箋》在《召南·行露》、《鄭風·野有蔓草》等詩中都引《周禮》「仲春之月，令會男女之無夫家者」，並且《鄭箋》還依《周禮》、《書傳》、《穀梁》、《禮記》，云男子三十而娶，女二十而嫁。可知《鄭箋》在婚嫁的年齡與婚嫁的時節方面，與《毛傳》迥然不同，孔穎達《毛詩正義》對此問題沒有作出裁決，只是模糊地說：「毛、鄭別自憑據，以爲定解，詩內諸言昏月，皆各從其家。」〔註219〕

關於當時的婚姻之正時問題，筆者經過審慎考慮，認爲《毛傳》所云之「秋冬時節」更符合當時社會習俗。如《召南·摽有梅》末章云「摽有梅，頃筐塈之。求我庶士，迨其謂之」。〔註220〕《毛傳》云：「不待備禮也。三十之男，二十之女，禮未備則不待禮會而行之者，所以蓄育民人也。」〔註221〕清儒陳奐對「秋冬時節」爲婚姻正時有詳細的疏解，茲錄於下：

> 莊二十二年《穀梁傳》：禮有納采、有問名、有納徵、有請期。四者備而後娶，禮也。不待備禮，言不待四者禮備，便行親迎，唯凶荒然也。《周禮·大司徒》以荒政十有二，聚萬民，十日多昏。鄭司農注云：多昏，不備禮而娶昏者多也。與此《傳》訓同。《傳》又本《周禮》會男女法，以申明不待備禮之義。乃統釋全章，非專釋末章。凡《傳》總釋有發見於章首者，又有發見於章末者，此其例矣。媒氏掌萬民之判，凡男女自成名以上，皆書年、月、日、名焉，

〔註217〕孔穎達《毛詩正義》，第 47 頁。
〔註218〕賈公彥《周禮注疏》，第 362～364 頁。
〔註219〕孔穎達《毛詩正義》，第 446 頁。
〔註220〕孔穎達《毛詩正義》，第 93 頁。
〔註221〕孔穎達《毛詩正義》，第 93 頁。

令男三十而娶，女二十而嫁。凡娶判妻人子者皆書之。中春之月，令會男女，於是時也，奔者不禁，若無故而不用令春者罰之，司男女之無夫家者而會之。鄭注云：無夫家，謂男女之鰥寡者。案：男三十而娶，女二十而嫁。《禮記》《曲禮》、《內則》、《大戴禮・本命》、《穀梁》文十二年傳、《尚書大傳》、《白虎通義》並有其文。《五經異義》、古春秋左氏說：二十而嫁，三十而娶，庶人禮也。《管子・入國》篇云：五日合獨。所謂合獨者，凡國都皆有掌媒，丈夫無妻曰鰥，婦人無夫曰寡。取鰥寡而合之，予田宅而家室之，三年然後事之，此之謂合獨。《管子》合獨，亦即行。《周禮》會男女法，古者未三十男亦行娶，未二十女亦行嫁。三十、二十為年盡，若踰時無夫家，則為鰥寡矣。嫁娶矣，秋冬為正時，冰泮而殺止。仲春之月，為昏盡。《周禮》於仲春會男女之無夫家者，以年盡之男女，於期盡之月行之。此雖禮不備，而亦會而行之者也。若遇凶荒，亦得行此。乃為蕃育民人之法。《有狐・序》云：古者，凶荒則殺禮而多昏，會男女之無夫家者，所以蕃育民人也。《傳》義正本彼《序》為說。《逸周書・糴匡篇》，大荒，嫁娶不以時。孔晁注云：不以時，秋冬也。媒氏會男女合之，亦此義也。〔註222〕

可知婚姻的正時是「秋冬時節」，仲春時節非婚姻之正時。《桃夭》詩雖以桃夭起興，並非如《詩集傳》所云是「然則桃之有華，正婚姻之時」，秋冬之時，桃花尚未盛開，且詩人也不能夠同時看到盛開的桃花和豐碩的桃子，所以以桃夭起興是秋冬時節的想像之辭。《毛傳》以桃夭起興，以美麗的桃花來喻新嫁娘盛年出嫁，容顏正好，以桃實、桃葉來比喻她婚後宜室宜家的美好景象。

　　正祖提出此問題，抄啓文臣韓商新僅回答了婚嫁時節的問題，也認為秋冬時節是婚姻正時〔註223〕。正祖懷疑和追問《詩集傳》對《桃夭》詩「興」的解釋，透露出對《毛傳》「興」義的認同，認為「（《毛傳》）此說似無害於理」，在「興」的解釋上接受《毛傳》經學之興的解釋，而有意排斥朱熹《詩集傳》文學之興的解釋。

〔註222〕陳奐《詩毛氏傳疏》，臺灣學生書局，1978年版，第62～63頁。

〔註223〕抄啓文臣韓商新答云：「《家語》『嫁娶者行焉』之下又有『冰泮而農桑起，婚禮殺』，於此二句，據此，則自九月至二月皆為婚姻之期矣。」正祖《詩經講義》，第190頁。

四、《詩經講義》中的政教思想與日常人生

《詩經》是中國第一部詩歌選集，其編訂的時間約在西周前期至春秋初期五百多年的時間範圍裏。《詩經》最初被稱爲「詩」或「詩三百」，至戰國末期獲得「經」的地位。春秋戰國時期對《詩經》的評價，大多是從政治、道德、倫理的角度進行的，《詩經》被賦予了社會政治、倫理道德的涵義。至漢代《詩經》被列爲五經之一，闡揚《詩經》中的政教意義成了漢代經學家的重要任務，正如《詩大序》所云：「先王以是經夫婦，成孝敬，厚人倫，美教化，移風俗。」〔註224〕

正祖在《詩經》講義活動中，還時常從日常人生角度來闡述《詩經》中的政教思想。正祖在條問中關注夫妻感情中女性的職責、女性的婦德婦功。如正祖關於莊姜的條問即是從日常人生角度著眼宣揚政治教化的典型例子。

《詩經》中所記載的賢妃很多，「爰及姜女，聿來胥宇」〔註225〕的姜女，是古公亶父的妻子；「自彼殷商，來嫁于周」〔註226〕，「思齊大任，文王之母」〔註227〕，大任是王季的妻子，文王的母親；「大邦有子，俔天之妹」〔註228〕的大姒是文王的妻子。但是，與這些獲得丈夫寵愛的賢妃相比，衛國夫人莊姜卻是最值得悲憫。《詩經》中《邶風·柏舟》、《綠衣》、《燕燕》、《日月》、《終風》、《衛風·碩人》記載的都是莊姜的美麗、憂愁和不遇。根據這些詩篇和《左傳·隱公三年》的記載，可知莊姜是齊國嫡夫人之女，地位尊貴，容貌姣好，是衛莊公的正室夫人，但是莊姜無子，衛莊公娶陳女厲嬀，其娣戴嬀生子名完，莊姜以完爲自己的兒子。但是衛莊公寵愛嬖妾，生州籲。莊公薨後，完立，爲桓公。隱公四年州籲弒完而立。

正祖以莊姜提問，所要關注的是遭冷遇的妻子該如何對待與丈夫的倫常關係。如正祖九年（1784），甲辰條問云：

> 莊公之於莊姜，天也，君也。雖其狂蕩譃浪，輕暴無定，<u>而在莊姜自勵之道，惟當極其尊敬，不敢怨尤</u>，然後始可踐上篇「俾無

〔註224〕孔穎達《毛詩正義》，第 10 頁。

〔註225〕《詩經·大雅·綿》，孔穎達《毛詩正義》，第 984 頁。

〔註226〕《詩經·大雅·大明》云王季的妻子大任：「摯仲氏任，自彼殷商，來嫁於周，曰嬪於京。乃及王季，維德之行。」孔穎達《毛詩正義》，第 967～968 頁。

〔註227〕《詩經·大雅·思齊》，孔穎達《毛詩正義》，第 1008 頁。

〔註228〕《詩經·大雅·大明》，孔穎達《毛詩正義》，第 970 頁。

說」之言矣，然而此詩四章之每稱「胡能有定」者，顯斥回惑之失，
少無忌諱之意，律以古人忠厚之道，恐不宜如是，未知何以看則爲
得耶？〔註229〕

正祖以《邶風‧日月》詩發問，此詩是關於莊姜不見答於莊公的詩，《日月》
四章，每章都云「胡能有定」，正祖認爲這是莊姜對莊公的斥責，失去了妻
子對丈夫的尊敬與忌諱。正祖認爲莊公是莊姜的天，作爲天的莊公無論是
多麼地狂蕩謔浪，輕暴無定，莊姜都必須尊重莊公，不能有所怨言，這才
能踐行《邶風‧綠衣》之「我思故人，俾無訧兮」。但正祖又自認爲這樣的
解釋與莊姜的忠厚賢慧形象反差太大，因此提出疑問。抄啓文臣韓商新回
答云：

　　　明儒沈守正之論此詩曰：「詩之大意謂斯人不能古處，未知何時
　　能有定乎？使其有定也，寧終棄我而不顧乎？有期望之意，非怨疾
　　之辭。」此說深得經旨矣。〔註230〕

韓商新引用沈守正的解釋，認爲「胡能有定」，不是莊姜對莊公的怨恨之辭，
而是莊姜對莊公寄予期望之意。韓商新的回答否定了正祖的看法，但是正祖
藉此問題明確傳達出妻子無論在何種情況都要充滿對丈夫的尊敬，不能有絲
毫的懈怠。

　　再如正祖二十四年（1789），己酉條問《邶風‧燕燕》云：

　　　父雖不慈，子不可以不孝。君臣，猶父子也。君使臣，不以
　　禮，臣不可以不忠。夫婦，猶君臣也。夫雖疏棄，婦不可以忘夫。
　　莊姜之賢，豈不知此箇道理乎？且凡人於先君，忠心易衰，則易致
　　日遠而月忘，甚則或有以爲無能，而倍之者矣。莊姜之賢，又豈有
　　是乎？然而戴嬀必以先君之思，勗勉莊姜，若慮夫莊姜之不足於
　　此，何也？且送人贈之以言，禮也。戴嬀之留別，莊姜勗之，以思
　　先君，而莊姜之於戴嬀，只一味讚歎其德美而無一言勸勉，何歟？

　　〔註231〕

正祖所提問的詩篇是《邶風‧燕燕》，《詩序》釋《燕燕》云：「衛莊姜送歸妾
也。」〔註232〕《鄭箋》云：「莊姜無子，陳女戴嬀生子名完，莊姜以爲己子。

〔註229〕正祖《詩經講義》，第199～200頁。
〔註230〕正祖《詩經講義》，第200頁。
〔註231〕正祖《詩經講義》，第326～327頁。
〔註232〕孔穎達《毛詩正義》，第121頁。

莊公薨，完立，而州籲殺之。戴嬀於是大歸，莊姜遠送之於野，作詩見己志。」〔註233〕《詩集傳》云：「莊姜無子，以陳女戴嬀之子完爲己子。莊公卒，完即位，嬖人之子州籲殺之。故戴嬀大歸於陳，而莊姜送之，作此詩也。」〔註234〕《詩集傳》關於《燕燕》詩旨與《毛傳》、《鄭箋》同，《燕燕》的詩旨是莊姜送戴嬀，這是沒有疑問的。

正祖首先以父子、君臣、夫婦臣服關係引起問題，即父親不慈愛，兒子必須孝敬；國君雖然不禮遇大臣，大臣依然必須盡忠；丈夫疏離妻子，妻子不可以忘夫。正祖以《燕燕》詩卒章「仲氏任只，其心塞淵。終溫且惠，淑慎其身。先君之思，以勗寡人」提問，他認爲充滿賢德的莊姜應該明白妻子服從丈夫的道理，因此不會忘記先君之思，而詩中戴嬀卻以先君之思，勗勉莊姜。正祖由此懷疑難道是莊姜對待先君的感情還不夠深厚，還需要戴嬀的提醒嗎？

正祖以《燕燕》詩的經文提問，這個問題可以朱熹《詩集傳》作答，即「言戴嬀之賢如此，又以先君之思勉我，使我常念之而不失其守也」〔註235〕。詩人以戴嬀用「先君之思」勉勵莊姜，是表彰戴嬀之賢，而非表示莊姜已經忘記了先君。所以正祖的這一問題有些泥於經文，價值不高，但是從正祖作爲一國之君的立場來看，這樣的發問卻是有意將政教意義與日常生活相聯繫。且引起這一問題的「父雖不慈，子不可以不孝。君臣，猶父子也。君使臣，不以禮，臣不可以不忠。夫婦，猶君臣也，夫雖疏棄，婦不可以忘夫。」正祖所維護的是「君爲臣綱，父爲子綱，夫爲妻綱」的綱常倫理。

正祖還關注婦功，如正祖二十五年（1790），庚戌條問云：

> （《周南·芣苢》）此章大旨言化行俗美，室家和平，婦人無事，相與採此芣苢，而賦其事以相樂也。所謂「婦人無事者」，是言婦人無憂愁勞苦之事歟？若曰無可爲之事，則雖室家和平，爲婦人者，豈無紡績、織紝、籩豆、酒醬之事？而暇及於微物之採取歟？且此詩只是一婦人之言，而謂之相與採以相樂者，何歟？〔註236〕

宋知濂回答云：

> 明儒黃佐云：門庭之內，幸無繫累；機杼之外，尚有餘閒。婦人

〔註233〕孔穎達《毛詩正義》，第 121 頁。
〔註234〕朱熹《詩集傳》，第 16 頁。
〔註235〕朱熹《詩集傳》，第 17 頁。
〔註236〕正祖《詩經講義》，第 287 頁。

無事之義，即此可知，而若以爲一婦人之事則恐失之偏矣。〔註237〕
《詩集傳》釋《芣苢》云：「化行俗美，家室和平，婦人無事，相與採此芣苢。」
〔註238〕正祖以《詩集傳》中的「家室和平，婦人無事」發問，表達出他所認
爲的婦女生活應該是進行紡績、織紝、籩豆、釀酒等事情的。正祖對《詩集
傳》的解釋有春秋時代斷章取義的解詩意味，但也傳達出正祖所期望和規定
的婦女日常生活是要認眞完成紡織等婦功，而不是有閒暇時間摘採芣苢。對
婦女行爲的規範亦是政教的重要內容。

正祖還將妻子遭丈夫拋棄與群臣遭國君棄逐相聯繫，如正祖二十五年
（1790），庚戌條問云：

> 朱子以此棄婦比之於「士君子立身一敗，萬事瓦裂」，蓋人臣進
> 不以道，則終必擯斥；婦女嫁不以禮，則終必棄逐，爲人所賤惡。
> 故也人君進其臣，男子取其婦，皆愛之也，而終乃斥棄之者，何也？
> 愛而知其惡，即此心之本然，始雖迷惑，而終必覺悟故歟？〔註239〕

正祖以《詩集傳》對《衛風・氓》的解釋提問。《詩集傳》釋《氓》云：「此
淫婦爲人所棄，而自敘其事以道其悔恨之意也。夫既與之謀而不遂往，又責
所無以難其事，再爲之約以堅其志，此其計義狡矣。以御蚩蚩之氓，宜其有
餘，而不免於見棄。蓋一失其身，人所賤惡，始雖以欲而迷，後必以時而悟，
是以無往而不困耳。士君子立身一敗，而萬事瓦裂者，何以異此。可不戒哉！」
〔註240〕《詩集傳》認爲此詩是女子以計謀迷惑蚩蚩之氓，待蚩氓之人悔悟之
後，此女子不免有遭遺棄的命運。《詩集傳》以女子之心術不正，導致了被拋
棄的命運，由此聯想到士君子在價值觀上必須要處理好「立身」，即安身立命
的問題，並且需時時警戒，否則就會萬事俱敗。這是《詩集傳》「即其辭而玩
其理以養心焉」的讀《詩》方式，其「『玩理』實際上是體味、尋求《詩》中
的道德戒律，而『養心』則是從心中接受這些道德戒律，滌除與這些道德戒
律相悖的東西，並以之指導自己立身處事」〔註241〕。而正祖則將《詩集傳》

〔註237〕正祖《詩經講義》，第 287 頁。

〔註238〕朱熹《詩集傳》，第 5～6 頁。

〔註239〕徐有榘回答云：「始雖以欲而迷，終必以時而悟。既有朱子明訓，臣無容更贅
　　　　矣。」正祖《詩經講義》，第 381 頁。

〔註240〕朱熹《詩集傳》，第 37 頁。

〔註241〕褚斌傑、常森《朱子〈詩〉學特徵論略》，《河北師範大學學報》（哲學社會科
　　　　學版），1998 年第 2 期，第 59 頁。

從道德戒律的問題直接轉移到大臣出仕國君的問題上來，認為大臣迷惑欺瞞國君而被暫時錄用，卻不以道侍奉國君，國君最終會幡然覺悟，並棄逐大臣。正祖將臣以道侍君的道理與夫妻聚散離合的日常人生相結合，以獨特的方式告誡大臣，政治訓誡意味非常濃厚。

正祖還就飲酒問題提問，如正祖二十五年（1790），以《周南·卷耳》發問，正祖曰：「我姑酌彼金罍，視其酒如萱草之忘憂矣。然聖人以酒成禮，合歡而已，未嘗為解憂而飲也。蓋聖人之憂思，發而中節，何待酒力而排之哉？稱酒為掃愁，帚者，特後世酒人之言。非聖人之事也，夫昏冥不知，而後可以忘憂，醉而昏冥，男子猶不可，況婦人乎？后妃性情之正，哀而不傷，則夫豈至於永傷而必酌兕觥而解之歟？此亦託言而非實有是事歟？」金履載回答：「此詩全篇皆是託言。《卷耳》之不盈，非真有袺襭之事；金罍之姑酌，非真有沽湑之事也。特不過假此而形容其憂勤之心耳。」〔註242〕有周公作《酒誥》的意蘊。

正祖還以婦人不可參與外事的問題進行提問，如正祖八年（1783），正祖以《大雅·綿》提問云：「此云『爰及姜女，聿來胥宇』，婦人不與外事，則營邑營室，何必與姜女同之耶？」徐瀅修回答：「《皇矣》之詩曰：『天立厥配，受命既固』，營邑相宅是家國之大事，則夫以姜女之賢，獨不可以與聞之耶？蓋周家之治，多賴內助。此章之『聿來胥宇』，即其一也，亂臣十人，邑姜與焉者，有自來矣。」〔註243〕正祖以《詩經》中所包蘊的平常人生提問，藉此傳達出濃鬱的政教倫理思想。

第三節　李瀷《詩經》學研究

李瀷（1681～1763），字子新，號星湖，祖籍驪州，朝鮮時代著名實學思想家。李瀷為學，受李滉影響很深他曾自言：「退溪（1501～1570），吾師也。」〔註244〕李瀷所處的時代，朝鮮王朝政治腐敗，社會經濟蕭條，民生艱難。他繼承退溪學說，但是也發現退溪之學無法拯救現實社會，因此在李滉學說之外，李瀷還研習李珥、柳馨遠等所宣導的實學思想，治學範圍包含天文、地

〔註242〕正祖《詩經講義》，第 277 頁。
〔註243〕正祖《詩經講義》，第 171 頁。
〔註244〕蔡濟恭《星湖先生墓碣銘》，李瀷《星湖全集》，景仁文化社，1999 年版，第 193 頁。

理、算律、陰陽、醫藥等經世之學，並培養了蔡濟恭、安鼎福、尹東奎、李秉休、權哲身等實學思想家，建立了以經世致用爲核心的星湖學派，成爲朝鮮實學思想鼎盛期的重要代表。

　　李瀷著述宏富，期《詩經》學成就主要體現在《詩經疾書》中。何以謂之「疾書」，李瀷云：「『疾書』者，取《橫渠畫像贊》『妙契疾書』之義也。」〔註245〕又云：「『妙契』，則吾豈敢，疾其書之義，則吾竊有取焉。」〔註246〕其姪李秉休解釋云：「先生之學不喜依樣，要以自得。經文注說之間，有疑必思，思而得之，則疾書之，不得，則反復思之，必得乃已。故《疾書》中概多前儒未發之旨。」〔註247〕

一、懷疑與實證的研究方法

　　李瀷《詩經》研究強調懷疑與實證的研究方法，主要表現在對《詩集傳》的懷疑與否定上。李瀷反對朱熹《詩》說主要體現在否定「淫詩」上，他將被《詩集傳》定爲「淫詩」的詩篇轉換爲托言男女以敘君臣際遇、思慕明君、追求賢人、警戒世風等具有現實意義的詩。

　　如《邶風・靜女》，《詩集傳》云：「此淫奔期會之詩也。」〔註248〕朱熹將此詩解釋爲男女幽會之詩，李瀷持反對意見，他說：「『愛而不見』者，非一人也，我既不行，而所思非一人，則非君相求賢，而何哉？乃托言男女之際，贈遺導達之情，以見相求之切。」〔註249〕李瀷以「愛而不見」非指一人來否定朱熹期會之說，並將此詩解釋爲國君、大臣求賢的詩。他對「愛而不見」的理解沒有根據，屬於就己意以解《詩》的情況，有牽強傅會之弊，但是傳達出他敢於懷疑《詩集傳》，提出新見的學術勇氣。

　　再如《鄭風・狡童》，《詩集傳》云：「此亦淫女見絕而戲其人之詞。言悅己者眾，子雖見絕，未至於使我不能餐也。」〔註250〕朱熹將此詩理解爲女子失戀後的感情表達。李瀷不贊同此說，自立新說云：「此貞臣疾惡之詞。疾之

〔註245〕李秉休《星湖先生家狀》，李瀷《星湖全集》，第180頁。
〔註246〕李秉休《星湖先生家狀》，李瀷《星湖全集》，第189頁。
〔註247〕李秉休《星湖先生家狀》，李瀷《星湖全集》，第180頁。
〔註248〕孔穎達《毛詩正義》北京大學出版社，1999年版，第26頁。
〔註249〕李瀷《詩經疾書》，成均館大學校大東文化研究院編《韓國經學資料集成》第73冊，首爾：成均館大學出版部，1995年版，第81-82頁。
〔註250〕朱熹《詩集傳》，第53頁。

之甚，寧欲不食不息而死也。」〔註251〕他以貞臣效忠國君解釋此詩，是對明君重用並愛護貞臣的渴望，傳達出對現世君臣關係的關注。

李瀷還把一些詩篇解釋爲賢人思慕明君之詩，如《王風・采葛》，《詩集傳》云：「蓋淫奔者托以行也。」〔註252〕李瀷云：

> 似是男悦女之作，或彼廢之臣托言其懷君耶？《采葛》之類亦比辭也。至蕭、艾其物益賤，有憫之之意。一廢一起之間，所進用有如此者，故云爾。……富弼引此云：「臣下懼讒。一日不見君，如三年也。」〔註253〕

此外，李瀷還將《鄭風・遵大路》、《褰裳》、《子衿》、《陳風・東門之楊》等釋爲賢人對明君的渴望。

李瀷從警戒世風、憂慮社稷等層面來消解朱熹之「淫詩」說。如以警戒世風來解釋《王風・大車》、《鄭風・將仲子》等詩，希望國之大夫堅守職責，運用刑罰來維護社會秩序，以道德、禮教與刑罰相結合來塑造百姓「有恥且格」的人格。他還以憂慮社稷之情來解釋《鄭風・風雨》等詩。對於這些詩篇，李瀷不贊同朱熹「淫詩」說，他將關注現實的情懷投注在解釋之中，其解釋雖有傅會之意，但是傳達了其獨特的解《詩》特徵。

李瀷以實證的方法研究《詩經》，如《周南・汝墳》之「魴魚赬尾，王室如毀」，《詩集傳》云：「魚勞則赤尾。」〔註254〕李瀷否定《詩集傳》云：「魚勞尾赤，驗之不然。」〔註255〕他將實際觀察與《詩經》研究相結合，並據此指出《詩集傳》的錯誤。李瀷的觀察結果是否正確尚需作進一步的探究，但是其解釋體現出重視實證的研究精神。

李瀷敢於懷疑，不尊奉《詩集傳》之《詩經》學權威，體現了懷疑與實證並行的《詩經》研究方法。

二、經世致用的《詩經》學特徵

《詩經疾書》傳達了李瀷經世致用的著書目的，同時也表現出李瀷經世致用的《詩經》學特徵。此一特徵向外表達了求賢治國的政治主張，向內指

〔註251〕李瀷《詩經疾書》，第 150 頁。
〔註252〕朱熹《詩集傳》，上海古籍出版社，1980 年版，第 46 頁。
〔註253〕李瀷《詩經疾書》，第 134-135 頁。
〔註254〕朱熹《詩集傳》，第 7 頁。
〔註255〕李瀷《詩經疾書》，第 26 頁。

導士君子之立身處世，安頓亂世中漂泊不遇的士君子靈魂。

（一）求賢治國

李瀷將《詩經》中的一些詩篇釋爲求賢之詩，表達求賢治國的政治願望。李瀷強調賢人的重要性，他說：「忠賢之有益於國大矣，君雖無道，任使得其人，則國猶可以維持也。」〔註256〕李瀷在《詩經疾書》中表達了尋覓賢人的艱難與阻礙。如《周南・卷耳》，《詩序》云：「後妃之志也，又當輔佐君子，求賢審官，知臣下之勤勞。」〔註257〕李瀷云：

> 《卷耳》，或謂求賢之作者近是，非後妃之作也。卷耳生於道旁，宜若易求猶不能多得，況賢人在遠者耶？「崔嵬」，高之極，望之愈遠，陟必愈高。大罍、小觥，皆待賓之具，望遠人而不至，憂心忡忡，先酌而候遠。言姑則其望之也不休，既不可得，則又陟岡、陟砠，思其次也。馬病、僕痛，則群下之不能進賢也。〔註258〕

《詩序》旨在表彰後妃輔佐君王之德。李瀷的解釋與後妃無關，僅存求賢之意。他以卷耳之近且易采，尚不可多得，以顯示追求尚在遠方的賢人的困難；將詩中的「金罍」、「兕觥」釋爲款待賢人的器具，然賢人不至；求之者仍「陟彼高岡」、「陟彼砠矣」執著追求，但由於「馬病」、「僕痛」的阻礙而導致求賢失敗。李瀷的解釋是一段有關求賢過程的想像與敘述。在表達求賢艱難之外，他還設想了一個執著追求賢人的追求者形象，這個人是李瀷理想中的君王，也是滲透李瀷本人個人情愫的化身。

李瀷將求賢治國的理想寄託于國君，通過讚頌古代君王之任用賢臣以啓發與感染現世君王。如《鄭風・有女同車》：

> 有女同車，顏如舜華。將翱將翔，佩玉瓊琚。彼美孟姜，洵美且都。有女同行，顏如舜英。將翱將翔，佩玉將將。彼美孟姜，德音不忘。

此詩，《詩序》云：「刺忽也。鄭人刺忽之不昏于齊。太子忽嘗有功于齊，齊侯請妻之。齊女賢而不取，卒以無大國之助，助於見逐，故國人刺之。」釋爲諷刺鄭忽的政治之詩〔註259〕。《詩集傳》云：「此疑亦淫奔之詩。」釋爲

〔註256〕李瀷《詩經疾書》，第78頁。
〔註257〕孔穎達《毛詩正義》，第36頁。
〔註258〕李瀷《詩經疾書》，第17頁。
〔註259〕孔穎達《毛詩正義》，第296-297頁。

言男女私情的淫奔之詩〔註260〕，李瀷不取《詩序》與《詩集傳》的釋義，他說：

> 凡詩或悅或怨，而每多君臣之際，托諷之詞也。此篇即君悅臣
> 之作。當時鄭亦多賢，如子皮、子產之屬。此恐是君得賢佐，卻以
> 男女托言者也。如二雅亦多天子答臣民之詩，何以異例？〔註261〕

李瀷解釋此詩是鄭國國君得賢人輔佐，託言男女之辭以言喜悅之情。並認爲此詩與《小雅》、《大雅》中天子贈答臣民之詩相類。此外，李瀷還將《周南·兔罝》、《召南·摽有梅》等詩解釋爲古之國君求賢事國之詩。

李瀷還將一些詩篇解釋爲國君聽信讒人之言而疏遠賢人的詩。如《邶風·穀風》，《詩序》與《詩集傳》都釋爲夫婦離棄的詩，並爲現代《詩經》研究者認可，李瀷卻將此詩中的夫婦比君臣，他說：

> 此詩君臣恩絕者，亦可以取義也。其始也上下相孚，不憚勤勞，
> 富其國，恤其民。既有成績，爲讒人離間，以至於感怒棄斥，故述
> 其平日之事而怨慕之也。〔註262〕

李瀷所云「此詩君臣恩絕者，亦可以取義也」之「亦」字表明他認爲此詩可以在傳統夫婦解釋之外比擬君臣恩義斷絕，他沿用屈原所開創的以夫婦隱喻君臣的象徵傳統，將詩中丈夫離棄妻子轉化爲國君離棄賢臣。其解釋是對現世政治中國君離棄賢臣的告誡，也是對國君禮遇賢臣共同營造繁榮家國氣象的嚮往。

（二）指導士君子立身處事

李瀷在《詩經疾書》中安慰處於困境中不遇的心靈。如《邶風·綠衣》：

> 綠兮衣兮，綠衣黃里。心之憂矣，曷維其已。
> 綠兮衣兮，綠衣黃裳。心之憂矣，曷維其亡。
> 綠兮絲兮，女所治兮。我思古人，俾無訧兮。
> 絺兮綌兮，淒其以風。我思古人，實獲我心。

《詩序》云：「衛莊姜傷己也。妾上僭，夫人失位而作是詩也。」〔註263〕李瀷贊同《詩序》的解釋，以莊姜之不遇作爲解釋的基調，將關注的重心轉移到

〔註260〕朱熹《詩集傳》，第 52 頁。
〔註261〕李瀷《詩經疾書》，第 149 頁。
〔註262〕李瀷《詩經疾書》，第 66 頁。
〔註263〕孔穎達《毛詩正義》，第 117 頁。

解釋莊姜如何疏導不遇的情緒，以第二章、三章之「我思古人」爲中心進行闡釋，他說：

> 子曰：「貧與賤，是人之所惡，不以其道得之，則不去也。」此謂不當得而得者，莊姜是也。莊姜善得其方，故必思古人。君子取之，則凡有不安處，以聖賢爲准。思孔子之不得位，則天下之賤士可以安矣；顏淵之屢空，則天下之貧士可以安矣。莊姜可謂百世師。〔註264〕

「我思古人」，《鄭箋》云：「古之聖人制禮者，使夫婦有道，妻妾貴賤各有次序。」〔註265〕《鄭箋》釋「古人」爲制禮之人，使妻妾貴賤有次序，使妾不得上僭于嫡夫人。李瀷與《鄭箋》不同，他認爲莊姜思古人重在尋求精神支柱，即莊姜所思之「古人」是同樣處於不遇境地的古代聖賢君子，古之君子處困境而不易節操，以從容的態度堅守「窮」的狀態給莊姜以鼓勵與安慰。李瀷的解釋有想像與比附的成分，但不難看出其要旨之處是爲亂世中不遇的士人君子尋求戰勝困厄現實的強大精神支撐，是爲了安頓貧賤中的士人心靈。

《詩經疾書》還具體指導士君子之立身處世。如《小雅·小明》，李瀷云：

> 以天理言，則善者宜福，不善者宜禍。故不善者之吉，莫非幸而免也。其善而凶者，亦不當得而得者也。世衰道喪，事多乖反，不善者得志，善者偏禍，亦未如何也。禍福之來，非智巧可免，在君子惟自守而已。〔註266〕

李瀷勸告處於禍福相乖反的社會裡的君子以「自守」來保全自身人格。又《小雅·雨無正》，李瀷云：

> 士之處亂世，無所措其手足，惟敬身爲守之之法。〔註267〕

此詩是「饑饉之後，群臣離散，其不去者，作詩以責去者」[3]134 之詩。此詩第三章之「凡百君子，各敬爾身。胡不相畏，不畏于天」，是警告群臣之言，李瀷斷章取義，將「各敬爾身」釋爲君子保身之法則。此外如《王風·君子陽陽》，李瀷認爲此詩表達的是士君子處困境之中要有樂觀的精神與強大的韌

〔註264〕李瀷《詩經疾書》，第 57-58 頁。

〔註265〕孔穎達《毛詩正義》，第 120 頁。

〔註266〕李瀷《詩經疾書》，第 359 頁。

〔註267〕李瀷《詩經疾書》，第 323 頁。

性，強調君子處事的節度與抱怨歎息、終身愁悒者迥異。

三、《詩經》訓詁新見

李瀷生活的時代處於清朝康熙二十年至乾隆二十八的時間段裡，這一時期樸學興起，重視經典之名物訓詁的研究。海東李瀷在《詩經疾書》中傳達了與清朝學風相呼應的學術品格。《詩經疾書》注重《詩經》訓詁的研究，並時有新見。茲舉兩例。

《召南・鵲巢》，《詩序》云：「夫人之德。國君積行累功以致爵位，夫人起家而居有之，德如鳲鳩，乃可以配焉。」〔註268〕「維鵲有巢，維鳩居之」之「鳩」字，《毛傳》云：「『鳩』，鳲鳩，桔鞠也。鳲鳩不自爲巢，居鵲之成巢。」〔註269〕朱熹《詩集傳》云：「鵲善爲巢，其巢最爲完固。鳩性拙不能爲巢，或有居鵲之成巢者。」〔註270〕李瀷與《毛傳》、《詩集傳》相異，他說：

> 鵲巢鳩居，未可曉。鵲無與鳩同居之理。鵲去而鳩居，義尤無當。鳩巢上露，亦能自作，與彼判別。況其性淫媟，斷非取比之物。鵲則貞潔之禽，人不見其孳尾，即雎鳩之類耳。按《書》注：「鳩，聚也。」聚者，群類也，恐是群類同居也。以字義求之，《兔罝》云「好仇」，仇者，逑之本字。字從九，九者，糾也，故糾合亦作九合也。九而從人爲仇，則九而從鳥非鳩乎？然則鳩者，乃鵲之好仇，與《關雎》之好逑恰同。維鳩居之者，維與仇同居也。〔註271〕

李瀷認爲鳩鳥能自作巢，非居鵲之巢。否定《毛傳》與《詩集傳》的解釋，同時還以鳩「性淫媟」否定《詩序》以鳩鳥比喻夫人之德。李瀷根據蔡沈《尚書集注》釋《堯典》「方鳩僝功」之「鳩」爲聚之義〔註272〕，認爲《鵲巢》詩中的「鳩」具有「群類同居」之意。他又從字形的角度分析，認爲《兔罝》中「好仇」之「仇」是「人」從「九」，「鳩」字是「九」從「鳥」，得出「鳩」是鵲的好仇（逑）。李瀷從文字的結構出發，給《鵲巢》詩之「鳩」提供了一個新鮮的解釋，體現了其富於想像的訓詁研究方式。但是需要指出的是李瀷

〔註268〕孔穎達《毛詩正義》，第62頁。
〔註269〕孔穎達《毛詩正義》，第63頁。
〔註270〕朱熹《詩集傳》，第8頁。
〔註271〕李瀷《詩經疾書》，第27頁。
〔註272〕蔡沈《書集傳》，鳳凰出版社，2010年版，第5頁。

的解釋與《鵲巢》詩中「鳩」作爲鳥的屬性不符。

再如《召南・羔羊》:

> 羔羊之皮,素絲五紽。退食自公,委蛇委蛇。
>
> 羔羊之革,素絲五緎。委蛇委蛇,自公退食。
>
> 羔羊之縫,素絲五總。委蛇委蛇,退食自公。

此詩,《詩序》云:「《鵲巢》之功致也。召南之國,化文王之政,在位皆節儉正直,德如羔羊也。」〔註273〕重點在美大夫之德如羔羊。《詩集傳》云:「南國化文王之政,在位皆節儉正直,故詩人美其衣服有常,而從容自得如此也。」〔註274〕重點以大夫之衣服來表現從容之態。李瀷重在解釋此詩之「紽」、「緎」、「總」,他說:

> 《爾雅・釋訓》:「『緎』,羔裘之縫也。」陸佃云:「五絲爲繢,倍繢爲升,倍升爲緎,倍緎爲紀,倍紀爲總,倍總爲襚。」不言「紽」之爲何物,意者「紽」是「緎」、「總」之總名也。「緎」者,二十絲也。「總」者,八十絲也。如今布帛有升數、廣狹不同也。縫者何也?如深衣之有督縫,所謂負直是也。或言緎,或言總,非一人也。凡冠服度數皆有定制,如冠之梁旒,服之飾繡是也。<u>當時朝祭之服,有緎、總之別,陛朝者莫敢違,井井可觀,故詩人歎美之也。</u>……尊卑可別,綱紀可立。禮樂刑政皆垂朕於此,乃聖人訓誨,王佐之大規模,讀者詳之。〔註275〕

下麵以表格呈示《毛傳》、《詩集傳》、《詩經疾書》對「紽」、「緎」、「總」的解釋:

	《毛傳》	《詩集傳》	《詩經疾書》
紽	數也。	未詳。	「紽」是「緎」、「總」之總名也。
緎	縫也。	裘之縫界也。	「緎」者,二十絲也。
總	數也。	亦未詳。	「總」者,八十絲也。

關於「緎」的解釋,《爾雅・訓釋》釋爲「羔裘之縫」,《毛傳》、《詩集傳》對於「緎」大致相同,均爲縫之意。但是關於「紽」與「總」,《毛傳》都釋爲

〔註273〕孔穎達《毛詩正義》,第83頁。

〔註274〕朱熹《詩集傳》,第11頁。

〔註275〕李瀷《詩經疾書》,第36頁。

「數也」〔註276〕，《詩集傳》則以「未詳」釋之。李漢根據陸佃所引《西京雜記》「五絲為纑，倍纑為升，倍升為緎，倍緎為紀，倍紀為總，倍總為襚」提出一種新的訓詁，認為「紽」是「緎」與「總」之總名，以用絲之數量不同來解釋並區分「緎」、「總」。

由於訓詁的不同，關於此詩的詩旨，李漢與《詩序》、《詩集傳》等相異，他認為此詩中不同的服飾規定，不僅僅是出於禮儀上的要求，還具有確立尊卑綱紀，凸顯權力等級的重要作用。禮儀中的禮服和禮器在古代中國具有權力象徵的作用，李漢的解釋可備一說。

四、《詩經疾書》之不足

（一）過分強調《詩經》之致用目的

李漢懷抱經世致用的目的解釋《詩經》，過分強調《詩經》在政教治國上的作用與意義，導致曲解詩義以就己意的解釋傾向。如《衛風·氓》，此詩是棄婦傷其夫得新忘舊，始愛終棄之詩。〔註277〕李漢卻將此詩轉化為士人事主不遇而遭棄之詩，他說：

> 此詩為垂戒而采之。居下之士或志急進取，從懷如流，不擇可否，不慮後艱。托身匪人，終見疏斥而不復。〔註278〕

李漢從致用的態度將此詩解釋為對急於進取的士人的警告，是從指導士人立身處世的立場上來解釋的。

再如《陳風·澤陂》，是一首懷人的詩，「全篇寫此一美婦之憂思悲傷，始而涕泗滂沱，繼而中心悁悁，終乃輾轉伏枕。憂愈深而人轉靜矣」〔註279〕。李漢釋此詩云：

> 「蕑」，都梁香。生於水中，亦名蘭草，見《荊州記》。《說苑》云：「比如汙池，水潦注焉，菅蒲生之。」蒲，水草之賤者。而香美之物與之並生於汙池之中，以喻賢者雜處於卑賤氓庶之間。思欲得君而行道，至於寤寐涕泗也。若但謂男女之詞，則彼嬋妍之人而謂之碩大且儼，語意不侔，美者非指顏貌也。〔註280〕

〔註276〕孔穎達《毛詩正義》，第 87 頁。
〔註277〕陳子展《詩經直解》，復旦大學出版社，1983 年版，第 184 頁。
〔註278〕李漢《詩經疾書》，第 112 頁。
〔註279〕陳子展《詩經直解》，第 434 頁。
〔註280〕李漢《詩經疾書》，第 223 頁。

李瀷以上所釋《澤陂》詩句爲：「彼澤之陂，有蒲與蕳。」他認爲此詩以香美之「蕳」與低賤之「蒲」共生澤中以喻賢人處卑賤氓庶之間，表達的是對明君得賢人治國的期盼。

再如《陳風・東門之楊》，此詩是「寫男女約會久候不至的詩」〔註281〕。李瀷將此詩釋爲期盼明君之詩，他說：「『昏以爲期』者，如《離騷》之黃昏爲期，恐是撫時懷君之語。」〔註282〕李瀷過分強調《詩》之用，其解釋有迂曲牽強之弊。

（二）對詩篇章句的錯誤解釋

《詩經疾書》還存在對詩篇章句錯誤解釋的情況。如《邶風・凱風》，此詩是「兒子頌母親並自責的詩」〔註283〕。此詩末章云：「睍睆黃鳥，載好其音。有子七人，莫慰母心。」李瀷釋「睍睆」云：

> 「睍睆」，明鮮貌。彼「牽牛有睆」，其實可證。黃鳥惟有子之時，毛羽明鮮，及雛成，色變而無好音。此恐子母相求之意歟？〔註284〕

李瀷以上解釋存在兩個問題：首先，「睍睆」李瀷釋爲「明鮮貌」，並以《小雅・大東》篇「睆彼牽牛」之「睆」爲證，意在尋求《詩經》內證來作解釋，但是並未對《大東》詩之「睆」與《凱風》詩之「睆」二者均爲「明鮮貌」作出解釋，顯得證據不充分。其次，「睍睆黃鳥，載好其音」，李瀷以黃鳥有子之時的毛羽明鮮來解釋前句，以幼鳥長大後則不再有動聽的聲音解釋後句，並將此詩釋爲母子相求之詩。其解釋分裂詩句，屬無據之談。

再如《豳風・九罭》：

> 九罭之魚，鱒魴。我覯之子，袞衣繡裳。
> 鴻飛遵渚，公歸無所，於女信處。
> 鴻飛遵陸，公歸不復，於女信宿。
> 是以有袞衣兮，無以我公歸兮，無使我心悲兮！

此詩，《詩集傳》云：「周公居東之時，東人喜得見之，而言九罭之網，則有鱒魴矣，我覯之子之子，則見其袞衣繡裳之服矣。」[3]97 李瀷解釋此詩首章與

〔註281〕程俊英《詩經譯注》，上海古籍出版社，1985年版，第243頁。

〔註282〕李瀷《詩經疾書》，第218頁。

〔註283〕程俊英《詩經譯注》，第56頁。

〔註284〕李瀷《詩經疾書》，第63頁。

第二章云：

> 「九罭」如今捕雀網，中施小網，爲之裳。九罭，則九網也。
>
> 網至於九罭，雖鱒魴之美，亦爲所罹。喻讒口之多，聖人不免也。
>
> 〔註285〕

李漢以可獲得鱒魴之大魚的「九罭」比喻讒言之多，即使是聖人也不能逃脫。觀此詩句，詩中無此喻義。此詩以「九罭之魚，鱒魴」起興，意在表明所見之人的不凡，沒有讒言之意。李漢的解釋不準確。

再如，《邶風·靜女》是「一首男女約會的詩」〔註286〕，此首章云：

> 靜女其姝，俟我於城隅。愛而不見，搔首踟躕。

「愛而不見，搔首踟躕」是對男子不見女子內心焦急不安之狀態的形象描寫。李漢釋此章云：「凡憂閔躁急，則氣升而頭癢，故不覺其自搔。」〔註287〕李漢以憂閔躁急可導致氣血上升再導致頭癢的生理角度來解釋「搔首」。李漢的解釋缺乏文獻依據，且缺乏內證，《詩經》中言及憂慮躁急之詩很多，如《王風·黍離》，言大夫哀閔周室之顛覆；《小雅·小弁》敘太子宜臼被廢黜，不爲父所信的哀憫；《大雅·雲漢》述宣王仰天祈雨內心的焦躁憂慮，且均未有「搔首」，可見李漢的解釋是想像之辭。

（三）去背景化的《詩經》解釋

李漢將實證與科學的研究精神投注到了《詩經疾書》中，在《詩經》學研究上，具有打破權威提出新見的意義。但是李漢在運用客觀知識解釋《詩經》時存在去《詩經》所處之時代背景的問題，因此其得出的結論與《詩經》本身存在距離。茲舉二例。

《小雅·十月之交》描寫周幽王六年（西元前776年）的一次日食現象，是我國歷史上有關日食的第一次記載。日月星辰的運行在古代中國是作爲神靈意志的象徵，「代表了神靈對人類行爲的某種態度，其中最爲明顯的莫過於日食帶給人們驚疑與恐懼」〔註288〕。此詩通過敘述日食之異常以致自然界雷電、風雨、地震的發生，旨在預示國家亂亡在即，以提醒統治者修身治國。關於此詩的解釋，《鄭箋》云：

〔註285〕李漢《詩經疾書》，第258頁。

〔註286〕程俊英《詩經譯注》，第75頁。

〔註287〕李漢《詩經疾書》，第83頁。

〔註288〕陳來《古代思想文化的世界》，三聯書店，2002年版，第56頁。

日月交會而日食，陰侵陽，臣侵君之象。日辰之義，日爲君，

辰爲臣。……君臣失道，災害將起。〔註289〕

《詩集傳》云：

日月相對，則月光正滿而爲望。晦朔而日月之合，東西同度，

南北同道，則月掩日而日爲之食。望而日月之對，同度同道，則月

亢日而月爲之食。是皆有常度矣。<u>然王者修德行政</u>，用賢去奸，能

使陽盛足以勝陰，陰衰不能侵陽。則日月之行，雖或當食，而月常

避日。故其遲速高下，必有參差而不正相合，不正相對者，<u>所以當</u>

<u>食而不食也</u>。若國無政，不用善，使臣子背君父，妾婦乘其夫，小

人陵君子，夷狄侵中國，<u>則陰盛陽微，當食必食</u>。〔註290〕

《詩集傳》認爲日食是日月以常度運行可能發生的現象，此一可能轉化爲現

實的關鍵在於世間王政之盛衰，具體言之則是，王者修德行政，「當食而不

食」，國若無政，「當食必食」。朱熹認爲人事的善惡可以改變天象，主張「人

事的禍福全在人道本身，這是人本主義的理性主義」〔註291〕。

李瀷運用科學知識否定日食與人事災難之必然關係，他說：

日月之食皆有常度。古云：「當食不食，不當食亦食。」皆非也。

今之曆法最密，何嘗有如此？若或有遲速而避之，則分數必差，步

天之術何以准信？蓋日月食者，天運本有之常。災雖非因人而有者，

爲災則大於此，恐懼修省可以免矣。〔註292〕

李瀷認爲日食與月食皆是正常的天文現象，其發生與人的行爲無關，又認爲

人爲造就的災難也會大於日月之食，希望人們以恐懼修省之心來避免人爲災

難的發生。李瀷從科學的角度解釋日食，袪除了日食在詩中的神秘色彩，對

正確認識日食有說明。但是李瀷將此詩中的日食單純定義爲天文現象卻與詩

義存在巨大的距離，其解釋脫離了《詩經》的時代背景：《詩經》、《國語》、《左

傳》等先秦典籍中有關日月星辰的記載無不「認爲星辰日月的位置變動與地

上人事的禍福相對應」〔註293〕，與君主道德、政治局面、國運走向密切相聯。

所以《十月之交》之日食是作爲政治警戒的作用與背景出現的，李瀷以科學

〔註289〕孔穎達《毛詩正義》，第 720 頁。

〔註290〕朱熹《詩集傳》，第 132 頁。

〔註291〕陳來《古代思想文化的世界》，第 59 頁。

〔註292〕李瀷《詩經疾書》，第 319 頁。

〔註293〕陳來《古代思想文化的世界》，第 40 頁。

精神否定日食與人事的關係，其解釋與詩篇之本義不符。

再如《小雅・小旻》，此詩是勸誡國君勿用邪謀的詩，《詩集傳》云：「大夫以王惑於邪謀，不能斷以從善，而作此詩。」〔註294〕此詩第三章云：

> 我龜既厭，不我告猶。謀夫孔多，是用不集。發言盈庭，誰敢執其咎？如匪行邁謀，是用不得於道。

此詩之「我龜既厭，不我告猶」是有關龜蔔的記載。龜蔔是春秋時代的重要活動，人們通過占卜的形式向上天探求未知事物的吉凶。《小旻》詩對龜蔔的描寫充滿了神秘色彩與神聖的意味。李瀷以科學的精神解釋此詩，他說：

> 鬼神又何能知其吉凶？一卜二蔔厭而不告，非知而不告，其實鬼亦不知也。〔註295〕

李瀷的解釋與《詩經》時代重視龜蔔的社會背景不符合，他所持的科學知識與遠古時代之詩人在思想上不同，因此解釋也難以獲得詩人之旨意。李瀷的詮釋只是科普知識的呈現，卻並未眞正考慮科學與詩義之間所存在的張力與緊張關係。

李瀷運用懷疑與實證相結合的方法對《詩經》進行了系統的研究，他大膽地懷疑舊說，提出新見，使《詩經疾書》呈現出實學家的研究品格。由於李瀷過分注重經世致用的研究旨趣，致使《詩經疾書》中存在一些穿鑿附會的解釋。然瑕不掩瑜，《詩經疾書》蘊涵了李瀷豐富的《詩經》學研究成果，其不僅具有《詩經》學史的意義，還對現代《詩經》學的發展提供新的思考維度。

第四節　丁若鏞《詩經》學研究

一、引言

朝鮮時代儒者丁若鏞（1762～1836），字美庸，號茶山，京畿道廣州郡人，朝鮮時代後期著名的文學家、思想家。正祖七年（1783），進士及第，官至兵曹參議、刑曹參議。丁若鏞爲官清廉，獲得正祖的信任與庇護，在正祖朝度過了九年平靜的仕宦生活。在正祖逝世的第二年（純祖元年，1801），丁若鏞受到天主教教案的牽連，先後被流放到慶尙道長寅、全羅道康津地區。純祖

〔註294〕朱熹《詩集傳》，第137頁。
〔註295〕李瀷《詩經疾書》，第327頁。

十八年（1818）返回故鄉，潛心著述。丁若鏞著作繁富，內容涵蓋政治、經濟、地理、醫學、文學等諸多領域，後人將著作彙編爲《與猶堂全書》。

丁若鏞《詩經講義序》自述其成書經過云：

> 乾隆辛亥之秋九月，試射内苑，臣鏞以不中，罰直于北營，在耀金門外。既而内降《詩經》條問八百餘章，令臣條對，限四十日。臣乞展限二十日，蒙允。既條陳，御批烜赫，天獎隆重，條條評品，悉踰涯涘。時有遭離，不獲入閣躬受，唯泛引百家一段爲李學士明淵所誦，兹用弁卷以當序引。嗚呼！眞游既邈，臣之流落如此，撫卷銜恩，不禁涕洟之交也。嘉慶戊辰春，臣謹書。〔註296〕

正祖命丁若鏞完成條對是以其學術上的見解卓識來彌補射藝技能的缺憾，可見正祖對丁若鏞的愛惜之情，亦可見君臣對於《詩經》的極爲重視與熟稔。純祖元年（1801），丁若鏞遭罪貶謫他鄉，人生經歷了巨大的波折，從正祖朝的朝堂重臣轉變爲純祖朝流放在野的貶謫之臣。他「撫卷銜恩，不禁涕洟之交也」，開始着手條對的修改與刪定工作，于純祖八年（1808）完成條對的修訂工作，并在各條對前冠以正祖的問題，命名爲《詩經講義》。《詩經講義》成書於丁若鏞「流落」之際，與回答正祖條問之時相隔十八年之久。

《詩經講義》由正祖「御問」與丁若鏞的「條對」組成。著述體例是，先標出正祖條問所係之《詩經》篇名，再以「御問」開始，并頂格列出正祖的問題，同一詩篇的正祖多個問題，僅首條標注「御問」，其他的以頂格書寫加以標示。丁若鏞的條對以「臣對曰」低一格書寫。《詩經講義》所涉及的詩篇：國風一百三十九篇，《雅》九十四篇，《頌》三十四篇〔註297〕。本文以《詩經講義》爲主論述丁若鏞的《詩經》學思想。

丁若鏞的《詩經》學成就主要體現在《詩經講義》一書中，該書由正祖

〔註296〕丁若鏞《詩經講義》，《韓國經學資料集成》第79冊，成均館大學出版部，1995年，第3～4頁。

〔註297〕按：丁若鏞《詩經講義》中沒有進行條對的詩篇，國風有二十一篇：《鄘風·鶉之奔奔》、《相鼠》；《衛風·芄蘭》；《鄭風·有女同車》、《蘀兮》、《丰》、《野有蔓草》；《齊風·東方之日》、《盧令》、《敝笱》；《唐風·椒聊》、《杕杜》、《羔裘》、《有杕之杜》；《秦風·終南》、《晨風》；《陳風·東門之池》、《東門之楊》、《防有鵲巢》、《株林》、《澤陂》，《檜風·素冠》、《隰有萇楚》。《小雅》有八篇：《吉日》、《黃鳥》、《我行其野》、《谷風》、《無將大車》、《信南山》、《菀柳》、《瓠葉》。《大雅》有三篇：《下武》、《洞酌》、《韓奕》。《頌》有六篇：《維天之命》、《維清》、《有瞽》、《潛》、《載見》、《絲衣》。

的《詩經》條問與丁若鏞的條對組成,是君臣之間討論《詩經》的學術論點彙編。《詩經講義》中的君臣問答,透視了這一歷史時期,朝鮮官方學術對《詩經》的主流傾向,具體表現爲研究視角從宗朱熹之說向發掘並承繼漢代《詩經》學的轉移。同時,君臣以書面問答探析《詩經》諸問題,也涵括了君臣關於政治教化、學術精神、考據方法、文學體悟等諸多層面的態度與旨趣。

二、皇權政治與漢代《詩經》學的承繼

朝鮮時代後期的《詩經》研究,開始打破此前朱熹《詩集傳》獨尊的局面,呈現出漢學與宋學並興的研究態勢。正祖是朝鮮時期的有爲之君,在條問之中,反映出強烈的政治訴求。丁若鏞深諳正祖之意,條對諸問時,比較注意採納漢代《詩經》學的觀點,著重闡發詩教傳統,對於《詩序》的存廢之爭,《詩經》的美刺傳統以及作爲諫書的《詩經》等問題都有比較深入的探討。

(一)對《詩序》的遵從與質疑

《毛詩》在西漢末期立爲官學,後經東漢大儒鄭玄箋注,唐代孔穎達新疏,逐漸成爲《詩經》研究的主要尊奉對象。宋代疑古思潮興起,自歐陽修、王質、鄭樵以降,至朱熹都先後對《毛詩序》(下簡稱《詩序》)發起了猛烈的攻擊。朱子學自高麗末年傳入朝鮮半島,在朝鮮李氏王朝成爲官方正統學說,故研究《詩經》者大都奉朱熹《詩集傳》爲圭臬,對《詩序》持否定態度者甚多。眾所周知,《詩集傳》、《詩序》在詩旨的界定、詩意的闡釋等方面,存在很多差異,這種差異也引起了正祖的關注,如《邶風·柏舟》,正祖提問云:

> 《孔叢子》所引「匹夫」之「夫」,有斷之以「婦」字之誤,則固爲婦人之詩矣。雖婦人之詩,何以必知其爲莊姜之詩歟?《列女傳》以此詩爲衛宣夫人之詩,而《集傳》不取,何歟?東儒云:「若以爲莊姜詩,則『薄言往愬』,於事實不襯。」此說何如? 〔註298〕

正祖以《孔叢子》、《列女傳》、《詩集傳》都將《柏舟》詩定爲婦人所作,不同的是《列女傳》認爲是衛宣夫人之詩〔註299〕,《詩集傳》以爲是莊姜之詩

〔註298〕丁若鏞《詩經講義》,第 73～74 頁。

〔註299〕張敬《列女傳今注今譯》,臺灣商務印書館,1994 年,第 135～136 頁。

〔註 300〕。正祖所云「東儒」指的是是朝鮮學者金昌翕（1653～1722，字子益，號三淵），據金鍾正《詩傳箚錄》所引金昌翕詩說云：「《柏舟》，以爲莊姜之詩，則薄言往訴，於事實不襯切矣。」〔註 301〕正祖以此爲據指出《詩集傳》以莊姜解釋《柏舟》不妥，理由是莊姜貴爲東宮太子之妹〔註 302〕，不太可能有「薄言往愬」的輕率舉動，此與禮法身份不相稱。丁若鏞回答曰：

> 《孔叢子》「匹夫」之「夫」，恐非誤字。此詩之第三章純是「執志不易」之意，何必以「執志」二字讓之於《鄘・柏舟》，而斷之爲「婦」字之誤乎？後儒妄矣！且衛宣夫人及莊姜皆婦人也，不可當匹夫之目，而亦其事實有異於執志不易，則《小序》之云「仁人不遇」，恐非誤解。至若康叔諫三監之說出於贗書，本不足辨。《集傳》之必以爲莊姜之詩者，恐以此章下接《綠衣》，而衛宣夫人之事又在莊桓州吁之後，則不當在《邶風》之首也。然東儒之說不爲無見，且「靡我無酒」、「以敖以遊」等句亦似非婦人之語矣。〔註 303〕

丁若鏞首先指出《孔叢子》「匹夫」之「夫」不是誤字，從而否定《詩集傳》、《列女傳》將此詩定爲女性之詩，繼而引入《詩序》「言仁而不遇也。衛頃公之時，仁人不遇，小人在側」〔註 304〕的解釋。至於正祖所問《詩集傳》爲何不取《列女傳》的解釋，丁若鏞從《衛風》詩篇的時間敘述角度來解釋，認爲衛宣姜的事情在州吁之後，不能放在《邶風》之首，這是很有見地的觀點。

再如《王風・丘中有麻》，正祖條問云：

> 《大車》，大夫只治其私邑，故刑禁之效未能遍於一國歟？
> 〔註 305〕

正祖以《詩集傳》對《丘中有麻》、《大車》的解釋而提問。《丘中有麻》，《詩集傳》云：「婦人望其所與私者而不來，故疑丘中有麻之處，復有與之私而留

〔註 300〕朱熹《詩集傳》云：「今考其辭氣卑順柔弱，且居變風之首，而與下篇相類，豈亦莊姜之詩也歟？」上海古籍出版社，1980 年，第 15 頁。
〔註 301〕金鍾正《詩傳箚錄》，《韓國經學資料集成》第 71 冊，頁 682。
〔註 302〕《衛風・碩人》這樣描述莊姜的身份，云：「齊侯之子，衛侯之妻，東宮之妹，刑侯之姨，譚公維私。」朱熹《詩集傳》，第 36 頁。
〔註 303〕丁若鏞《詩經講義》，第 74 頁。
〔註 304〕孔穎達《毛詩正義》，北京大學出版社，1999 年，第 113 頁。
〔註 305〕丁若鏞《詩經講義》，第 144 頁。

之者，今安得施施然而來乎？」〔註306〕《大車》，《詩集傳》云：「周衰，大夫猶有能以刑政治其私邑者，故淫奔者畏而歌之如此。」〔註307〕正祖根據《詩集傳》來理解《丘中有麻》詩，他認爲《大車》之大夫治理私邑，禁止淫奔，但是效果卻只局限於一邑，未能覆蓋全國，而《丘中有麻》詩描寫的則是大夫私邑以外的淫奔情形。對此，丁若鏞答云：

> 《小序》以此爲思賢之詩。蓋謂賢者退處丘園之中，藝桑麻、樹禾麥而不爲經世之務也。麻中會淫，甘爲犬彘之行者，不過爲旴隸之賤，安得字之曰「子嗟」、「子國」，如學士大夫之爲哉？其非淫詩矣。〔註308〕

此詩，《詩序》與《詩集傳》相異。《詩序》云：「思賢也。莊王不明，賢人放逐，國人思之，而作是詩也。」〔註309〕毛傳曰：「留，大夫氏。子嗟，子也。」丁若鏞贊同《詩序》的解釋。他對《詩集傳》的否定主要是通過界定詩中所涉及的「子嗟」、「子國」之「子」在身份上應當是屬於鄭國的士大夫，而遵守禮法的士大夫是不太可能在桑麻之地與人野合的。

此外丁若鏞對於《鄭風·風雨》〔註310〕、《秦風·無衣》〔註311〕、《豳風·伐柯》〔註312〕、《小雅》總論條中〔註313〕也贊同《詩序》的解釋。

〔註306〕朱熹《詩集傳》，第47頁。

〔註307〕朱熹《詩集傳》，，第46頁。

〔註308〕丁若鏞《詩經講義》，，第144～145頁。

〔註309〕孔穎達《毛詩正義》，第270頁。

〔註310〕正祖問曰：「(《鄭風·風雨》)《序》以此爲亂世思君子之詩，恐似非誤，而朱子斷以爲淫詩，何也？」丁若鏞答云：「有志之士，每風雨瀟瀧，星月晦冥，獨夜無眠，愁思撩亂，慷慨有憂世慕古之志，思与賢豪之士，開懷縱談，以舒暢其壹鬱，此風人之意也。若徒於此時此境，懷燕婉之樂，而墊昏冥之行，豈所謂『思無邪』哉？《左傳》鄭六卿之餞宣子，子游賦《風雨》，子旗賦《有女同車》，子柳賦《蘀兮》，宣子喜曰：『鄭其庶乎。』若使三詩也而爲淫奔之詞，則鄭其殆乎，不當曰庶乎也。」丁若鏞《詩經講義》，第157頁。

〔註311〕正祖問曰：「(《秦風·無衣》)呼天子爲『子』，倨慢甚矣。變『七』言『六』，未必謙也，只是協韻耳。《集傳》云『不敢當侯伯之命』，何歟？」丁若鏞答曰：「謂天子曰『子』，無是理也。舊《序》云：『晉大夫請命乎天子之使，而作是詩。』不可違也。」《詩經講義》，第183頁。

〔註312〕正祖問曰：「(《豳風·伐柯》)此詩二章終始以婚姻爲言，何歟？」丁若鏞云：「《小序》恐有理。蓋周公之居東，人不知而不慍，未嘗自獻其身，如處子在室，只待媒妁之言，故曰：『匪媒不得』。及成王之迎歸，有若醴牢之共饗，宗祀之相助，故曰『籩豆有踐』也。」丁若鏞《詩經講義》，第225頁。

〔註313〕丁若鏞云：「詩之有變，以其政事之變也。政事變，故詩之體裁、聲律亦不能

　　丁若鏞雖然時常贊同《詩序》之釋義，但是並不迷信《詩序》，有時也對
《詩序》的解釋表示辨駁，如《鄭風·狡童》，正祖根據《詩集傳》的解釋懷
疑《詩序》云：

　　　　《詩序》以《狡童》爲刺忽，而觀於《山有扶蘇》乃有「狡童」
　　　之文，則「狡童」豈非戲所私者歟？此似可以辨《詩序》之謬，未
　　　知如何？〔註314〕

丁若鏞答云：

　　　　上下四篇《小序》皆以爲刺忽。然鄭忽辭婚，恭而有禮，謹而
　　　有守，君子之論，宜與而不宜貶。若以不得齊援，而罪其愚樸，則是
　　　嫉儈之言，非義理之揆也。特以《有女同車》有「孟姜」、「洵美」
　　　之語，故序詩者因以標題也。然孟姜未嘗至鄭，則鄭人何以知其「洵
　　　美」？何以得云「德音」？又何云「同車」、「同行」乎？此《序》
　　　說之誤也。雖然，《伊訓》之云頑童，《麥秀》之云狡童，皆非男女
　　　相悦之詞。則狡童、狂童未必爲淫詩之斷。案：臣謂此等處闕疑爲
　　　善也。〔註315〕

丁若鏞贊同正祖對《狡童》詩的理解，否定《詩序》以「刺忽」解釋《狡童》，
其補充的證據有兩條：一是鄭忽以禮辭齊國婚姻，應該讚譽不該諷刺。二是
指出《詩序》以「刺忽」釋《鄭風·有女同車》、《山有扶蘇》、《蘀兮》、《狡
童》〔註316〕四詩的不妥，并舉《有女同車》爲例來駁《詩序》。《有女同車》，
《詩序》云：「刺忽也。鄭人刺忽不昏于齊。太子忽嘗有功于齊，齊侯請妻之。
齊女賢而不取，卒以無大國之助，至於見逐，故國人刺之。」〔註317〕《詩序》
以《有女同車》中的「孟姜」爲齊女，丁若鏞云：「孟姜未嘗至鄭，則鄭人何
以知其『洵美』？何以得云『德音』？又何云『同車』、『同行』乎？」對《詩

　　　無變，而其出於性情之正，則一也，故曰雅也。然則變雅者，正中之變也。」
　　　丁若鏞《詩經講義》，第 230 頁。
〔註314〕丁若鏞《詩經講義》，第 155 頁。
〔註315〕丁若鏞《詩經講義》，第 155～156 頁。
〔註316〕《鄭風·有女同車》，《詩序》云：「刺忽也。鄭人刺忽之不昏于齊。」《毛詩
　　　正義》，第 296 頁。《山有扶蘇》，《詩序》云：「刺忽也。所美非美然。」《毛
　　　詩正義》，第 299 頁。《蘀兮》，《詩序》云：「刺忽也。君弱臣強，不倡而和也。」
　　　《毛詩正義》，第 303 頁。《狡童》，《詩序》云：「刺忽也。不能與賢人圖事，
　　　權臣擅命也。」《毛詩正義》，第 304 頁。
〔註317〕孔穎達《毛詩正義》，第 296～297 頁。

序》加以否定。《狡童》詩，丁若鏞在否定《詩序》的態度上與正祖一致，但是他否定《詩集傳》的解釋，認爲不能以詩中有「狡童」二字就簡單地斷定該詩爲淫奔之詩。但是丁若鏞認爲更合理的學術態度是以闕疑處之，反映出他比較謹慎的治學風格。

此外，丁若鏞在《齊風・著》〔註318〕、《唐風・山有樞》〔註319〕等詩的解釋上也均否定《詩序》之說。

可見，在《詩序》之說的存廢問題上，丁若鏞不侷限於《詩序》、《詩集傳》的學術權威與正祖的政治權威，依據具體詩篇情況進行獨立思考，自由取捨，其不以存廢論《詩序》的研究態度也是合理的。

（二）美刺傳統的異域傳承

《詩序》界定《詩經》的社會功能是：「故正得失，動天地，感鬼神，莫近于詩。先王以是經夫婦，成孝敬、厚人倫，美教化，移風俗。」〔註320〕又云：「上以風化下，下以風刺上。主文而譎諫，言之者無罪，聞之者足以戒。」〔註321〕《詩序》以此爲理論依據，以美刺論《詩》。作爲儒家知識份子的丁若鏞受《詩序》的影響，亦常以美刺論《詩》，透露出他對形而上的學問知識向政治領域轉化的學術關注。

如正祖以《詩集傳》釋爲「淫詩」的詩篇是否可以被之管弦提問〔註322〕，丁若鏞答云：

> 鄭、衛之訟，前人之述備矣。然臣以爲《樂記》以鄭、衛爲亂世之音，桑間濮上爲亡國之音。今《桑中》載於衛詩，惡得与鄭、衛有亂世亡國之別？即《桑中》之非「桑間」明甚。子曰「鄭聲淫」，

〔註318〕丁若鏞云：「(《齊風・著》) 此詩之爲刺不親迎，本是《序》說，臣則未見其必然也。」丁若鏞《詩經講義》，第166頁。

〔註319〕正祖問曰：「《山有樞》是答《蟋蟀》非過於佚樂者，若以爲眞欲怠荒者，恐近於高叟之固，未知如何？」丁若鏞答云：「《孔叢子》曰：『於《蟋蟀》見陶唐儉德之盛。』班孟堅曰：『《蟋蟀》、《山樞》之詩，思奢儉之中，念死生之慮。』古人評訂皆如是也。至若舊《序》之說，全不成理，不可遵也。」丁若鏞《詩經講義》，第179頁。

〔註320〕孔穎達《毛詩注疏》，第11～12頁。

〔註321〕孔穎達《毛詩注疏》，第16頁。

〔註322〕正祖問曰：「然鄭、衛之淫詩只當存之，以觀民風之而已，似不合被之絃歌矣。乃猶領在樂官，以時存肄者，何歟？若不登之樂歌，則懲創鑑戒之意猶爲未切而然歟？」丁若鏞《詩經講義》，第15頁。

又曰「放鄭聲」，何言鄭而不言衛乎？既放之，又何以列于國風乎？即鄭、衛之詩之非鄭、衛之音，又明甚。又《史記・樂書》及應劭《風俗通》皆桑間與鄭分而言之，可按而知也。大抵君臣也、夫婦也、朋友也，以義而合，事情相類，故君臣、朋友之間，託辭於男女者，詩家之本法也。故自《離騷》、漢、魏而下，皆慕效風詩。此體甚多。……夫善則美之，惡則刺之，此《詩》之所以作也。美之則勸，刺之則懲，此詩之所以采，而太史之所以被之管弦也。今若舍「美刺」二字而求《詩》之所以爲《詩》，則不幾於舍「褒貶」二字而求《春秋》之所以爲《春秋》也乎？世有刺淫之詩，而無淫詩被之管絃，靡不可也。〔註323〕

丁若鏞在表達《詩經》無淫詩之觀點的同時，還對《詩序》之「美刺」功用進行闡揚。他認爲「美刺」之於《詩經》如「褒貶」之於《春秋》，并將「美刺」作爲《詩經》編集、被之管弦的最高目的。丁若鏞以「君臣、朋友之間，託辭於男女」，來轉換鄭、衛詩中以男女之情爲書寫對象的解釋視角，認爲這些詩在男女之情的背後都寄寓了君臣、朋友關係的理性思考。

　　丁若鏞對「美刺」的闡揚主要表現在對《詩序》的解釋與維護上。如《周南・卷耳》，正祖認爲依據朱熹的解釋〔註324〕，此詩是對后妃登高乘馬的寫照，而這與后妃的身份德行不符，并就此提出條問。〔註325〕丁若鏞條對曰：

　　　　乘馬、登山，誠非婦人之事。太姒有靜淑之德，宜無是也。《序》說之言「求賢審官」，必有所據。……求賢審官，誠爲后妃之德，而國之所以廢興存亡，以是也。《詩》之爲戒，不其淵矣乎！〔註326〕

《詩序》釋《卷耳》云：「后妃之志也，又當輔佐君子，求賢審官，知臣下之

〔註323〕丁若鏞《詩經講義》，第16～18頁。
〔註324〕朱熹云：「后妃以君子不在而思念之，故賦此詩，托言方采卷耳，未滿頃筐，而心適念其君子，故不能復采，而寘之大道之旁也。」《詩集傳》，第4頁。
〔註325〕正祖問曰：「《卷耳》從朱子說，作后妃思文王之詩，則『陟彼崔嵬，我馬虺隤』，是后妃之登高望遠也。或曰婦人乘馬登山之母亦有未可者歟？或曰僕馬疲頓，爲文王之軀馳歷險，此說何如？焦氏《易林》云：『玄黃、虺隤，行者勞疲，役夫憔悴，踰時不歸。』以僕夫疲頓爲行役者之辭，厥惟久矣。」丁若鏞《詩經講義》，第28頁。
〔註326〕丁若鏞《詩經講義》，第28～30頁。

勤勞。內有進賢之志，而無險詖私謁之心，朝夕思念，至於憂勤也。」〔註327〕表彰的是后妃輔佐君王，為君王求賢審官的政治功德，屬於「美」的範疇。丁若鏞贊同《詩序》的解釋，其條對是對《詩序》的進一步闡釋。

　　《詩經》歌頌后妃美好德行，但很少與國家之政治直接聯繫，需要藉助《詩序》、《毛傳》等解釋才能發現其微言大義。但是，《詩經》中有很多關於后妃不德給國家帶來災害的沉痛書寫。幽王之妻褒姒即是一例。褒姒迷惑幽王，致使幽王荒廢國政、拋棄賢人，終致命喪犬戎，西周滅亡〔註328〕。丁若鏞重視后妃之德，并將其重要性提升到「國之所以廢興存亡」的高度，他對頌美之詩的極力表彰包含了對國家政治命運的深切關注，對社稷興衰存廢的深層憂思。

　　丁若鏞也非常重視《詩經》中具有諷刺意義的詩篇。如《鄘風・君子偕老》，《詩序》云：「刺衛夫人也。夫人淫亂，失事君子之道，故陳人君之德，服飾之盛，宜與君子偕老也。」〔註329〕丁若鏞云：

　　　　此所謂刺詩也。其辭婉，其旨微，其聲韻清切激揚，千載之下，尚令人嗟咄而嫉惡之，此詩人之妙也。臣又謂此詩之徧舉服飾容貌之盛，有三箇意思：一芬芳馥郁，自以為美，而識者瞪之，其淫穢塞鼻也。一宣公既死，誰適為容，既寡而治，明微其淫也。一只舉外貌之盛，而毫不舉德行，則其極口讚揚，乃所以極口譏刺也。反覆玩味，作文之妙，幾可見矣。〔註330〕

此詩，丁若鏞也以《詩序》為基調進行闡釋。丁若鏞以美刺釋詩，把《詩經》作為頌美與諷刺的諫書，通過條對傳達自己對國家政治的關注，激發並調動君王對正言若反的諷諫作品的感受力，使其《詩經》闡釋帶上了濃郁的政教色彩。

〔註327〕孔穎達《毛詩正義》，第36頁。

〔註328〕《詩經》中有多篇諷刺褒姒的詩作，如《小雅・正月》云：「赫赫宗周，褒姒滅之。終其永懷，又窘陰雨。其車既載，乃棄爾輔。」《小雅・十月之交》云：「皇父卿士，番維司徒，家伯家宰。仲允膳夫，棸子內史，蹶維趣馬。楀維師氏，艷妻煽方處。」《大雅・瞻卬》：「哲夫成城，哲婦傾城。懿厥哲婦，為梟為鴟。婦有長舌，為厲之階。亂匪降自天，生自婦人。」

〔註329〕孔穎達《毛詩正義》，第182～183頁。

〔註330〕丁若鏞《詩經講義》，第115～116頁。此條，正祖問曰：「此詩三章，辭皆甚婉，若非『子之不淑』一句，則幾無以見其為譏刺矣，稱道其衣服容貌之盛者，為譏刺歟？」丁若鏞《詩經講義》，第115頁。

（三）作為諫書的《詩經》學

《詩經》在兩漢之際要是屬於倫理道德之書，常被廟堂之士作為進諫的主要文本依據，如《漢書・儒林傳》載：

> 王式……爲昌邑王師。昭帝崩，昌邑王嗣立，以行淫亂廢，昌邑群臣皆下獄誅。唯中尉王吉、郎中令龔遂以數諫減死論。式系獄當死，治事使者責問曰：「師何以亡諫書？」式對曰：「臣以《詩》三百篇朝夕授王，至於忠臣孝子之篇，未嘗不爲王反覆誦之也；至於危亡失道之君，未嘗不流涕爲王深陳之也。臣以三百五篇諫，是以亡諫書。」使者以聞，亦得減死論。〔註331〕

丁若鏞也將《詩經》作爲諫書，具體表現在其《詩經》條對對國君德行的關注與規諫。如《小雅・苕之華》，《詩序》云：「大夫閔時也。幽王之時，西戎、東夷交侵中國，師旅併起，因之以饑饉。君子閔周室之將亡，傷己逢之，故作是詩也。」〔註332〕此詩末章云：「牂羊墳首，三星在罶。人可以食，鮮可以飽。」「三星在罶」，《詩集傳》云：「罶中無魚而水靜，但見三星之光而已。」〔註333〕正祖以「三星在罶」發問〔註334〕，他認爲竭澤而漁固然是導致罶中無魚的直接原因，但衰亂之世氣運衰薄更是罶中無魚的根本原因。對此，丁若鏞云：

> 於物魚躍，則岐周之旺氣可見；三星在罶，則衰周之末運可驗。此先儒所謂氣數之說也。臣則以爲，天地之間本無氣數，盛衰興亡，唯德所召。致中和，天地位焉，萬物育焉。德之所孚，草木、鳥獸、魚鼈咸若感應之。理捷於影響，豈可歸之於氣數乎？誠使衰周之君奮發振作，德化洋溢，則天地萬物其不同歸於位育之化乎？伏願聖上深留意焉！〔註335〕

正祖以氣運之盛衰來論定物產之盛衰，認爲衰世之人只能以無可奈何的消極態度處之。丁若鏞反對正祖的悲觀主義論調，主張氣運之盛衰關鍵在於君王是否以「德」施政，強調國君奮發振作、以德化育萬物對於國家命運的重要

〔註331〕班固《漢書》，中華書局 1962 年版，第 3610 頁。
〔註332〕孔穎達《毛詩正義》，第 945 頁。
〔註333〕朱熹《詩集傳》，第 174 頁。
〔註334〕正祖問曰：「『三星在罶』，罶中無魚，以竭澤而漁故歟？非必竭澤而漁，叔季運氣衰薄，天地之產自然不富歟？」丁若鏞《詩經講義》，第 363 頁。
〔註335〕丁若鏞《詩經講義》，第 364 頁。

作用。一句「伏願聖上深留意焉」，凝結的是丁若鏞對國家社稷的關懷，對正祖的政治期待。

再如《小雅・節南山》，此詩「刺王用尹氏以致亂」〔註336〕。正祖將政亂國衰的原因歸結于尹氏不親自爲政，任用小人，而致大亂〔註337〕。正祖將國家衰亂歸咎於大臣。就《節南山》所刺對象，丁若鏞的回答與正祖針鋒相對，他認爲國君不修君道才是導致政治上出現「時維婦寺」〔註338〕，妻黨盛行，國家衰敗的根本原因。他說：

> 臣於此篇知君道之不可自逸也。「弗躬不親」、「不自爲政」，雖
> 指司尹而言，其實未敢言斥王躬而第督過於師尹也。元首起哉，股
> 肱喜哉，君道奮發，而後臣道熙載，未有自暇自逸而庶績其凝者也。
> 「弗躬弗親」，則婦寺用事，小人乘間，百度怨乖，民莫之信。詩人
> 憂愛之誠，專在上躬，豈區區師尹之足彈哉？故卒章直書其名曰：「家
> 父作誦，以究王訩。」斯可驗也。〔註339〕

丁若鏞此條明確言及國君所踐行的爲君之道與國家命運攸戚相關。丁若鏞認爲《節南山》表面是刺大夫尹氏，其實質是對國君褻瀆朝政、「不自爲政」、「弗躬不親」的諷諫，並以此條對來勸諫君王「永言配命，自求多福」〔註340〕。

三、復歸「思無邪」與批判「淫詩說」

丁若鏞在一些詩篇的詩旨上贊同并採取朱熹《詩集傳》與《朱子語類》的觀點。茲舉兩例。

《鄭風・女曰雞鳴》，此詩是「敘一家弋人（獵鳥者）夫婦向晨問答有關家常生活之詩」〔註341〕。《朱子語類》云：「《女曰雞鳴》一詩，意思亦好。讀之，眞個有不知手之舞足之蹈者。」〔註342〕正祖針對《朱子語類》而發問曰：

〔註336〕朱熹《詩集傳》，第127頁。
〔註337〕正祖問曰：「前章既言『弗躬不親』，此又言『不自爲政』，若使尹氏躬自爲政，
　　　　則庶免病國，而惟其所任用者小人，故致此大亂也歟？」丁若鏞《詩經講義》，
　　　　第290頁。
〔註338〕《詩經・大雅・瞻卬》，孔穎達《毛詩正義》，第1259頁。
〔註339〕丁若鏞《詩經講義》，第290～291頁。
〔註340〕《詩經・大雅・文王》，孔穎達《毛詩正義》，第964頁。
〔註341〕陳子展《詩經直解》，第255頁。
〔註342〕朱熹《朱子語類》卷八十，《朱子全書》第17冊，上海古籍出版社，2002年，
　　　　第2759頁。

《女曰雞鳴》是鄭詩中開眼處，然朱子以爲使人手舞足蹈，何

歟？〔註343〕

丁若鏞答云：

此詩敬而不矯，和而不流，勤而不野，儉而不薄，數回諷誦，

志氣和暢，朱子之言不爲過矣。〔註344〕

丁若鏞從夫婦感情敬和，生活事務勤儉，以及此詩給讀者帶來的和悅暢達的
審美體驗上來疏解詩意。他從推導朱熹所言之緣由并結合自己的讀詩經驗與
感受來分析《詩》，其對此詩的理解也是合理的。

再如《小雅·菁菁者莪》，《詩序》云：「樂育材也。君子能長育人材，則
天下喜樂之矣。」〔註345〕《詩集傳》云：「此亦燕飲賓客之詩。」〔註346〕《詩
集傳》與《詩序》的解釋相異。丁若鏞說：

此詩之爲樂育人材，本之舊說，而後來遂爲教育之詩，與《青
衿》並行。……然《左傳》郱穆公來朝，季平子賦《采菽》，穆公賦
《菁菁者莪》，則只是賓主燕樂之意。朱子之不取教育之義者，恐得
之矣。〔註347〕

丁若鏞贊同《詩集傳》以此詩爲燕飲之詩，並舉《左傳》穆公賦《菁菁者莪》
所包含的燕飲之意作爲證據。此外，丁若鏞於《周南·樛木》〔註348〕，《大雅·
卷阿》〔註349〕等詩的詩旨也贊同《詩集傳》的解釋。

《詩集傳》釋《詩》以義理見長，而在訓詁上多襲用《毛傳》、《鄭箋》
的既有成果，在訓詁方面的發明不多，但也有時有新見。丁若鏞對《詩集傳》

〔註343〕丁若鏞《詩經講義》，第153頁。
〔註344〕同注297，第153～154頁。
〔註345〕孔穎達《毛詩正義》，第628頁。
〔註346〕朱熹《詩集傳》，第113～114頁。
〔註347〕丁若鏞《詩經講義》，第260～261頁。此條，正祖問曰：「《菁菁者莪》只是
興之，不取義者，而後世以爲樂育英才之義，豈朱子前說嘗作比義者如此歟？
韓昌黎亦嘗引之以喻人材之盛，是本於舊說歟？」丁若鏞《詩經講義》，第
260頁。
〔註348〕丁若鏞認爲《詩集傳》對《樛木》詩的解釋是可取的。《周南·樛木》，正祖
問云：「樂只，樂易也。《集傳》云：『眾妾樂其德而稱願』，則是可樂哉，君
子也。語意有賓主之別？」丁若鏞答曰：「此與『豈弟君子』、『假樂君子』同
爲樂易之君子也。樂易之人，人亦樂之，則《集傳》之義不相妨也。」第31
頁。
〔註349〕丁若鏞曰：「《集傳》之義淵永有味，不必疑也。」丁若鏞《詩經講義》，第
415頁。

所提出的訓詁釋義也加以採納。

如《邶風・旄丘》末章「瑣兮尾兮，流離之子」之「流離」，《毛傳》云：「流離，鳥也，少好長丑，始而愉樂，終以微弱。」《鄭箋》釋《毛傳》云：「衛之諸臣，初有小善，終無成功，似流離也。」〔註350〕《詩集傳》與《毛傳》、《鄭箋》的解釋相異，其云：「流離，飄散也。」〔註351〕丁若鏞贊同《詩集傳》的訓詁云：「『流離』之亦恐從《集傳》說爲得。」〔註352〕

再如《王風・揚之水》末章「不流束蒲」之「蒲」，《毛傳》釋爲「草也」〔註353〕，《鄭箋》釋爲「蒲柳」〔註354〕。《毛傳》與《鄭箋》相異，《詩集傳》取《鄭箋》的解釋。丁若鏞贊同《詩集傳》的選擇，他說：「楚荊，荊木也。薪亦匪斧不克，則木也。蒲若草也，則與薪楚異類，且非不流之物。《集傳》之取鄭，恐得之矣。」〔註355〕

丁若鏞贊同《詩集傳》的釋義，但不唯《詩集傳》是尊，也時有批駁，最明顯之處便是反對朱子「淫詩」說。如《鄭風・叔于田》，《詩集傳》云：「或疑此亦民間男女相悅之詞也。」〔註356〕丁若鏞云：

> 《鄭風》無淫詩，其有男女之說者，皆刺淫之詩也。「詩三百，一言以蔽之。曰思無邪。」則詩三百，一言以蔽之，曰賢人君子之作也。狹邪奸醜之徒，相悅相贈之詞，豈可以被之管絃，奏之房中，奏之鄉黨哉？無是理也。《詩》之美刺，《春秋》之褒貶也。故曰「《詩》亡而春秋作」。若云淫詩可列聖經，則弒逆之臣可作《春秋》乎？奚但《叔于田》二篇耳，即《風雨》、《褰裳》無一而可淫也。〔註357〕

丁若鏞認爲《詩經》具有美刺的政治功能，因此《鄭風》中的男女之辭系刺

〔註350〕孔穎達《毛詩正義》，第158頁。

〔註351〕朱熹《詩集傳》，第23頁。

〔註352〕丁若鏞《詩經講義》，第99頁。

〔註353〕孔穎達《毛詩正義》，第259頁。

〔註354〕孔穎達《毛詩正義》，第259頁。

〔註355〕丁若鏞《詩經講義》，第141頁。此條，正祖問曰：「蒲，毛氏以爲草，鄭氏以爲蒲柳，《集傳》取鄭不取毛何歟？」丁若鏞《詩經講義》，第141頁。

〔註356〕朱熹《詩集傳》，第48頁。

〔註357〕丁若鏞《詩經講義》，第148～149頁。此條，正祖問曰：「謂此亦男女相悅之詩，而大旨以爲愛共叔段之詩。蓋以次篇是指共叔段，同是叔于田，不應一爲男女相悅，一爲愛共叔段，故與次篇則不可作男女相悅之詩歟？」丁若鏞《詩經講義》，第148頁。

淫之詩，並從三個方面否定「淫詩」說：首先，孔子以「思無邪」評價《詩經》；其次，《詩經》的作者是賢人君子，不可能作淫詩；第三，《詩經》被之管弦，奏之房中，具有教化的功效，而不能奏淫詩以廣教化。

再如《邶風·靜女》，《詩集傳》定爲淫詩云：「此淫奔期會之詩也。」〔註358〕丁若鏞否定《詩集傳》云：

> 此詩之出爲「淫詩」，蓋以「俟我於城隅」，有若期會於幽僻之處也。然按《周禮》「城隅」，《注》：「城隅，角桴思也。」……后夫人女史之官，亦或俯伏於內殿之桴思也。大抵既曰靜女而謂之淫奔，誠不可解也。〔註359〕

丁若鏞認爲《詩集傳》斷此詩爲「淫詩」的關鍵點是將「俟我於城隅」之「城隅」釋爲「幽僻之處」〔註360〕。鄭玄注《周禮·考工記·匠人》「城隅之制九雉」云：「城隅，謂角浮思也。」〔註361〕「浮思，亦作『罘罳』、『罘思』，在此是指古代設在宮牆四角的屏障，上有孔，形似網，用以守望和防禦」〔註362〕，丁若鏞依據鄭玄的注認爲「城隅」非《詩集傳》所釋之期會幽僻之地，從而否定了《詩集傳》的解釋。此外丁若鏞在《衛風·木瓜》、《王風·大車》《鄭風·將仲子》、《山有扶蘇》、《褰裳》、《風雨》、《子衿》、《出其東門》等詩中屢申《詩》無「淫詩」的觀念，如下表所示：

詩 篇	朱熹《詩集傳》	丁若鏞《詩經講義》
《衛風·木瓜》	疑亦男女相贈答之辭，如《靜女》類。（第48頁）	朱子答呂子約書亦從舊說，以爲齊桓存衛之事，恐非男女相悅之詩也。（第137頁）
《王風·大車》	婦人望其所與私者而不來。（第55頁）	若以此詩爲淫詩則恐不當。（第144頁）
《鄭風·將仲子》	莆田鄭氏曰：「此淫奔者之辭。」（第56頁）	此乃刺淫之詩，非淫者所自作。（第147頁）
《山有扶蘇》	淫女戲其所私者。（第61頁）	此詩必非淫詩，舊說頗有味也。（第154頁）

〔註358〕朱熹《詩集傳》，第26頁。
〔註359〕丁若鏞《詩經講義》，第109頁。
〔註360〕朱熹《詩集傳》，第26頁。
〔註361〕賈公彥《周禮注疏》，北京大學出版社，1999年，第1154頁。
〔註362〕楊天宇《周禮譯注》，上海古籍出版社，2004年，第670頁。

《褰裳》	淫女語其所私者。（第62頁）	此恐賢者之居異國者辭。（第156頁）
《風雨》	淫奔之女，言當此之時，見其所期之人而心悅之也。（第63頁）	有志之士，每風雨瀟灑，星月晦冥，獨夜無眠，愁思撩乱，慷慨有憂世慕古之志，思与賢豪之士，開懷縱談，以舒暢其壹鬱，此風人之意也。若徒於此時此境，懷燕婉之樂，而墊昏冥之行，豈所謂「思無邪」哉？《左傳》鄭六卿之餞宣子，子游賦《風雨》，子旗賦《有女同車》，子柳賦《蘀兮》，宣子喜曰：「鄭其庶乎。」若使三詩也，而爲淫奔之詞，則鄭其殆乎，不當曰庶乎也。（第157頁）
《子衿》	此亦淫奔之詩。（第63頁）	古來不以爲淫詩也。（第159頁）
《出其東門》	人見淫奔之女而作此詩。（第64頁）	恐非淫奔之詩也。（第162頁）

四、在學術與政治之間

　　丁若鏞堅信道統高於治統，學術尊於政治，在《詩經》條對中並不畏懼正祖的君主權威，對正祖詩說作大膽的揚棄，在學術與政治之間自由暢談。丁若鏞時有贊同正祖詩說者，如《邶風・二子乘舟》，正祖問曰：

　　　　「養」字從水爲瀁，養養即瀁瀁也。水之滉瀁，如人心之憂傷，

　　搖搖靡所止泊也。此義何如？〔註363〕

丁若鏞直接以「聖諭至當矣」〔註364〕來表示完全贊同正祖的解釋。再如《小雅・皇皇者華》，正祖問曰：

　　　　《皇華》、《鹿鳴》是一時之詩，何者鹿鳴之「示我周行」，欲己

　　之得助於賢也；《皇華》之「周爰咨諏」，欲臣之求助於賢也，其辭

　　意如出一人之口，豈非其驗歟？〔註365〕

丁若鏞答云：「二詩之精神命脈專在求助二字，今奉聖訓，不勝服膺矣。」〔註366〕丁若鏞在正祖的提問中提煉出《鹿鳴》詩「示我周行」與《皇皇者華》「周爰咨諏」的共同之處在於求賢，其回答傳達出對正祖讀詩體驗的肯定。

〔註363〕丁若鏞《詩經講義》，第112頁。
〔註364〕丁若鏞《詩經講義》，第112頁。
〔註365〕丁若鏞《詩經講義》，第235頁。
〔註366〕丁若鏞《詩經講義》，第235頁。

　　丁若鏞還對正祖不能確定的釋義加以肯定，如《大雅・棫樸》，正祖條
對曰：

　　　　雲漢長竟天，蓋以爲周王年壽之久，如雲漢之長也。雲漢長，
　　故章于千年，壽久，故能作人，似非無取義者，未知如何？〔註367〕

正祖所提問的詩句是《棫樸》詩之第四章：「倬彼雲漢，爲章于天。周王壽考，
遐不作人。」正祖認爲用長可比於天的雲漢來形容周王長壽，周王長壽故能
「作人」〔註368〕。丁若鏞對正祖的釋義加以肯定，其答云：「詩之取興苟得本
意，無不精密如此，聖喻至當矣。」〔註369〕此外，丁若鏞於《小雅・斯干》
〔註370〕、《大雅・假樂》〔註371〕等詩中對正祖的解釋也均表示贊同。

　　丁若鏞還否定正祖詩說。如《小雅・六月》「整居焦穫」之「整」，正祖
問曰：

　　　　「玁狁匪茹，整居焦穫」之「整」字可疑，此詩方專言我師軍
　　容之盛，而卻於彼寇之兵以整齊稱之，何歟？〔註372〕

正祖認爲詩人以「整」來形容敵師軍容整齊強大，不妥。丁若鏞答曰：

　　　　「整居」恐非軍容之整齊也，蓋焦穫乃中國之地，非玁狁所得
　　居，而今乃整居于是，則其蛇豕食國之計。可知既整居于是，而又
　　復內侵，故所以十乘之先啓，急欲驅除也。〔註373〕

丁若鏞認爲「整」不是對敵軍軍容整齊的形容，此處「整」字是爲了突出玁
狁佔據中國之地的貪婪之勢。丁若鏞從《詩經》文本出發得出來的解釋也是

〔註367〕丁若鏞《詩經講義》，第 379 頁。
〔註368〕孔穎達《疏》云：「變舊造新之辭，故云變化紂之惡俗，近如新作人也。」孔
　　　　穎達《毛詩正義》，第 1000 頁。
〔註369〕丁若鏞《詩經講義》，第 379 頁。
〔註370〕《小雅・斯干》，正祖條問曰：「『載弄之璋』，固是尚其德，而亦能執圭秉璋，
　　　　是男子有位者之事而然歟？」丁若鏞答曰：「聖喻至當矣。」丁若鏞《詩經講
　　　　義》，第 286 頁。
〔註371〕《大雅・假樂》，正祖問曰：「次章宜君宜王，与《斯干》之室家君王同意。『不
　　　　愆不忘，率由舊章』，是言子孫之爲天子諸侯者。三章、末章復爲頌祝於今王，
　　　　而朱子以此二章爲皆稱願其子孫之辭，何歟？」丁若鏞《詩經講義》，第 406
　　　　～407 頁。丁若鏞對曰：「聖旨至當矣。《左傳》魯文公受享於晉，賦《嘉樂》。
　　　　文三年，又齊侯、鄭伯如晉，晉侯兼享之，賦《嘉樂》。襄廿六，並無戒子孫
　　　　之意，即舊註亦以第三章以下爲頌祝今王之辭也。」丁若鏞《詩經講義》，第
　　　　407 頁。
〔註372〕丁若鏞《詩經講義》，第 266 頁。
〔註373〕丁若鏞《詩經講義》，第 266～267 頁。

正確的。

再如《大雅・雲漢》，正祖問曰：

> 舊說以爲美宣王。然今觀其詩，蓋仍叔代述旱之意，以爲雩禱
> 之詞，如後世祈雨祭文也。遇災修省，何暇爲頌美之辭，如安樂無
> 事之時耶？〔註374〕

正祖認爲《雲漢》乃遇災修省，祈雨之辭，並無頌美之意。丁若鏞對此答曰：

> 有刺詩而若頌美者，《偕老》之刺宣姜，是也；有美詩而若箴警
> 者，《雲漢》之美宣王是也。帝王之美不在乎車服之盛，鍾鼓之樂，
> 遇災修省，側身恐懼，莫非頌美之事，則篇中雖無贊揚之語，不害
> 其爲美王之詩也。〔註375〕

《雲漢》記敘宣王祈雨，所包涵的求雨目的原不涉對宣王心憂旱情、關心社稷蒼生的讚頌，「大命近止，無棄爾成！何求爲我，以戾庶正」〔註376〕是對宣王勸告大臣無棄國事，竭力精誠以定庶正的宣言。丁若鏞從文辭修辭的角度感知詩篇文辭美刺之意，透過《雲漢》祈雨的表面，體察宣王的王者仁心，從而確定此詩是頌美宣王之詩。

丁若鏞釋詩，不主一家一說，故常有捨弃諸家釋義，自創新說的情況。如《大雅・皇矣》「監觀四方，求民之莫。維此二國，其政不獲」之「二國」，《毛傳》與《詩集傳》等都釋爲「夏、商」〔註377〕，《鄭箋》釋爲「謂今殷紂及崇侯也」〔註378〕，正祖認爲「二國」應爲商、周〔註379〕。丁若鏞與諸家不同，其云：

> 「二國」之解凡有三說：《毛傳》以爲夏、商，《鄭箋》以爲殷、
> 崇，或說以爲商、周，臣以爲俱未穩當。夏之亡久矣，於周無當。《毛

〔註374〕丁若鏞《詩經講義》，第428頁。

〔註375〕丁若鏞《詩經講義》，第428頁。

〔註376〕《詩經・大雅・雲漢》，孔穎達《毛詩正義》，第1204頁。

〔註377〕孔穎達《毛詩正義》，第1018頁。朱熹《詩集傳》，第214頁。

〔註378〕孔穎達《毛詩正義》，第1018頁。

〔註379〕正祖問曰：「『惟此二國』，《集傳》曰：『夏、商也。』商政之不獲，宜上天之究度。而若夏則遠矣，或曰『二國』，商與周也。商之與周，其政不相得，故四方之國必擇其可与者，而皆無如周德。《書》所謂『惟爾多方』，罔堪顧之者也，乃始眷顧于西，而以岐山与宅，此說似爲得之，未知如何？」丁若鏞《詩經講義》，第382頁。

說》非也。殷、崇之並稱，雖有《正義》之分疏，終是不倫，鄭說
非也。至於殷、周之說，尤恐誤解，何則？四國，四方之國，而西
顧亦四方之一也，然則將使一個西周既列於彼二國之中，又列於此
四國之中，無是理也。且從《集傳》以首章爲太王之事，則太王之
時曷嘗有商、周之不相得乎？此又說不成也。臣謂「二國」，密與崇
也。按《史記》西伯得專征之命，越二年，伐密須，又三年，伐崇
侯。虎而作豐邑，自岐下而徙。蓋伐密、伐崇，即文王作都興王之
本，故此篇全敍是事。而首章先舉与宅之命，中間二章特敍王季之
德，以爲毓慶之本也。據《左傳》楚人滅江，秦伯爲之降服，大夫
諫公曰：「吾自懼也。」君子引此《詩》曰：「其秦穆之謂矣。」此
以楚与江爲二國，而非以秦与楚或秦与江爲二國也。二國之非商、
周，此亦可見矣。或曰首二章爲太王之事，則「二國」不當爲密、
崇。臣曰：第三章明言「帝作邦作對，自太伯王季」，自太伯之「自」
字當著眼看，夫既曰「自太伯王季」，則首二章之未嘗言太王可知也。
又按《天作》之詩曰：「彼岨矣，岐有夷之行。」此承文王康之而言，
非承太王荒之而言，若然此篇之第二章正徵爲文王之事也。故舊注
亦以爲文王之事。又《漢書·郊祀志》曰：「乃眷西顧，此維与宅。」
言天以文王之都爲據，此居則此篇之首章又明徵爲文王之事也，夫
首二章既爲文王之事，則二國者，密也崇也。〔註380〕

可見，丁若鏞不贊同《毛傳》、《鄭箋》與正祖的解釋，他認爲「二國」應爲
「密也崇也」。丁若鏞的分析邏輯縝密，可爲一家之言。

《詩經講義》還呈現了正祖君臣追求學問精神的共同祈向，茲以名物制
度考據爲例。如《衛風·淇奧》「寬兮綽兮，猗重較兮」之「重較」，《毛傳》
云：「卿士之車。」〔註381〕正祖問曰：

「重較」爲卿士之車，朱子用毛、鄭說，而我東先儒以爲未然。
其說曰：「重者，厚重也；較者，博大也。」以其重厚博大，故雖戲
謔而不至於輕佻。今以卿士車插於其間，脈理不貫，「猗」字亦無安
頓，此說何如？〔註382〕

〔註380〕丁若鏞《詩經講義》，第382～385頁。
〔註381〕孔穎達《毛詩正義》，第219頁。
〔註382〕丁若鏞《詩經講義》，第127～128頁。

正祖認爲朝鮮學者以厚重博大，不至於輕佻釋「重較」，要優於《毛傳》的解釋。丁若鏞回答云：

> 「較」訓博大，未知何據。較之音角，本取車上角立之意，若訓博大不當音角。今「綽」、「較」、「謔」、「虐」四韻相叶，其爲車上角立之較，無疑也。但其云「卿士之車」者，非也。蓋古者車皆立乘，立則憑較，俯則憑軾，較在軾上，望之若重，故曰「重較」，此自天子達於卿士同然也。二章之「充耳琇瑩，會弁如星」，言其在朝之德容也。此章之「寬兮綽兮，猗重較兮」言其登車之德容也。猗者，瞻望嗟歎之辭，恐不必別立異解也。〔註383〕

丁若鏞否定朝鮮學者的解釋，理由是「較」音「角」，不可訓爲「博大」。丁若鏞也否定《毛傳》以「卿士之車」籠統地解釋「重較」，理由是「重較」是天子與卿士車共同的特徵，不可以卿士的等級來稱此車。丁若鏞認爲「較」爲「車上角立之較」，明確「較」與車有關。丁若鏞根據古代「車皆立乘」的乘車習慣云：「立則憑較，俯則憑軾。」意思是乘車需要依靠「較」與「軾」，由於「較在軾上」，觀察登車之人憑依「軾」與「較」則是「望之若重」。因此丁若鏞認爲「猗重較兮」是對登車之人憑依「軾」與「較」的狀態的描寫。

但是現代學者揚之水根據出土文獻確定「重較」爲一物，揚之水云：「陝西隴縣邊家莊五號春秋墓、山西臨猗程村春秋車馬坑出土的車，車與四面除後邊留出一個車門外，四周都有縱橫交錯的矮欄，車與左右外緣，卻又各做出一道高扶手，邊家莊車的扶手並且煨出一個彎曲的弧，這便是重較。重較也可以作成活動的銅把手，即《說文》所說『車上曲鉤』者，……較的樣子，正如曲鉤。直的一端有銎接木，可以插在車欄的短柱上，接木處有骨釘子橫固於銅銎。」〔註384〕右圖爲揚之水先生所附的「銅較」圖，分別由 1.浚縣辛存出土 2.淮陽馬鞍冢

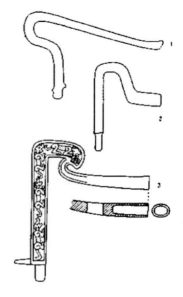

〔註383〕丁若鏞《詩經講義》，第 128 頁。
〔註384〕揚之水《詩經名物新證》，北京古籍出版社，2000 年，第 447～448 頁。

出土 3.侯馬上馬兒出土。下圖爲裝重較的車，在上者爲隴縣邊家莊春秋墓出土，在下者爲臨猗程村春秋車馬坑出土：

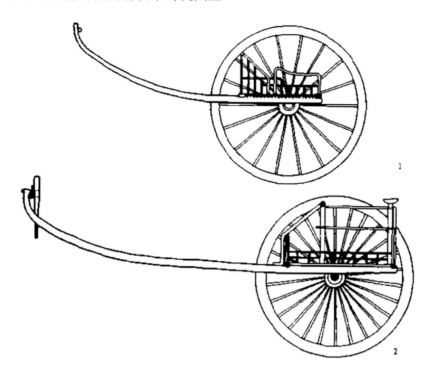

丁若鏞以「重較」爲「軾」與「較」，與「重較」爲一物的解釋有差異，但是其將「猗重較兮」作爲乘車的狀態卻是不誤的，並且結合「猗重較兮」所在的詩章「寬兮綽兮，猗重較兮。善戲謔兮，不爲虐兮」，認爲「猗重較兮」是對乘車之人德容的描寫，這與此詩第二章「有匪君子，充耳琇瑩，會弁如星。有匪君子，終不可諼兮」所形容的君子在朝之德容相呼應。這樣的思路與揚之水不謀而合，如揚之水云：「伏軾以示謹敬，超乘以見英武，而《淇奧》之『猗重較兮』，上承『寬兮綽兮』，下啓『善戲謔兮，不爲虐兮』，正由嚴肅敬謹、溫純深粹之外，別見一番神姿高朗的雅人深致。重較裝飾了車，也裝飾了人，但必要有詩中這實在卻空靈的一『猗』，一切才都活起來，物與人才因此而有了永久的生命。」〔註385〕

再如《大雅・文王有聲》云：「鎬京辟廱，自西自東，自南自北，無不思服，皇王烝哉。」「辟廱」，《詩集傳》云：「辟，璧通。廱，澤也。辟廱，天

〔註385〕揚之水《詩經名物新證》，第448頁。

子之學，大射行禮之處也。水旋丘如璧，以節觀者，故曰辟廱。」〔註386〕辟
廱，是天子的學宮。正祖認爲治理國家只要有財貨與糧食，就可以讓天下的
百姓臣服，爲何還需要在辟廱講學、行禮呢〔註387〕？丁若鏞答曰：

> 辟廱之禮、大賚之政，皆足以服天下，則其先其後有不必論也。
> 曾子於《祭儀篇》引此爲孝道之極致，荀子於《王霸篇》引此爲官
> 人之大效，《孝經》引此詩以爲孝悌之極致。孝者，太廟之事也；悌
> 者，太學之事也。又劉向《說苑》曰：「聖王修禮文，設庠序，天子
> 辟廱，諸侯泮宮，所以行德化也。」引此《詩》以證之，則先儒之
> 說皆以辟廱之禮，爲可以服天下也。〔註388〕

丁若鏞梳理古籍對《文王有聲》詩的徵引，證明古代存在「辟廱」之禮，并
以此證明辟廱之禮可以化治天下。丁若鏞運用古籍記載推證出辟廱是古代社
會重要的禮制，但是沒有具體考據辟廱之禮的具體形制與內容。現代學者楊
寬先生在《西周大學（辟廱）的特點及其起源》中指出「辟廱」的三個特點，
「第一個特點，建設在郊區，四周有水池環繞，中間高地建有廳堂式的草屋，
附近有廣大的園林。園林中有鳥獸集居，水池中有魚鳥集居。……第二個特
點，西周大學不僅是貴族子弟學習之處，同時是貴族成員集體行禮、集會、
聚餐、練武、奏樂之處，兼有禮堂、會議室、俱樂部、運動場和學校的性質，
實際上就是貴族公共活動的場所。……第三個特點，西周大學的教學內容以
禮樂和射爲主。」〔註389〕可知，辟廱兼具的教育、宴饗、軍事、行禮等功用，
因此實行辟廱之禮是周王以禮治國的重要憑藉。

丁若鏞還在《詩經》條對中發明並補充正祖關於詩篇的文學性闡發，體
現了君臣在文學修養上的同一趣味與歸宿。如《齊風・雞鳴》，是「妻催夫早
起的詩」〔註390〕，正祖問曰：

> 蠅聲虫飛，夏夜也。我東先儒言夏夜苦短，而能自早興爲尤難。
> 夏夜苦短，故尤恐其或晚歟？〔註391〕

〔註386〕《大雅・靈台》，朱熹《詩集傳》，第187頁。
〔註387〕正祖問曰：「《武成》曰：『散鹿臺之財，發鉅橋之粟，大賚于四海而萬姓悅服。』
則天下之心服於此已見，何待辟廱之講學、行禮，而後始皆心服歟？」丁若
鏞《詩經講義》，頁394～395。
〔註388〕丁若鏞《詩經講義》，第395頁。
〔註389〕楊寬《先秦史十講》，復旦大學出版社，2006年，第234～242頁。
〔註390〕程俊英《詩經譯注》，中華書局，1985年，第168頁。
〔註391〕丁若鏞《詩經講義》，第164頁。

丁若鏞答云：

> 夏夜之義，誠有味也。〔註392〕

《雞鳴》詩中并未明確言及發生時間，正祖根據詩篇中「蒼蠅之聲」、「蟲飛薨薨」昆蟲活躍的景象，認爲此詩描述的是夏季的情景，認爲短暫的夏夜更能凸顯夙興夜寐的警戒意義。丁若鏞以「有味」讚賞正祖的解釋，認爲正祖強調夏夜的時間背景，於詩旨無齟齬之處，倒是給詩篇增添了更多的意蘊。

結　語

　　丁若鏞《詩經講義》是朝鮮時代後期重要的《詩經》學著作，該書不爲君問臣對這種著述體例所限，而是發揮了君臣學術對話之長，呈現出不同凡俗的學術成就。朝鮮時代，程朱理學被奉爲官學正統，在《詩經》研究領域，以尊朱熹《詩集傳》爲圭臬。在朱熹《詩經》學觀點的籠罩下，對於《詩序》，多數學者持反對態度，因正祖所問內容的啓發，丁若鏞能堅持比較自由的學術態度，重新釐定《詩序》的學術價值，自覺繼承闡揚《詩序》中蘊涵的美刺傳統，並從國君踐行君道、修行君德對於國家盛衰的重要性方面更爲理性地賦予了《詩經》以諫書的功能。同時，丁若鏞主張道統高於政統，學術高於政治，并不畏懼正祖的君主權威，在條對中敢於直陳己見，在學術與政治之間自由馳騁，體現出以道抗勢的儒者風範。對於部分問答，丁若鏞在學術探討中寄寓政治期待，在一些詩旨、訓詁、名物制度考證、文學闡釋方面又呈現出追求眞理的學術精神，故《詩經講義》呈現了丁若鏞作爲儒者、大臣雙重身份下《詩經》學的態度與成就。

〔註392〕丁若鏞《詩經講義》，第 165 頁。